哈贝马斯
语言哲学思想研究

On the Philosophy of Language of Habermas

刘志丹 著

图书在版编目(CIP)数据

哈贝马斯语言哲学思想研究/刘志丹著. —北京：中央编译出版社，2023.3

ISBN 978-7-5117-4265-0

Ⅰ.①哈… Ⅱ.①刘… Ⅲ.①哈贝马斯（Habermas, Jurgen 1929- ）-语言哲学-哲学思想-研究 Ⅳ.①B516.59

中国版本图书馆 CIP 数据核字（2022）第 206988 号

哈贝马斯语言哲学思想研究

HABEIMASI YUYAN ZHEXUE SIXIANG YANJIU

责任编辑	李媛媛 汪 婷
责任印制	刘 慧
出版发行	中央编译出版社
地 址	北京市海淀区北四环西路 69 号（100080）
电 话	（010）55627391（总编室） （010）55627116（编辑室）
	（010）55627320（发行部） （010）55627377（新技术部）
经 销	全国新华书店
印 刷	北京文昌阁彩色印刷有限责任公司
开 本	710 毫米×1000 毫米 1/16
字 数	278 千字
印 张	18.75
版 次	2023 年 3 月第 1 版
印 次	2023 年 3 月第 1 次印刷
定 价	96.00 元

网 址	www.cctphome.com	邮 箱	cctp@cctphome.com
新浪微博	@中央编译出版社	微 信	中央编译出版社（ID：cctphome）
淘宝店铺	中央编译出版社直销店（http://shop108367160.taobao.com）		（010）55627331

本社常年法律顾问：北京市吴栾赵阎律师事务所律师 闫军 梁勤
凡有印装质量问题，本社负责调换。电话：（010）55626985

本书系教育部人文社会科学研究青年基金项目"哈贝马斯的语言哲学思想与历史唯物主义研究"（项目编号：16YJC740049）的最终成果。

本书系国家社会科学基金项目"西方马克思主义语言哲学思想研究"（项目编号：18BYY002）的阶段性成果。

本书系辽宁省"兴辽英才计划"项目"当代国外马克思主义语言哲学思想研究"（项目编号：XLYC2007065）的最终成果。

目 录

第一章　哈贝马斯语言哲学思想的研究逻辑 ／001
　　第一节　哈贝马斯面对的哲学图景 ／002
　　第二节　哈贝马斯语言哲学思想的研究概况 ／028

第二章　哈贝马斯语言哲学思想的结构与脉络 ／049

第三章　形式语用学 ／068
　　第一节　形式语用学的思想谱系 ／069
　　第二节　形式语用学的核心要义 ／103

第四章　语用意义理论 ／125
　　第一节　语用意义理论的思想谱系 ／125
　　第二节　四种意义理论批判 ／135
　　第三节　语用意义理论的具体内容 ／140

第五章　真理共识论 ／143
　　第一节　真理共识论的思想谱系 ／144
　　第二节　真理共识论的演变过程 ／151
　　第三节　真理共识论的基本内涵 ／158

第六章 批判解释学 / 167
　　第一节 解释学与批判解释学的概念 / 167
　　第二节 批判解释学的思想谱系 / 170
　　第三节 批判解释学的理论内容 / 176

第七章 马克思主义语言哲学思想 / 180
　　第一节 实践观点是马克思主义首要的基本的观点 / 180
　　第二节 马克思主义语言哲学思想的理论主张 / 186

第八章 哈贝马斯语言哲学思想批判 / 201
　　第一节 西方哲学视域下的批判 / 202
　　第二节 马克思主义视域下的批判 / 217

结束语 / 225

后　记 / 228

附录一 / 230

附录二 / 258

参考文献 / 274

第一章 哈贝马斯语言哲学思想的研究逻辑

现代西方哲学的一个重要特征在于,语言哲学被提升到一个十分重要的地位,各个学派都十分重视对语言的哲学考察,把语言哲学看作其他哲学学科的基础。因此,有学者将20世纪的哲学称为"分析的时代"①。由此可见一个虽有争议但颇具说服力的事实:"当代哲学的一个显著特征是占统治地位的分析哲学的出现"②,"语言哲学在西方现代哲学中占居中心地位"③。其中,最有代表性的当数英美分析哲学和欧洲大陆哲学两大思潮对于语言哲学的深入探讨,前者侧重研究专名、通名、指称问题、言语行为理论问题等,后者侧重研究语言的本质和功能、语言的结构和意向性问题等。从哈贝马斯所属的欧洲大陆语言哲学的发展线索来看,主要表现为如下三条④:一是从新康德主义、现象学到存在主义;二是从古典释义学到哲学释义学和批判释义学;三是从普遍语言学、结构语言学、结构主义

---

① 〔美〕M.怀特:《分析的时代:二十世纪的哲学家》,杜任之译,北京:商务印书馆1981年版,第5页。

② 〔美〕M.K.穆尼茨:《当代分析哲学》,吴牟人等译,上海:复旦大学出版社1986年版,第3页。

③ 周昌忠:《西方现代语言哲学》,上海:上海人民出版社1992年版,第1页。

④ 涂纪亮:《现代欧洲大陆语言哲学:现代西方语言哲学比较研究》,武汉:武汉大学出版社2007年版,第3页。

到后结构主义。从思想脉络角度来说,哈贝马斯语言哲学思想另辟蹊径,很难归入上述任何一条线索,更多体现的是英美分析哲学和欧洲大陆哲学在语言哲学路向上的沟通与融合。

第一节 哈贝马斯面对的哲学图景

一、西方哲学的三次转向

从西方哲学史的内在逻辑角度来看,西方哲学经历了如下三个具有转承关系和典型特征的发展阶段:本体论阶段、认识论阶段和语言哲学阶段。

虽然这样一种概括西方哲学发展史的三阶段模式,并不一定能够得到学术界的一致认可,"因为从这种角度来纵览西方哲学的发展史,是十分概括、十分抽象的,要指出其疏漏之处和举出反例是很容易的"①,但是,作为一种有利于从宏观视角粗线条地把握西方哲学史演进脉络的有效观念和便捷途径,也确实流行甚广、影响甚大。也许有些人会不同意这种提法,但很多时候,他们又不得不采用这个视角来审视西方哲学演变史的内在逻辑。

在众多运用这种观念概括总结西方哲学发展历程的人当中,首推当代德国著名哲学家卡尔-奥托·阿佩尔(Karl-Otto Apel,1922—2017)②。他

---

① 徐友渔:《"哥白尼式"的革命——哲学中的语言转向》,上海:上海三联书店1994年版,第4页。

② 关于卡尔-奥托·阿佩尔(Karl-Otto Apel)的生平、著述与主要思想,请参阅李红:《当代西方分析哲学与诠释学的融合——阿佩尔先验符号学研究》,北京:中国社会科学出版社2002年版,第40—46页;〔德〕卡尔-奥托·阿佩尔:《哲学的改造》,孙周兴译,上海:上海译文出版社2005年版,译者序,第1—7页;孙周兴:《阿佩尔坚持哲学的先验进路》,载《中国社会科学报》,2017年6月13日,第2版。

在推广和普及这种西方哲学史梳理方式的过程中起到了重要作用。"阿佩尔曾经这样总结西方哲学的发展:古代哲学注重的是本体论,从近代开始,哲学注重的是认识论,到20世纪,哲学注重的是语言。这个说法大概已经妇孺皆知。"① 这种梳理模式的提出,源于阿佩尔想根据语言哲学批判地重建西方哲学史,凸显语言哲学在当代的"第一哲学"地位,因此,他写了《语言交往的先验概念与第一哲学的观念》一文。用阿佩尔自己的话说就是,"一种宽泛意义上的语言分析已经成为现代哲学的一个方法论上优先的焦点,正如意识分析是笛卡尔之后哲学的目标,而更早地,对物之本质的分析构成了亚里士多德时代以来哲学的目标一样"②。阿佩尔所说的"物之本质的分析"即指"本体论","意识分析"即指"认识论","语言分析"即指"语言哲学"。而且,阿佩尔还从"第一哲学"的角度重申了他对西方哲学发展史的描述。他指出西方哲学早期的"第一哲学"是以亚里士多德为代表的存在学③,近代的"第一哲学"是知识学或康德意义上的先验哲学,现代的"第一哲学"则是语言哲学。④

与阿佩尔的观点类似,哈贝马斯也是这种三阶段解读模式的认同者,只不过他并不是通过阿佩尔,而是通过德国当代著名哲学家、黑格尔哲学

---

① 陈嘉映:《语言哲学》,北京:北京大学出版社2003年版,第14页。

② 〔德〕卡尔-奥托·阿佩尔:《语言交往的先验概念与第一哲学的观念》,孙周兴译,载《中国现象学与哲学评论(第三辑):现象学与语言》,倪梁康编,上海:上海译文出版社2001年版,第219页。

③ "存在学"即是"本体论"。这只是同一个词语的不同翻译,来源都是"Ontologie"一词,这是译者在第二版的改译,第一版译为"本体论"。而且译者指出,"这些变化当然是以译者此间形成的对于作为形而上学的'存在学'和'实存哲学'的深化认识为基础的"。详细内容请参阅〔德〕卡尔-奥托·阿佩尔:《哲学的改造》,孙周兴译,上海:上海译文出版社2005年版,再版后记,第327页。

④ 〔德〕卡尔-奥托·阿佩尔:《语言交往的先验概念与第一哲学的观念》,孙周兴译,见倪梁康编:《中国现象学与哲学评论(第三辑):现象学与语言》,上海:上海译文出版社2001年版,第219页。

权威研究学者赫伯特·施奈德巴赫（Herbert Schnädelbach, 1936—）和德国分析哲学主要代表人物恩斯特·图根哈特（Ernst Tugendhat, 1930—）①的相关阐述予以确认。"把科学史上的范式概念应用到哲学史上，并根据'存在'、'意识'和'语言'对哲学史进行大致分期，这样做已不足为奇了。根据施奈德巴赫和图根哈特，可以相应地区分出三种思维方式，即本体论、反思哲学和语言学分析。"②

这些持有三阶段模式的德国著名哲学家，可以称得上是现代欧陆哲学界的主要代表，此外还包括更为典型的英美哲学界对这种观念的坚定支持，因为语言哲学本来就发端于英美分析哲学思潮。其中，当代英国著名语言哲学家、弗雷格研究的国际权威学者迈克尔·达米特（Michael Dummett, 1925—2011），在他的代表作《弗雷格：语言哲学》③中所"描述的本体论—认识论—语言哲学这个发展模式"④的"经典表述"最为引人注目。"在古希腊，哲学家们关心本体论问题……笛卡尔把哲学研究的中心

---

① 关于赫伯特·施奈德巴赫和恩斯特·图根哈特的生平与著述，请参阅王国豫：《创造性与德国哲学的走向——第 20 届德国哲学大会主席阿贝尔教授、第 17 届德国哲学大会主席胡比希教授访谈录》，载《世界哲学》，2006 年第 4 期，脚注⑦和⑳。目前，国内关于二位学者的译著不多，可参阅〔德〕赫伯特·施奈德尔巴赫：《黑格尔之后的历史哲学：历史主义问题》，励杰丹译，杭州：浙江大学出版社 2014 年版；〔德〕恩斯特·图根德哈特：《自我中心性与神秘主义：一项人类学研究》，郑辟瑞译，上海：上海译文出版社 2007 年版。

② 〔德〕哈贝马斯：《后形而上学思想》，曹卫东、付德根译，南京：译林出版社 2012 年版，第 13 页。

③ 作为逻辑实证主义在英文世界的代言人，英国当代著名哲学家阿尔弗雷德·艾耶尔（Alfred Ayer, 1910—1989）对达米特的《弗雷格：语言哲学》有很高的评价，认为这本书"奠定了达米特先生为当代最杰出的哲学家之一的地位"。转引自王路：《走进分析哲学》，北京：中国人民大学出版社 2009 年版，第 71 页。

④ 徐友渔：《"哥白尼式"的革命——哲学中的语言转向》，上海：上海三联书店 1994 年版，第 41 页。

问题从本体论转移到了认识论……笛卡尔开创的认识论阶段由弗雷格加以扭转,继而由维特根斯坦正式结束,他们把逻辑或语言放到了哲学层次系统中的基础地位。"① 与达米特的"经典表述"相似,作为"20世纪西方科学哲学四巨头"之一的卡尔·波普尔(Karl Popper,1902—1994),提出了哲学研究的"三个世界"理论(即"世界1""世界2""世界3")②,这个理论某种程度上就对应于西方哲学发展史大致经历的三个阶段,即本体论、认识论、语言论。③ 美国著名学者、维特根斯坦研究专家汉斯·斯鲁格(Hans Sluga,1939—)④ 对西方哲学的发展也进行了如下梳理:"首先,哲学家们思考这个世界;接着,他们反思认识这个世界的方式;最后,他们转向注意表达这种认识的媒介。这似乎就是哲学从形而上学,经过认识论,再到语言哲学的自然进程。"⑤ 英国著名道德哲学家、准实在论

---

① 这是徐友渔先生对达米特在《弗雷格:语言哲学》一书中关于"经典表述"的梳理与重建,详细内容请参阅徐友渔:《"哥白尼式"的革命——哲学中的语言转向》,上海:上海三联书店1994年版,第3—4页。达米特本人在这方面的阐述具有零散性、非系统的特征,因此,需要整理与重建,具体内容请参阅〔英〕达米特:《弗雷格:语言哲学》,黄敏译,北京:商务印书馆2017年版,第873—881页。

② "世界1"指的是物理客体和物理状态的世界;"世界2"指的是精神的、心理的、主观经验的世界;"世界3"指的是表达思想内容的世界。详细内容请参阅〔英〕卡尔·波普尔:《客观知识:一个进化论的研究》,舒炜光等译,上海:上海译文出版社2015年版,第123页。

③ 王寅:《语言哲学研究:21世纪中国后语言哲学沉思录》(上),北京:北京大学出版社2014年版,第5页。

④ 关于汉斯·斯鲁格(Hans Sluga)的生平、著述与主要思想,请参阅〔美〕汉斯·斯鲁格:《维特根斯坦》,张学广译,北京:北京出版社2015年版,封底"作者简介"。

⑤ 〔美〕汉斯·斯鲁格:《弗雷格》,江怡译,北京:中国社会科学出版社1989年版,第10页。

(quasi-realism) 的代表性人物西蒙·布莱克本 (Simon Blackburn, 1944—)① 在《展开语词：语言哲学的基础》一书中也有类似的阐述。②

与这三个阶段相对应的就是西方哲学发展史上曾经发生的三次转向：本体论转向 (Onotological Turn)、认识论转向 (Epistemological Turn) 和语言转向 (Linguistic Turn)。

在说明三次转向之前，需要明确一个前提性问题，即"何为转向"或"何为哲学转向"。只有回答了这个问题之后，才能有的放矢地回答西方哲学史上的三次转向的具体内容。一般的理解，所谓"转向"应该是 A 转变为 B，这就意味着一定要存在着在时间上具有继起性的、有前后顺序的 A 和 B，具体到哲学转向就是在哲学发展史上存在着前后相继的 A 哲学和 B 哲学，而且这两者之间存在着本质区别，因为如果二者没有区别或区别不明显，那么它们只能被看作同一种哲学或其中一个的延续和补充，而不能是转向。这里有两点需要注意：一是转向的载体应该是某种具备完整体系且有着深远影响的哲学学说或哲学路线；二是二者之间存在着重大的根本性分歧，这种分歧的焦点可以是研究对象或解决方法，可以是立场观点或解释模式，可以是视角思路或思维方式。总之，要有显著的根本性区别。更进一步，对这些根本性分歧的不同回答，可能改变人们对"哲学"概念乃至哲学这门学科的本质理解。"当我们断定某个哲学家或某种哲学实现了哲学转向时，我们必须认定在他之前已经存在着某种或某些完整系统、成熟定型，并且有着深远影响的哲学学说和路线；而他又确立了另一种新型的哲学体系和思路。实现转向的哲学与以前的那种或那些既成的哲学之

---

① 关于西蒙·布莱克本 (Simon Blackburn) 的生平、著述与主要思想，请参阅〔英〕西蒙·布莱克本：《思想：哲学基础导论》，徐向东译，北京：中国轻工业出版社 2017 年版；〔英〕西蒙·布莱克本：《我们时代的伦理学》，梁曼莉译，南京：译林出版社 2013 年版。

② Simon Blackburn, *Spreading the Word*, Oxford: Oxford University Press, 1984, pp.3-6.

间必定存在着重大的乃至根本性的分歧。"①

首先，**本体论转向**（Onotological Turn）。

由前面已经说明的"哲学转向"的内容可知，所谓"本体论转向"，应该存在着前后相继的 A 哲学和 B 哲学，并且由 A 转向了 B。因此，要讲清楚"本体论转向"就应该说清如下三个问题：第一，"本体论"本身意味着什么？第二，"本体论转向"涉及的"A 哲学"和"B 哲学"分别是什么？第三，二者之间的本质区别在哪里？第四，为什么要转向或发生转向的原因何在？

第一，"本体论"（Onotology）本身意味着什么。

从 Onotology 的词源学角度看，它应该被理解为关于 ont 的学问，而 ont 是希腊文 on 的变化式，而 on 则相当于英文中不定式 to be 的希腊文 einai 的中性分词。这就是说，on 可以被认为直接相当于英文中的 being。因此，ontology 这个词表明了它是一门关于 being 的学问。所以，翻译 Onotology 的关键就转变为如何翻译 being。由于 being 可以表示"存在""是""有"等多重涵义，因此，Onotology 就产生了"存在论""是论""有论""万有论"等几种不同译法②，甚至还有"毕因论"③。虽然"本体论"的翻译也存在问题，但它是学术界比较熟悉也比较通行的用法，这里依然沿用。

在最一般的意义上，所谓"本体论"是指一种关于一般存在或存在本身的哲学学说。④ 正如德国著名哲学家克里斯蒂安·沃尔夫（Christian

---

① 黄颂杰：《西方哲学论集》，上海：上海人民出版社 2016 年版，第 339 页。
② 关于 Onotology 和 being 的这几种译法及其优劣的讨论，请参阅王路：《"是"与"真"——形而上学的基石》（修订本），北京：人民出版社 2013 年版，第 2—19 页；俞宣孟：《本体论研究》，上海：上海人民出版社 2005 年版，第 14—24 页。
③ 王寅：《语言哲学研究：21 世纪中国后语言哲学沉思录》（上），北京：北京大学出版社 2014 年版，第 22 页。
④ 李淮春：《马克思主义哲学全书》，北京：中国人民大学出版社 1996 年版，第 19 页。

Wolff，1679—1754）所言，本体论是一门讨论存在的学问，要用整体的眼光去看整体的存在，探讨所有存在最终实在的本质及其属性。① 也就是说，本体论关注"存在"本身的本质特性，即"作为存在的存在"。亚里士多德在《形而上学》第四卷的开篇第一句话，就明确提出了"作为存在的存在"这一范畴，并指出这是哲学研究的根本问题。"存在着一种考察作为存在的存在，以及就自身而言依存于他们的东西的科学。……我们应该把握的是作为存在的存在之最初原因。"② 所以，理解何为本体论就归结为对"何为存在"的理解。为此，亚里士多德也曾发此感慨："存在是什么，换言之，实体是什么，不论在古老的过去、现在以至永远的将来，都是个不断追寻却总得不到答案的问题。"③其实在一定意义上，答案还是有的。所谓"存在"，应该理解为不同于具体事物的普遍的一般本质，是隐匿在现象世界背后的超验的本质。虽然"存在"是一个"最抽象也最空疏"的概念，外延最广大（无所不包）、内涵最稀薄（毫无内容)④，但是，它的三个特征还是比较明显的：一是"存在"属于抽象的普遍的范畴，是思辨的对象，面向超验世界而抽离于经验世界；二是"存在"构成存在着的事物的根据或本质，是一切变化中保持不变的东西；三是"存在"通过范畴、概念的推理演绎达到对最初原因的认识。因此，可以说，"本体论是一种追本溯源式的意向性追求，是一种理论思维的无穷无尽的指向性，是一种

---

① 转引自邬昆如：《哲学概论》，北京：中国人民大学出版社2005年版，第207页。
② 〔古希腊〕亚里士多德：《形而上学》，苗力田译，见苗力田主编：《亚里士多德全集》第7卷，北京：中国人民大学出版社2016年版，第84页。
③ 〔古希腊〕亚里士多德：《形而上学》，苗力田译，见苗力田主编：《亚里士多德全集》第7卷，北京：中国人民大学出版社2016年版，第153页。
④ 孙正聿：《哲学通论》（上），长春：吉林人民出版社2007年版，第281页。

指向无限性的终极关怀"①。黑格尔也说,存在是"无规定性的直接性,先于一切规定性的无规定性,最原始的无规定性"②。

第二,"本体论转向"涉及的"A 哲学"和"B 哲学"。

"本体论转向"其实应该是"转向"本体论,由 A 转向 B,这里的本体论哲学就是"B 哲学",即探寻隐匿在现象世界背后的超验本质的"存在论"哲学。那么,"A 哲学"是什么呢?答案来自西方思想的开端——古希腊。"历史的帷幕在已然古老的世界升起,这世界中满是城阙的遗迹,到处是打磨得平整光滑的思想道路。"③ 这条思想之路的起点就是古希腊的自然哲学,也被称为宇宙生成论或宇宙论。宇宙论(自然哲学)研究的核心问题是宇宙万物的本原(曾经译为"始基")和生成演变过程。所谓"本原",就是"万物从它那里来,毁灭之后又回到它那里去,万物生灭变化,唯独它不变的东西"④。这个"本原"到底是什么呢?不同的古希腊哲人找到的"本原"也不尽相同。西方哲学史上第一位哲学家、米利都学派的创始人泰勒斯(Thales),第一个提出了"什么是世界本原"这个有意义的哲学问题,同时他给出的结论是"水本原说",即水是万物的本原。此外,还出现了阿那克西美尼(Anaximenes)的"气本原说",赫拉克利特(Heraclitus)的"火本原说",阿那克西曼德(Anaximander)的"无定说"和毕达哥拉斯(Pyhagoras)的"数本原说"。⑤

"本体论转向"的"A 哲学"是宇宙论(自然哲学),"B 哲学"是本

---

① 孙正聿:《哲学观研究》,长春:吉林人民出版社 2007 年版,第 86—87 页。
② 〔德〕黑格尔:《小逻辑》,贺麟译,北京:商务印书馆 2009 年版,第 190 页。
③ 〔英〕安东尼·肯尼:《牛津西方哲学史》,韩东晖译,北京:中国人民大学出版社 2006 年版,第 1 页。
④ 张志伟:《西方哲学十五讲》,北京:北京大学出版社 2004 年版,第 33 页。
⑤ 赵敦华:《西方哲学简史》,北京:北京大学出版社 2012 年版,第 10—13 页。

体论，而实现这种转向的关键人物则是爱利亚学派的实际创始人和主要代表巴门尼德（Parmenides）。①"巴门尼德将'存在'确定为哲学研究的对象，具有极其重要的理论意义，它使西方哲学从宇宙生成论转向了本体论"②，"巴门尼德不仅完全反驳了伊奥尼亚的宇宙论，而且反驳了作为知识源泉的感觉，他最先提出对于现实作纯粹先验研究的概念"③。之所以说巴门尼德实现了宇宙论（自然哲学）向本体论的转向，其原因就在于"他的思路、方法与其他自然的哲学家很不一样，他所提出的存在论与其他哲人的本原说有重大区别"④。他的"存在"学说超越了宇宙论（自然哲学）所面向的感官的经验世界，实现了对思辨世界范围内的抽象概念和逻辑推理的思考与运用。"真正的哲学思想从巴门尼德起始了，在这里面可以看见哲学被提高到思想的领域"⑤，"巴门尼德以逻辑的推理力量对传统自然哲学的冲击，使古希腊哲学思想的发展，跨出了决定性的一步"⑥。具体说来，他的"存在"学说区分了"存在"和"非存在"，前者是指不动不变的、唯一的、永恒的、不生不灭的、不可分割的、最完全的本体，是一切存在着的事物的抽象共性，是超越感知经验的东西；后者是指运动的、变化的客观世界，是真实可感知的事物，属于存在之外的东西。"存在者存

---

① 学术界还有一个比较流行的观点，就是把苏格拉底视为本体论转向的开创者，甚至有"前苏格拉底哲学"的提法，但是本书认同把巴门尼德作为哲学转向奠基人的主张，因为苏格拉底、柏拉图和亚里士多德的思想都站在了巴门尼德这位巨人的肩膀上。当然，西方哲学比较成熟、完善的本体论体系，还是要从苏格拉底师徒三人算起，特别是柏拉图的理念论为西方哲学确立了本体论的标杆。
② 张志伟：《西方哲学十五讲》，北京：北京大学出版社2004年版，第39页。
③ 〔英〕泰勒：《劳特利奇哲学史：从开端到柏拉图》（第1卷），韩东晖等译，北京：中国人民大学出版社2003年版，第3页。
④ 黄颂杰：《西方哲学论集》，上海：上海人民出版社2016年版，第321页。
⑤ 〔德〕黑格尔：《哲学史讲演录》（第1卷），贺麟、王太庆译，北京：商务印书馆1959年版，第267页。
⑥ 叶秀山：《叶秀山文集·哲学卷》（上），重庆：重庆出版社1999年版，第125页。

在，它不可能不存在。……存在者不存在，这个不存在必然存在。"① 由此可见，巴门尼德的基本倾向就是以思想的普遍性为基础，摒弃自然哲学从时间先在角度追问世界开端的思路，转而从逻辑先在角度探索万物的根据和本质。

第三，二者之间的本质区别。

从宇宙论和本体论的具体内容可知如下两点根本分歧：一是对象不同。宇宙论（自然哲学）讨论的是构成千姿百态的自然事物的基本成分（例如，水、火、气、数等），以我们周围的世界、自然界和宏观宇宙为研究对象；本体论则以抽象的、普遍的哲学范畴为对象，探寻存在着的东西的本质和最高原则。这一点在后期受古希腊本体论哲学影响较深的中世纪基督教神学中，体现得更加明显一些，基督教的上帝与本体论的终极存在、最高实体、最高原则等具有相对性。二是方法不同。宇宙论（自然哲学）以科学方法去实证经验观察的材料，本体论则纯粹是逻辑的产物，只能通过思辨予以雄辩，但不通过经验方法给予证实。

总而言之，宇宙论所在的经验领域和本体论所在的逻辑领域具有完全不同的、本质性的差异，其根本区别在于，前者追问的是宇宙自然在时间上最原始的开端和主宰，因而，世界的本原通常是时间上在先的质料性的东西，而后者则追问的是宇宙自然在本质上真正第一性的东西，乃是逻辑上在先的纯粹抽象的东西。②

第四，"本体论转向"的原因。

虽然宇宙论和本体论在哲学思维方式和解决问题的方法上有着本质区别，但是，它们要解决的问题却是相同的，都是要寻找运动变化的自然万物之中具有普遍性和永恒不变的东西。只是，宇宙论的思路是从一种自然元素来说明所有的自然元素，这种具有感性具体性的本原是偶然的，任何

---

① 北京大学哲学系外国哲学史教研室：《西方哲学原著选读》（上卷），北京：商务印书馆1981年版，第31页。

② 张志伟：《西方哲学十五讲》，北京：北京大学出版社2004年版，第39页。

一个哲学家都能提出一个自己的本原论学说，而且当时的自然科学条件也不具备证实这些学说是否正确的能力，因此，只能陷入众说纷纭的无休止的争论之中，无法达成共识。既然在感性经验的世界达不成本原的共识，那么以巴门尼德为代表的哲学家们就转向了抽象思维世界，在思想或理性认识之中确证世界本原的根据。

其次，认识论转向（Epistemological Turn）。

在最普遍的意义上，"认识论"就是关于认识（知识）的理论，即关于认识的起源、范围、性质和限度等问题的哲学学说。本体论转向发生于古希腊哲学，而认识论转向则发生于近代西方哲学①。如前所述，包括古希腊哲学和中世纪哲学在内的古代哲学的核心问题就是本体论问题，它所要解决的是世界万物的统一性根据究竟是什么？如何理解和把握多种多样、变化无常的现象后面起支配作用的最为根本的原理与原因？但是，本体论哲学家们对于这个问题的回答一直存在着一个无可回避的硬伤，即他们的答案带有明显的"独断论"性质。所谓"独断论"，就是"纯粹理性没有预先批判它自己的能力的独断处理方式"②。这种以本体论为核心的独断论哲学的弊端在于，它对哲学思考的对象采取素朴的态度，具体表现为

---

① 一般说来，学术界把笛卡尔到费尔巴哈的阶段理解为"近代西方哲学"，把以叔本华和孔德为肇始人的意志主义和实证主义哲学的兴起到20世纪第二次世界大战结束前的哲学理解为"现代西方哲学"，把二战后至今的哲学理解为"当代西方哲学"。本书依然沿用这种用法。关于"近代西方哲学"、"现代西方哲学"和"当代西方哲学"之间关系的进一步讨论，可参阅俞吾金：《论近代西方哲学与现、当代西方哲学的关系——兼谈近代西方哲学史的分期问题》，载《学术月刊》，2001年第1期。

② 〔德〕康德：《纯粹理性批判》，邓晓芒译，北京：人民出版社2004年版，第二版序，第25页。更加详细的解释可参阅："康德之前的形而上学家们把上帝、自由和灵魂不死视为哲学的永恒对象，把绝对本体无条件地视为哲学追求的最高目标，并认为理性拥有通向这些绝对本体的无条件的能力，康德把这种形而上学称为'独断论'。"贺来：《三大独断论的摒弃：当代哲学根本性的理论进展》，载《中国人民大学学报》，2006年第5期，第33页。

对如下三个理论预设的信仰：一是事物本身可以被认识；二是人的认识是可靠的，能够通过它来把握认识对象；三是作为人的意识的载体的语言是可信的。① 由此可知，此种本体论哲学之所以被认为"独断"，就在于它没有对自己用以认识万物自然的"思维"本身的合法性进行前提性的清理和批判。换言之，它没有对人的理性能力或认识能力进行审视和反思，就想当然地给予人类处理本体论问题的能力。用康德的话说就是，"不预先检验理性是否有能力从事这样一项庞大的计划，就深信不疑地承担起了这项施工"②。

因此，本体论受到了怀疑论者们的普遍诘问：认识何以可能？用康德自己的阐发可以问得更明确一些："知性究竟如何能够达到所有这些先天知识，并且这些知识可以具有怎样的范围、有效性和价值。"③ 随着怀疑主义一浪高过一浪的批判攻击，近代西方哲学不得不正视这个问题，由此，近代西方哲学开始了"认识论转向"，从而把目光转向了"反思人的认识能力"，人们开始逐渐自觉到，"凡属对象在人类思维中的规定性，都是人的思维关于对象的规定；这些规定是否合理，不仅需要考察关于对象的思维内容，而且必须探究形成思维内容的思维形式"④。例如，当人们断言"某物存在"时，这个"某物"一定是进入了人的意识领域，并且为人所认识到的"某物"，因此，要解决"某物"的本体问题，就必须对人的认识先行进行反观自省，在形成某种关于人的认识能力的理论（认识论）之后，再用这种经过反思的认识理论为本体论提供保证和合法性根据。由此

---

① 贺来：《西方哲学发展中的三大转向》，载《河北学刊》，2004年第3期，第54页。

② 〔德〕康德：《纯粹理性批判》，邓晓芒译，北京：人民出版社2004年版，导言，第6页。

③ 〔德〕康德：《纯粹理性批判》，邓晓芒译，北京：人民出版社2004年版，导言，第6页。

④ 孙正聿：《辩证法研究》（上），长春：吉林人民出版社2007年版，第118页。

可见,"认识论转向"的"根本标志是从认识论上自觉地反省理论思维前提的内在矛盾,它的实质内容就是认识论反省的辩证法"①。反言之,人类在不确定自己是否拥有把握世界的本原或本质的能力的时候,就对世界万物的统一性根据妄下断言,这显然是不可信的。

综上,借用孙正聿先生的总结对"认识论转向"给予一个总体概括:"它所针对的是,离开对人类意识的认识论反省而直接断言世界本身;它所要求的是,哲学家在建立关于世界的理论之前必须先有关于意识的理论;它的根本观点是,'没有认识论的本体论为无效'。"②

实现"认识论转向"的关键人物非笛卡尔（Descartes,1596—1650）莫属。黑格尔说"笛卡尔事实上是近代哲学真正的创始人"③,罗素则说笛卡尔是"近代西方哲学的始祖"④。笛卡尔能够成为认识论转向的灵魂人物,原因在于他提出了著名的哲学命题"我思故我在",从而把哲学的目光转向对自我认识能力的反思,由此"哲学一下转入了一个完全不同的范围,一个完全不同的观点,也就是转入主观性的领域,转入确定的东西"⑤。之所以提出这个命题,"笛卡尔的目的是要发现一些确实而自明的真理,这种真理,每一个具有常识和推理能力的人都会承认"⑥。换言之,笛卡尔认为,"现有的一切知识都是不可靠的,因为它们建立在不可靠的

---

① 孙正聿:《辩证法研究》（上）,长春:吉林人民出版社2007年版,第119页。
② 孙正聿:《辩证法研究》（上）,长春:吉林人民出版社2007年版,第211页。
③ 〔德〕黑格尔:《哲学史讲演录》（第4卷）,贺麟、王太庆译,北京:商务印书馆1978年版,第63页。
④ 〔英〕罗素:《西方哲学史:下卷》,马元德译,北京:商务印书馆1976年版,第79页。
⑤ 〔德〕黑格尔:《哲学史讲演录》（第4卷）,贺麟、王太庆译,北京:商务印书馆1978年版,第63页。
⑥ 〔美〕梯利:《西方哲学史》（增补修订版）,葛力译,北京:商务印书馆1995年版,第285页。

基础之上。为了重建知识，必须找到一个坚实可靠的基础"①。这就是黑格尔说"他是一个彻底从头做起、带头重建哲学的基础的英雄人物，哲学在奔波了一千年之后，现在才回到这个基础上面"②的真意所在。而笛卡尔之前的本体论哲学家们的基本思路，都是从外在世界去寻找最根本的存在，从没有考虑过从自我出发去解决存在和知识的可靠性问题。这正是笛卡尔所解决的："我根据一些非常靠不住的原则建立起来的东西都不能不是十分可疑、十分不可靠的，因此我认为，如果我想要在科学上建立起某种坚定可靠、经久不变的东西的话，我就非在我有生之日认真地把我历来信以为真的一切见解统统清除出去，再从根本上重新开始不可。"③

笛卡尔"我思"理论的划时代的意义在于，把"思"与"在"、意识与物质、主体与客体明确地区分为两个各自独立的实体，促成了自我意识的觉醒，彰显了主体性的显要地位。一句话，"我思"理论标志着主体主义的兴起和哲学研究思路的重大转折。

当然，笛卡尔开创的认识论转向直到康德才得以正式完成。④康德的"哥白尼式的革命"对于人们能否认识以及如何认识本体的疑问，给出了令人信服的答案。"康德要求哲学在回答人对世界的认识之前，必须首先考察人自己的认识能力；没有对人的认识能力的明确认识，关于人类认识

---

① 赵敦华：《西方哲学简史》（修订版），北京：北京大学出版社 2012 年版，第 213 页。

② 〔德〕黑格尔：《哲学史讲演录》（第 4 卷），贺麟、王太庆译，北京：商务印书馆 1978 年版，第 63 页。

③ 〔法〕笛卡尔：《第一哲学沉思集》，庞景仁译，北京：商务印书馆 1986 年版，第 14 页。

④ 学术界还有部分学者用康德来代替笛卡尔作为近代哲学的开创者，他们的标准是以康德为界，将西方哲学史划分为批判哲学和前批判哲学。比如，美国学者大卫·皮尔斯（D. Pears）。详细内容请参阅〔美〕大卫·皮尔斯：《维特根斯坦》，王成兵、吴绍金译，北京：昆仑出版社 1999 年版，第 7—15 页。

世界的理论推向了就只能是不同形式的'独断论'。"① 他以主客二分为考察维度，将世界划分为现象与物自体的二元对立。康德认为，人们没有透过现象把握物自体（本质）的理性能力，现象和物自体之间具有不可逾越的鸿沟，但人的理性又总是追根问底地寻求本体，从而导致先验幻象的出现而陷于二律背反。尽管物自体不可认识，但作为思考的对象却总是存在着，并且作为思维存在体确保了与之相对峙的感性存在体，"不能知之，却可思之"，用康德自己的话说就是，"我们正是对于也是作为自在之物本身的这同一些对象，哪怕不能认识，至少还必须能够思维"②。康德想要说明的是，作为认识主体的人是不能跳出作为本体而存在的这个世界的，从而无法超越自身而达到对客体的纯客观的认识。若想达到确定性的认识，必须将主体和客体统一起来，同时要为人的认识能力划定界限。这就是康德在哲学史上所完成的哥白尼式的革命——"人为自然立法"。在前面简单分析了本体论转向和认识论转向之后，下面进入西方哲学的第三次转向：语言转向（Linguistic Turn）。

二、语言转向的历史与逻辑

谈到"Linguistic Turn"，首先需要对它进行一下翻译方面的说明。就目前的情况来看，关于"Linguistic Turn"的汉语翻译，主要有"语言学转向""语言的转向""语言转向""语言性转向""语言论转向"等五种不同译法。其实，这五种不同译法可以根据内容的相似性划归为三支不同的队伍：队伍一包括"语言的转向"和"语言转向"，队伍二包括"语言学转向"和"语言论转向"，队伍三是"语言性转向"。在笔者看来，队伍三的译法比较小众，具有某种朴素性的倾向，没有对语言转向的真意予以理解，所以，这种译法显然是有问题的，不适宜再用。队伍二的译法基本

---

① 孙正聿：《崇高的位置》，长春：吉林人民出版社2007年版，第159页。
② 〔德〕康德：《纯粹理性批判》，邓晓芒译，北京：人民出版社2004年版，第二版序，第20页。

上来自国内语言学界的学者（个别情况除外），特别是研究西方语言学和一部分从哲学角度开展西方语言学研究的人。这些语言学家借用哲学的视角开展对语言的研究，但是，无论是"语言学转向"还是"语言论转向"，它们的意蕴都在于探讨语言内在的机制与规律，以便更好地理解、把握和运用语言，最终得到的是关于语言的知识。与此不同，队伍一的译法则基本上处于哲学界，特别是研究分析哲学的学者们。他们的做法是通过对语言的探究与思考来审视以往哲学家对世界的哲学思考，最终得到的是关于形而上学的知识。所以，队伍一应该是哲学界对"Linguistic Turn"的恰当译法。至于"语言的转向"和"语言转向"哪一个更合适？我们以为，"语言转向"相比较而言更好一些，因为它更加简洁，而且涵盖了更多的哲学意蕴。

"语言转向"一词的由来。1967年，作为当代美国最有影响力的哲学家之一，理查德·罗蒂（Richard Rorty，1931—2007）编辑出版了一本论文集 The Linguistic Turn。后来这本论文集成为语言哲学的经典文献之一，由此"语言转向"这个词也就跟着成为当代西方哲学的关键词，开始流传于世。虽然这个词是由罗蒂传播开来的，但是按照他的说法，这个词并不是他首创的，而是源自伯格曼（Gustav Bergmann，1906—1987）①。在20世纪50年代末和60年代初，伯格曼在《行为》《斯特劳森的本体论》《逻辑和现实》等文章中使用了"语言转向"这个词。从伯格曼的相关论述可以看出，他所说的语言转向指的是一种哲学研究的方法，具体说就是一种为了解决哲学谈论中的悖论、荒谬和含混的东西，依赖现代逻辑建立理想语言，对语言进行分析的哲学研究方法。②

实现"语言转向"以后的现代西方哲学界，"人们不再全力关注知识的起源、认识的能力和限度，主体在认识活动中的作用等问题，转而探究

---

① 伯格曼（Gustav Bergmann，1906—1987），奥地利犹太裔哲学家，维也纳学派成员之一。

② 王路：《走进分析哲学》，北京：中国人民大学出版社2009年版，第14—16页。

语言的意义、语言的理解和交流、语言的本质等。它把语言本身的一种理性知识提升到哲学基本问题的地位，哲学关注的对象由主客关系或意识与存在的关系转向语言与世界的关系"①，"总之他们在不同程度上把全部哲学问题归结为语言问题，认为语言是哲学的首要的甚至唯一的研究对象，哲学的首要任务就是通过语言分析弄清科学语言、哲学语言和日常语言的意义"②。这就是说，语言问题已经成为哲学的基本问题。它所标示的不仅仅是哲学研究的主题和内容的转变，更重要的是哲学研究范式的革命性变革。哲学中的语言转向才因此被称为一场"哥白尼式的革命"③。语言转向具有革命性，原因在于语言转向之前，哲学的合法性没有受到挑战，但转向之后的现代哲学已经面目全非，哲学本身的合法性遭到质疑和否定。在语言转向之前，争论各方关于某个问题的哲学争论，虽然具有互不相同甚至尖锐对立的回答，但也有共同点存在，那就是争论各方都同意这个问题本身是始终存在的。而在语言转向之后的哲学争论中，关键之点不在于争论的问题无法达成共识，而是问题本身被拒斥和消解了。

换言之，人们不去争论关于问题的哪一种答案才是正确的，而是干脆宣布，问题就其性质而言是没有意义的，是注定得不到答案的，唯一正确的态度是抛弃它。例如，罗素在对许多哲学问题进行分析和澄清之后发现，它们本来并不是哲学问题，而是语言或逻辑问题，所以他一直声明，哲学的主要任务就是逻辑分析。简言之，逻辑是哲学的本质。"就其为真正哲学的论题而言，都可还原为逻辑问题。这并非出于偶然，而是由于这个事实，即每一哲学问题，当我们给以必要的分析和提炼时，就会发现，它或者实际上根本不是哲学问题，或者在我们使用逻辑一词的意义上说是

---

① 郭贵春：《郭贵春文集：语言哲学研究》（第4卷），北京：科学出版社2017年版，第26页。

② 涂纪亮：《现代欧洲大陆语言哲学：现代西方语言哲学比较研究》，武汉：武汉大学出版社2007年版，第192页。

③ 徐友渔：《"哥白尼式"的革命——哲学中的语言转向》，上海：上海三联书店1994年版。

逻辑问题。"① 维特根斯坦也认为，哲学产生这么多虚假问题的原因就在于人们误解了语言的本质（前期思想）和语言的日常用法（后期思想），所以他提出，"哲学家们的大部分问题和命题都是因为我们不理解我们的语言的逻辑而引起的"②，"一切哲学都是'语言批判'"③。石里克强调，哲学问题不是关于事实的问题，而是关于语言的问题，哲学是一个活动体系，是一种显示或者确定命题的意义的活动。"哲学不是一种知识的体系，而是一种活动的体系……哲学就是那种确定或发现命题意义的活动。"④ 赖尔也有类似观点，认为哲学分析是"哲学的唯一的和全部的职能"，哲学的目标就是"在语言的用法上找出那些反复出现的误解和荒谬的理论的根源"⑤。所以，"语言转向"之后的现代西方哲学家们认识到，无论是研究本体论还是研究认识论，首先都要搞清楚用来表达前述问题的哲学语言表达式的意义。他们主张不再像近代哲学那样以主客二分的二元框架为出发点，而是通过对意义的辨别和对语言表达的分析来解决认识问题。

为何会出现这种"语言转向"，其动因何在？不同的学者给出的答案也不尽相同。有学者提出如下三点理由⑥：一是当时一大批哲学家们对黑

---

① 〔英〕罗素：《我们关于外间世界的知识》，陈启伟译，上海：上海译文出版社 2018 年版，第 29 页。

② 〔奥〕维特根斯坦：《逻辑哲学论》，翰林合译，北京：商务印书馆 2013 年版，第 31 页。

③ 〔奥〕维特根斯坦：《逻辑哲学论》，翰林合译，北京：商务印书馆 2013 年版，第 31 页。

④ 〔德〕M. 石里克：《哲学的转变》，李德齐译，见洪谦编：《逻辑经验主义》，北京：商务印书馆 1989 年合订版，第 9 页。

⑤ Gilbert Ryle, *Systematically Misleading Expressions*, in Ryle：*Collected Papers Volume* 2, New York：Routledge Press, 2009, p.61. 转引自涂纪亮：《分析哲学及其在美国的发展》，武汉：武汉大学出版社 2007 年版，第 483 页。亦可参阅：Gilbert Ryle, "Systematically Misleading Expressions", in *The Linguistic Turn*, Richard Rorty (ed.), Chicago：University of Chicago Press, 1967, pp.109-110.

⑥ 王健平：《语言哲学》，北京：中共中央党校出版社 2003 年版，第 39—51 页。

格尔主义的"反叛"和对旧形而上学所进行的语言批判,二是哲学家对语言问题的重视及数理逻辑的诞生,三是自然科学发展的需要。有学者提出如下四点理由①:一是 20 世纪初一批新哲学家对英国主流哲学的不满;二是新逻辑的发现;三是反对哲学中的心理主义;四是语言科学的建立与进步。有学者提出如下四点理由②:一是相对论及量子力学的出现,使哲学本质问题的争论归结为语言的表述和解释问题;二是逻辑的自洽性与语言的规范性的一致性要求;三是逻辑和语言与经验的统一性问题;四是社会语言学向逻辑语言学的发展。甚至有学者给出了七点理由。总体来看,虽然学者们对原因的表述各有不同,但是有一点大家是高度一致认可的,那就是"现代逻辑"的出现,这应该是所谓的"真正动因"。"实际上,20世纪哲学领域里的语言转向的产生和形成恰恰是由于在 19 世纪末和 20 世纪初出现了现代逻辑这种前所未有的科学理论和方法,这是语言转向的真正动因。"③ 但是,仅仅指出"现代逻辑"这样一个原因似乎不够充分,同时过度扩充也略显烦琐,所以,我们再次重点强调包括"现代逻辑"在内的三点原因:

首先,语言分析工具的出现。19 世纪末到 20 世纪初,数理逻辑有较大的发展,为语言分析提供了精确严密的手段。德国数理逻辑学家弗雷格(Frege,1848—1925)在英国数学家布尔(Boole Geovge,1815—1864)④所奠定的数理逻辑的基础上,于 1884 年出版了《数论的基础》一书。他

---

① 陈嘉映:《简明语言哲学》,北京:中国人民大学出版社 2013 年版,第 13 页。

② 郭贵春:《郭贵春文集:语言哲学研究》(第 4 卷),北京:科学出版社 2017 年版,第 27—29 页。

③ 王路:《走进分析哲学》,北京:中国人民大学出版社 2009 年版,第 17 页。

④ 布尔(Boole George,1815—1864),英国伟大的数学家、逻辑学家。1854 年出版的《思维规律的研究》创立了布尔代数。他的最大发现就是用一套符号来进行逻辑演算,符号可以按照固定的规则来处理,从而得出合乎逻辑的结果,奠定了现代符号逻辑的基础。现在,他的名字也被用作计算机语言的一种变量形式,即布尔型变量,分别为 True(真的)和 false(假的)。

在书中引入量词符号，使得数理逻辑的符号系统更加完备。此外皮尔斯在其著作中引入了逻辑符号，从而使现代数理逻辑最基本的理论基础逐步形成，成为一门独立的学科。数理逻辑的出现为现代西方语言哲学转向准备了语言分析的主要工具。其次，应对自然科学的挑战。20世纪初，相对论和量子力学的创立对经典物理学提出了严重挑战，从而引发了自然科学理论的重大变革。自然科学界本身并不能将自己作为研究对象，因此，自然科学并不能回答基本科学概念之所以混乱的原因。这个重任就落在了哲学家的肩上。哲学界认为，科学语言表达式的混乱导致了基本科学概念的错位，对自然科学中的语言表达式的分析可以防止和排除科学概念的含混不清之处，从而确保自然科学知识的精确性。简言之，语言哲学的产生适应了知识精确性的要求。最后，与反古典哲学思潮相呼应。19世纪的西方哲学是古典哲学，特别是黑格尔哲学一统天下的时代。随着自然科学的飞速发展，这种思辨哲学越来越与社会发展不适应，人们逐渐开始厌倦德国古典哲学，"反形而上学"的呼声日益高涨。实证主义者孔德（Auguste Comte，1798—1857）和斯宾塞（Herbert Spencer，1820—1903）等人是首先扛起"反形而上学"大旗的一派学者，罗素和摩尔也是新黑格尔主义的坚定反对者。罗素明确提到，当时有一种革命的情绪，一种解放的感觉。在欧洲大陆本土，现象学和存在主义也都表现出拒斥形而上学的倾向，尤其是以结构主义和后结构主义的反形而上学立场最为鲜明。

现代西方哲学的"语言转向"既表现在英美分析哲学传统之中，也表现在欧陆现象学——解释学传统之中。①

一方面是英美分析哲学的语言转向。众所周知，19世纪末，自然科学在西方社会取得了巨大成功，但哲学领域依然是故步自封和原地踏步。分

---

① 哈贝马斯将语言转向的两大传统称为"解释学哲学和分析哲学"，并且认为二者是互补的关系。因此，他将小标题定为：解释学哲学和分析哲学：语言转向的两个互补版本。详细内容请参阅 Habermas, *Truth and Justification*, Barbara Fultner (trans), Massachusetts, Cambridge: The MIT Press, 2005, pp.51-82.

析哲学家们认为，这种局面的出现源于缺乏自然科学式的精确语言。因此，人工语言学派主张建立一种数理逻辑化的人工语言以代替哲学语言。在人工语言学派看来，不能将语言仅仅视为哲学"分析"或"解释"的对象，而应该将其视为哲学自我理解的出发点。例如，卡尔纳普（Rudolf Carnap，1891—1970）将语言的职能区分为"表述职能"和"表达职能"。语言的表述职能构成了关于经验事实的命题，因而是"有意义"的真问题。而语言的表达职能所构成是关于人的情感或意愿的种种看法，它们既不可验证也无所谓证伪，因而是无意义的假问题。因此，他提出了"拒斥形而上学"的口号，卡尔纳普甚至提出，"哲学就是句法方法的应用"①。日常语言学派着重考察日常语言的重要地位。他们认为，语言的混乱和误解在于人们错误地使用日常语言，而不在于日常语言本身。这里有两种典型观点：一是后期维特根斯坦的语言游戏论。这一理论认为语言的使用如同游戏，其意义是随着游戏规则的变化而变化，因此是不确定的。二是语言行为理论。这一理论认为语言是一种行为，"我通过说些什么而做了些什么"，我们不能离开语言的行为而孤立地考察语词的意义。逻辑实证主义的创始人石里克也认为，要想结束哲学体系之间无休无止的争论，其出路在于运用自弗雷格以来所发展的现代逻辑方法进行语言分析，从而实现哲学的真正转变。

另一方面是欧陆现象学—解释学的语言转向。透过语言进行哲学探索并不是英美哲学的独有特征，在欧陆现象学—解释学哲学家那里，语言与哲学也有一种形至影随的关系。"分析哲学和语言哲学并不是英美哲学界独特的产物，它的来源是德国逻辑哲学家弗雷格。"② 如前所述，欧陆大陆语言哲学的发展依循以下三条线索③：一是从新康德主义、现象学到存在

---

① 〔美〕卡尔纳普：《哲学与逻辑句法》，傅季重译，上海：上海人民出版社1962年版，第38页。

② 王路：《走进分析哲学》，北京：中国人民大学出版社2009年版，第72页。

③ 涂纪亮：《现代欧洲大陆语言哲学：现代西方语言哲学比较研究》，武汉：武汉大学出版社2007年版，第3页。

主义；二是从古典解释学、解释学理论、哲学解释学到批判解释学；三是从普通语言学、结构语言学、结构主义到后结构主义。比如，阿佩尔根据语言转向批判地重建了西方哲学史的演进历程，甚至将语言哲学凸显为当代的"第一哲学"①。以叛逆精神著称的尼采（Nietzsche，1844—1900）则做出"哲学家受制于语言之网"②的论断，他甚至假设哲学思想和世界观的类似关系与语言的亲缘关系是相对应的。存在主义大师海德格尔（Martin Heidegger）提出的"语言是存在之家。人居住在语言的寓所中"③的观点，早已成为脍炙人口的名言。法国著名哲学家保罗·利科（Paul Ricœur，1913—2005）认为，"今天，我们都在寻求一种包罗万象的语言哲学，来说明人类的表示行为的众多功能以及这些功能之间的关系"，同时他还明确说道，"当今各种哲学研究都涉及一个共同的研究领域，这个研究领域就是语言"。④ 当代解释学大师伽达默尔（Gadamer，1900—2002）也明确指出："毫无疑问，语言问题已经在本世纪的哲学中获得了一种中心地位。"⑤

前面已经说过，"本体论转向"的关键人物是巴门尼德，"认识论转向"的开山鼻祖是笛卡尔，那么"语言转向"的开端人物是谁呢？弗雷格研究专家达米特的论证结果是弗雷格。我们认同这一观点。⑥ 因为"他在

---

① 〔德〕卡尔-奥托·阿佩尔：《语言交往的先验概念与第一哲学的观念》，孙周兴译，见《中国现象学与哲学评论（第三辑）：现象学与语言》，倪梁康编，上海：上海译文出版社2001年版，第219页。

② 转引自周国平：《尼采与形而上学》，北京：生活·读书·新知三联书店2017年版，第127页。

③ 〔德〕海德格尔：《路标》，孙周兴译，北京：商务印书馆2000年版，第369页。

④ 转引自徐友渔：《告别20世纪：对意义和理想的思考》，济南：山东教育出版社1999年版，第9页。

⑤ 〔德〕伽达默尔：《科学时代的理性》，薛华等译，北京：国际文化出版公司1988年版，第3页。

⑥ 有些学者认为罗素才是语言哲学的奠基人，还有些学者认定语言转向是由维特根斯坦引起的。

哲学中就发动了一场堪与笛卡尔所发动的相比的革命"①，所以"在哲学中，正像我们对待笛卡尔那样，我们也可以用弗雷格的工作，来定位整整一个时代的开端"②。换言之，"弗雷格是分析哲学和语言哲学的真正创始人"③，因此，达米特将弗雷格称为"分析哲学之父"④。为什么这么说，理由是什么？理由很充分，"弗雷格的首要价值在于，他使得哲学的这个领域（逻辑哲学——作者注）不再是一个专门分支，而是整个学科的起点"⑤，因此，关于语言哲学的研究，后来人只能在弗雷格建立的基础上开展进一步的研究，而且是别无选择。"关于什么是思想、什么是句子及其构成词的意义，他（弗雷格——作者注）提供了哲学史上第一个有道理的说明。那些努力通过分析语言意义来分析思想的人，除了在他奠定的基础上进行工作，别无选择。"⑥

三、语言哲学的概念研究

哈贝马斯的语言哲学思想，首要工作就是论域厘定。换言之，首先要知道哈贝马斯的语言哲学究竟由哪些部分组成。要解答这个问题，必须先明确什么是语言哲学。

从前面的内容可知，20世纪以来西方哲学发展史上涌现出了许多杰出的语言哲学家，也出版了许多关于语言哲学的论著，但是直到目前为止，

---

① 〔英〕达米特：《弗雷格：语言哲学》，黄敏译，北京：商务印书馆2017年版，第880页。

② 〔英〕达米特：《弗雷格：语言哲学》，黄敏译，北京：商务印书馆2017年版，第881页。

③ 王路：《走进分析哲学》，北京：中国人民大学出版社2009年版，第71页。

④ 〔英〕达米特：《分析哲学的起源》，王路译，上海：上海译文出版社2016年版，第14页。

⑤ 〔英〕达米特：《弗雷格：语言哲学》，黄敏译，北京：商务印书馆2017年版，第876页。

⑥ 〔英〕达米特：《分析哲学的起源》，王路译，上海：上海译文出版社2016年版，第14页。

语言哲学这个概念的定义依然没有达成共识，因为它是个"包罗万象的短语"①，不同的哲学家从各自的哲学立场、研究传统、理论重心和学术风格出发给出了不同的界定。可以从两个方面来说明这个问题：

一方面，从内涵和外延两个角度框定语言哲学的研究范围。

从内涵角度来看，塞尔（Searle）和万德勒（Zeno Vendler）的观点具有一定的代表性。塞尔认为，应该区分 philosophy of language 和 linguistic philosophy。前者研究语言的普遍性质，如指称、意义、真理和言语行为等，关心的是普遍的哲学问题；后者研究特定语言中的特定用法，回答某些特定问题。② 万德勒主张进行更加细致的区分，即区分 philosophy of linguistics、linguistic philosophy 和 philosophy of language。语言学哲学（philosophy of linguistics）是"对意义，同义词，句法，翻译等语言学共相进行哲学思考，并且对语言学理论的逻辑地位和验证方式进行研究。因此，语言学哲学是科学哲学的特殊分支之一，与物理学哲学，心理学哲学等并列"③。语言哲学（linguistic philosophy）是指"包括基于自然语言或人工语言的结构和功能的任何一种概念的研究。举例来说，亚里士多德关于存在的哲学思考，罗素的特称描述语理论，莱尔关于心灵概念的著作，都在这类研究的范围之内"④。语言的哲学（philosophy of language），是对关于语言本质，语言与现实的关系等内容的哲学性质的论著。⑤ 从外延角度来看，语言哲学有狭义和广义两种指称。狭义的语言哲学是特指分析哲学

---

① 〔美〕万德勒：《哲学中的语言学》，陈嘉映译，北京：华夏出版社2002年版，第9页。

② Searle, *Philosophy of Language*, Cambridge: Cambridge University Press, 1971, Introduction.

③ 〔美〕万德勒：《哲学中的语言学》，陈嘉映译，北京：华夏出版社2002年版，第9页。

④ 〔美〕万德勒：《哲学中的语言学》，陈嘉映译，北京：华夏出版社2002年版，第9页。

⑤ 〔美〕万德勒：《哲学中的语言学》，陈嘉映译，北京：华夏出版社2002年版，第9页。

传统的语言哲学。广义的语言哲学是指既包括分析哲学传统，又包括现象学—解释学传统的语言哲学，即广义的语言哲学既包括英美分析哲学传统又包括欧陆现象学—解释学哲学传统。英美分析语言哲学和欧陆思辨语言哲学既有相同点，也有不同点。相同点是两大思潮的哲学家都"普遍注意研究语言与思维的关系、语言与实在的关系以及意义理论、真理理论这样一些基本的语言哲学问题"①。不同点在于，"英美分析语言哲学侧重研究专名、通名、摹状词以及语句的指称问题，意义的检验标准问题，言语行为理论问题，必然性和可能世界问题，等等"②，而欧陆哲学家则侧重研究"语言的本质和功能问题，意向和意向性问题，语言的结构问题，语言、言语和文字的区别和联系问题，理解、解释和说明的区别和联系问题，等等"③。

另一方面，从观点概括角度总结一下学术界对语言哲学这个概念的基本认识，一般来说主要包括如下三种观点：

"不可定义说"。此种观点认为，由于语言涉及的学科范围太过于广泛，以至于任何学科都可以看到语言分析的影子，所以从不同的角度出发就可以形成不同的语言哲学，因此，语言哲学是不可定义的。

"分析方法说"。这种观点认为，语言哲学是一种从事哲学研究的方法，这种方法包括一定的语言学概念，人们通过对这些语言学概念的逻辑分析来解决哲学领域的各种问题。由此可见，此种观点认为，分析哲学最主要和最核心的部分是语言哲学，本质上就是不区分"分析哲学"和"语言哲学"，或认为二者之间可以交替使用，都是指称一种特定的哲学研究方法。

---

① 涂纪亮：《现代欧洲大陆语言哲学：现代西方语言哲学比较研究》，武汉：武汉大学出版社2007年版，第2页。
② 涂纪亮：《现代欧洲大陆语言哲学：现代西方语言哲学比较研究》，武汉：武汉大学出版社2007年版，第2—3页。
③ 涂纪亮：《现代欧洲大陆语言哲学：现代西方语言哲学比较研究》，武汉：武汉大学出版社2007年版，第3页。

"哲学学科说"。与"分析方法说"相反，这种观点认为，语言哲学不是一种从事哲学研究的方法，而是一个哲学的分支学科或领域，与历史哲学、科学哲学、艺术哲学、教育哲学、法哲学等并驾齐驱，着重从哲学角度研究语言的一般性质和状态，研究语言的一般特征，研究名称、语句、指称、意义、真理、言语行为、必然性和意向性等问题。

以上三种观点都有各自的局限性："不可定义说"以回避的方式放弃对理论疑难的解决，不利于学术界在语言哲学领域开展进一步的发掘研究；"分析方法说"的不足在于仅仅强调了语言哲学的"方法"属性，而忽略了它的内容属性；"哲学学科说"的瑕疵在于范围过于窄化，不能很好地说明语言对其他学科领域的渗透作用。

从我们的角度来看，虽然三种观点各有所短，但是从本书的研究主题出发，我们还是比较倾向于"哲学学科说"。"语言哲学"应该被看作与逻辑哲学、道德哲学和科学哲学等并列的哲学研究的一个重要分支学科，其基本思维方式是从语言的角度展开哲学研究，研究主题不外乎是意义、用法、真理、句法逻辑、语言与思维、语言与实在等与语言有关的哲学问题。① 其实，可以用一句话表达我们的观点：语言哲学是从哲学角度研究语言的一般理论和分析方法，以便于解决哲学问题的分支学科。

总之，我们从学科分支角度在最宽泛的意义上使用语言哲学这个概念，只要是哈贝马斯出于哲学讨论的目的而对语言开展的研究都归于"哈贝马斯哲学思想"的研究范畴。采用这个视角是因为本书"哈贝马斯语言哲学思想研究"的出发点是系统整理哈贝马斯在"语言哲学"这个学科领域的思想创新性，这也是本书的选题创新，因为哈贝马斯在法哲学、历史

---

① 关于"语言哲学"的界定，十分类似对"科学哲学"的界定，我们不妨对比借鉴一下。一般说来，"科学哲学"在英语中也有两种表达方式：philosophy of science 和 scientific philosophy。虽然它们在汉语中都可以译作"科学哲学"，不过还是有区别的。前者指的是"关于科学的哲学理论"，后者所说的则是"具有科学性质的哲学"，所以亦译作"科学的哲学"。一般所讨论的是"科学哲学"，即关于科学的哲学理论，而不是"科学的哲学"。

哲学、社会哲学等其他领域的思想，已经都有了各自的研究成果，唯独"语言哲学"领域的研究还是十分薄弱的，这也是本书努力的方向。

第二节　哈贝马斯语言哲学思想的研究概况

关于哈贝马斯语言哲学思想的研究，国内和国外的研究有所不同。国内研究者注重以下两个方面：一是对语言哲学思想的基本内容、观点和立场的阐释；二是对语言哲学思想的学术价值和理论意义的发掘。国外研究者虽然也阐释语言哲学思想的基本内容、观点、立场和它的学术价值及理论意义，但他们并不以此为重心。他们的重心在于对语言哲学思想进行批判性研究。所以，国内与国外呈现出两种完全不同的研究路向。国内研究者更注重语言哲学与其他理论分支的联系研究，不太关注语言哲学基本内涵的论证，往往只是给出语言哲学的结论，然后就开始相关问题的论证与评论，较少进行语言哲学基本内涵的微观论证。① 与此形成鲜明对照的是，国外研究者基于良好的分析哲学传统和扎实的理论研究功底，他们不仅能够很好地发掘语言哲学的深刻内涵，而且可以步步为营地论证结论的得出过程。通过阅读他们的文章，我们可以更加全面而深刻地把握哈贝马斯的语言哲学思想。限于笔者的阅读范围和选取标准，此处的文献综述并不能代表相关研究文献的全貌，国外部分亦是如此。

一、国内外研究现状

首先，国内研究现状。由于国内尚无以哈贝马斯语言哲学思想为题的专著，所以此项研究只能从各类哈贝马斯研究文献中予以分析、提取和整理。包含着哈贝马斯语言哲学思想的相关文献并不是杂乱无章的，而是可以规整为综合性文献和专题性文献两大类。

---

① 国内关于哈贝马斯语言哲学思想的研究，给人一种这样的感觉：你只要知道结论就可以了，至于为什么是这个结论，哈贝马斯是通过怎样的立论得出这个结论的，国内学界似乎不太关心。

第一类，综合性文献。所谓综合性文献是指以哈贝马斯整体思想为研究旨趣的文献。这类文献研究视角宏大、内容宽泛，具有历史性、全面性和宏观性，有利于我们把握语言哲学思想在哈贝马斯整体理论视野之中的重要地位和作用。包含哈贝马斯语言哲学思想的综合性文献还可以划分为介绍型综合性文献和研究型综合性文献。

一方面，介绍型综合性文献。此类文献多以人物型、学术型传记和简约型、讲述型理论概述类著作为主。这类文献大体上包括余灵灵的《哈贝马斯传》①、陈勋武的《哈贝马斯评传》②、艾四林的《哈贝马斯》③、曹卫东的《曹卫东讲哈贝马斯》④。以上文献的共同特点在于都从历史角度纵向把握哈贝马斯的思想发展历程。但是，他们的写作线索又是完全不同的。《哈贝马斯传》是以哈贝马斯专著的发表时间为线索，《哈贝马斯评传》是以哈贝马斯生命历程为线索，《哈贝马斯》是以哈贝马斯的不同哲学论题为线索，《曹卫东讲哈贝马斯》是以哈贝马斯的政治思想为线索。关于哈贝马斯语言哲学的相关要素，以余灵灵和艾四林的阐述较多。余灵灵论述了言语行为理论在建立交往行为理论中的作用，艾四林详细介绍了普遍语用学、语用意义理论和生活世界理论，曹卫东则从话语政治角度涉及了语言哲学的部分要素。此外，哈贝马斯语言哲学的相关研究还零星出现于以下文献之中：徐崇温《法兰克福学派研究》⑤、苏国勋《当代西方著名哲学家评传（社会哲学）》第10卷⑥、张汝伦《现代西方哲学十五讲》⑦和谢地坤《西方哲学史（学术版）》第7卷⑧。

---

① 余灵灵：《哈贝马斯传》，石家庄：河北教育出版社1998年版。
② 陈勋武：《哈贝马斯评传》，广州：中山大学出版社2008年版。
③ 艾四林：《哈贝马斯》，长沙：湖南教育出版社1999年版。
④ 曹卫东：《曹卫东讲哈贝马斯》，北京：北京大学出版社2005年版。
⑤ 徐崇温：《法兰克福学派研究》，重庆：重庆出版社1988年版。
⑥ 苏国勋：《当代西方著名哲学家评传（社会哲学）》第10卷，济南：山东人民出版社1996年版。
⑦ 张汝伦：《现代西方哲学十五讲》，重庆：北京大学出版社2003年版。
⑧ 谢地坤：《西方哲学史（学术版）》第7卷，南京：江苏人民出版社2005年版。

另一方面，研究型综合性文献。① 在《交往理性与诗学话语》② 中，曹卫东详细梳理了哈贝马斯语言哲学的如下三个方面：批判解释学、普遍语用学和真理共识论。首先，批判解释学。著者在对比分析伽达默尔和哈贝马斯之间的解释学争论之后，结论是伽达默尔的社会科学方法论就其本质而言就是自然科学方法论在社会科学领域的一种翻版。而哈贝马斯所做的既打破自然科学方法论一元观，也打破自然科学论和社会科学方法论的二元观，并通过对它们的批判，重建反思性方法论，即他所言的批判解释学。著者自此之后又详细阐述了批判解释学的基本内容和基本逻辑。其次，普遍语用学。著者在仔细梳理并解释《什么是普遍语用学》这篇文章的基础上，为我们全景展示了普遍语用学的基本逻辑脉络和框架内容，特别研究了有效性要求理论。最后，真理共识论。著者认为，哈贝马斯的真理论有两层含义：第一层，哈贝马斯把传统认识论的那种"较真"式的真理论转换成了"商谈"式的话语。于是，真理论意义上的"统识"（统一认识）就变成了话语过程中的"共识"。第二层，哈贝马斯的真理论关键在于"共识"概念，而达成共识又不是理论话语可以单独解决的，真理论最终还是落实到实践层面。

在《批判与实践：论哈贝马斯的批判理论》③ 中，童世骏深刻剖析了哈贝马斯理论的各个层面。与哈贝马斯语言哲学思想有关的是真理共识论。著者从金岳霖《知识论》④ 对"真的意义"和"真的标准"的区分谈起，进而切入哈贝马斯的真理共识论。简言之，哈贝马斯的真理共识论认为，陈述之为真的条件，是所有其他人（所有我有可能当作对话伙伴的人

---

① 我们所说的"研究型"是相对于"介绍型"而言的，主要是指它能为我们较为详细地梳理哈贝马斯语言哲学思想的基本内容和逻辑，而不是如"介绍型"那样宏观呈现理论名词。同时，它又区别于国外学界的"批判性研究"，国外学界的研究重点在于对理论的批判，而不是如国内"研究型"那样详细阐述基本内容。

② 曹卫东：《交往理性与诗学话语》，天津：天津社会科学院出版社2001年版。

③ 童世骏：《批判与实践：论哈贝马斯的批判理论》，北京：生活·读书·新知三联书店2007年版。

④ 金岳霖：《金岳霖文集》第3卷，兰州：甘肃人民出版社1995年版。

们，假如我的生活史和人类历史一样长的话）的潜在的同意。真理共识论的关键是把真理说成是一种"有效性主张"，意味着真理不再是陈述的一种属性（或所处的关系），而是断定该陈述的言语活动的属性；即使仍然把它作为陈述的属性，它也不直接同陈述的对象相关，而是同断定该陈述的言语活动相关，是断定该陈述的主体向其他主体提出的主张，主张他们认可、承认他对这个陈述的断定为有效。哈贝马斯的共识论真理观也就是商谈论真理观，因为认可真理性主张的共识并不是作为一种既成事实的共识，而是需要在商谈中努力追求的共识，经过对各种理由的考虑、比较和选择而达成的"基于理由的共识"。

在《哈贝马斯的"批判理论"》① 中，与哈贝马斯语言哲学思想相关的内容，欧力同论述了如下三点：一是以"言语行为理论"为切入点阐述哈贝马斯的形式语用学。依据著者的观点，哈贝马斯既不想皈依以维特根斯坦为代表的语言分析哲学模式，也不赞成逻辑语义学和规范语义学，而是主张从语言分析转向交往行为理论。这种转换的关键就在于"言语行为理论"。著者从语言与实践、语言与言语、经验的语用学与规范的语用学和言语的"有效性基础"与"理解"等四个角度，对哈贝马斯的言语行为理论进行了说明。② 二是从"主观际性"角度解释哈贝马斯的意义理论。哈贝马斯的意义理论是"规范语用学"的意义理论，而不是"经验语用

---

① 欧力同：《哈贝马斯的"批判理论"》，重庆：重庆出版社1997年版。
② 这四个方面大体内容如下：第一，语言与实践。哈贝马斯的"言语行为理论"是"语言与实践的特有的统一"。第二，语言与言语。哈贝马斯区分语言与言语的原因在于，只有建立起以语言的运用行为为主题的规范性理论，才能构建起交往行为理论。第三，经验的语用学与规范的语用学。与经验的语用学相比，规范的语用学具有与之不同的三个特点：一是规范的语用学突出言语行为所起的"角色交往"作用；二是规范的语用学强调对语言的应用行为进行规范分析；三是规范的语用学提出了"交往资质"理论。第四，语言的"有效性基础"与"理解"。"有效性要求"是指可理解性、真实性、正确性和真诚性。"理解"是从"主观际性"探讨哈贝马斯的意义理论。详细内容请参阅欧力同：《哈贝马斯的"批判理论"》，重庆：重庆出版社1997年版，第115—139页。

学"的意义理论。这种意义理论所要考虑的是在一般语言情境下的言语行为的"普遍性意义",而不是在特殊情境下的语言行为的"特殊性意义"。这里所说的合规范的言语行为之普遍意义,实际上就是他所说的言语行为的"意义的主观际性"。三是通过"反思"定义哈贝马斯的批判解释学。哈贝马斯认为,解释学的任务首先应澄清解释何以能发生的先决条件,而要澄清这一点,只有通过主体的自我反思,才能认识到已完成的理解活动的"无意识先决条件"。而且,也只有反思,才能使理解活动获得使"自身得到发展"的"力量"。

在《关于一个公正世界的"乌托邦"构想:解读哈贝马斯〈交往行为理论〉》中,章国锋阐述了哈贝马斯形式语用学和真理共识论的基本观点。首先,关于形式语用学。著者重点分析了交往行为的类型和语言交往的有效性要求。它所理解的有效性要求是"四要素说"①。其次,关于真理共识论。依据哈贝马斯的立场,真实性乃是一种语言现象,真实性要求只能在话语中实现;真实性要在行为的关联中考虑,区别于客观性和直觉性现象。真理是"话语主体通过语言交往而达成的共识",真实性和真理检验标准并非客观性,而是"主体间性"。所以,真实性是始终在人际关联中提出的一种有效性要求。简言之,真实性是体现在以言表意话语行为中的一种有效性要求。类似的相关文献资料还包括刘少杰《后现代西方社会学理论》②、李忠尚《第三条道路?——马尔库塞和哈贝马斯的社会批判理论研究》③、《通向理解之路——哈贝马斯论交往》④ 等。由于篇幅所限,不再详述。

---

① "四要素说":可理解性、真实性、真诚性和正确性。同时还有"三要素说":真实性、真诚性和正确性。简言之,两种立场的分歧在于"可理解性"。

② 刘少杰:《后现代西方社会学理论》,北京:社会科学文献出版社1999年版。

③ 李忠尚:《第三条道路?——马尔库塞和哈贝马斯的社会批判理论研究》,北京:学苑出版社1994年版。

④ 陈学明:《通向理解之路——哈贝马斯论交往》,昆明:云南人民出版社1998年版。

第二类，专题性文献。所谓专题性文献是指以哈贝马斯理论的某一论题为研究旨趣的文献，尤以论文形式为多。这类文献多采取微观探究方法，深入理论的核心部分进行精细化研究，注重理论的细节和论证逻辑，有利于我们从微观角度把握哈贝马斯的语言哲学思想。此类文献一般以某一论题为研究对象，如徐友渔《语言与哲学——当代英美与德法传统比较研究》（生活·读书·新知三联书店1996年版）和涂纪亮《现代欧洲大陆语言哲学》（中国社会科学出版社1994年版）都选取哈贝马斯批判解释学为研究对象。① 二者虽然研究主题相同，但论述角度各异。徐友渔对哈贝马斯批判解释学的分析，首先着重评述哈贝马斯分析角度的特殊性及其意义；其次以这个意义为出发点，引出人们熟知的哈贝马斯与伽达默尔的分歧与争论，由此分析哈贝马斯批判解释学的总体特色。涂纪亮则从四个方面阐释了哈贝马斯的批判解释学：一是自然语言与生活世界；二是批判解释学的主要内容；三是传统与曲解交往；四是"旨趣"模式。以批判解释学为研究主题的文献还可参阅洪汉鼎《诠释学——它的历史和当代发展》（人民出版社2001年版）、阮新邦《批判诠释与知识重建——哈伯玛斯视野下的社会研究》（社会科学文献出版社1999年版）、章启群《意义的本体论》（上海译文出版社2002年版）和彭启福《理解之思——诠释学初论》（安徽人民出版社2001年版）②。

---

① 这两本专著并不是仅仅研究哈贝马斯批判解释学的，除此之外还有许多其他的研究主题。从书名就可以看出，它们的核心线索都是语言哲学，只是前者倾向于比较两大传统的异同，后者全心专注于欧陆的语言哲学而已。

② 此外，关于批判解释学还包括一些重要的研究论文，篇幅所限无法详述：陆炜：《批判解释学何以足批判的》，载《复旦学报（社会科学版）》，1994年第2期，第41—46页。汪行福：《解释学：意义的理解还是意识形态批判？》，载《复旦学报（社会科学版）》，1995年第6期，第15—21页。龚群：《哲学诠释学的方法论问题》，载《哲学动态》，2001年第2期，第42—45页。傅永军、姜宁：《哈贝马斯批判诠释学要义简析》，见《中国诠释学·第二辑》，济南：山东人民出版社2004年版，第139—150页。傅永军：《批判的社会知识何以可能？——伽达默尔和哈贝马斯的诠释学论争与批判理论基础的重建》，载《文史哲》，2006年第1期，第136—144页。

除上述专著之外，专题性文献还包括如下一些重要的研究论文。郭贵春和殷杰的《理性重建的新模式——哈贝马斯规范语用学的实质（上、下）》和《论哈贝马斯"语用学转向"的实质》① 以规范语用学（形式语用学）② 为主要研究对象。作者从哲学方法论演变的视角出发，揭示了哈贝马斯在建构社会批判理论时，发生了从意识哲学到语言分析的语用学转向，并从五个方面③对哈贝马斯规范语用学理论进行了分析。归根结底，规范语用学的终极任务就是为理性重建提供新的模式，以支持其交往行为理论。张斌峰《从事实的世界到规范的世界》和《论哈贝马斯的普遍语用

---

① 殷杰、郭贵春：《理性重建的新模式——哈贝马斯规范语用学的实质》（上），载《科学技术与辩证法》，2001年第18（3）期，第30—34页；殷杰、郭贵春：《理性重建的新模式——哈贝马斯规范语用学的实质》（下），载《科学技术与辩证法》，2001年第18（4）期，第32—36页；殷杰、郭贵春：《论哈贝马斯"语用学转向"的实质》，载《自然辩证法研究》，2002年第18（3）期，第10—13页。

② Formal pragmatics：规范语用学。这种译法最早见于《交往与社会进化》的汉译本。详细内容请参阅〔德〕哈贝马斯：《交往与社会进化》，张博树译，重庆：重庆出版社1989年版，第216页，注释1。沿用此种译法的大略有：艾四林：《哈贝马斯》，长沙：湖南教育出版社1999年版；刘少杰：《后现代西方社会学理论》，北京：社会科学文献出版社1999年版；郭贵春：《哈贝马斯的规范语用学》，载《哲学研究》，2001年第5期，第36—43页；殷杰、郭贵春：《理性重建的新模式——哈贝马斯规范语用学的实质》（上），载《科学技术与辩证法》，2001年第18（3）期，第30—34页；殷杰、郭贵春：《理性重建的新模式——哈贝马斯规范语用学的实质》（下），载《科学技术与辩证法》，2001年第18（4）期，第32—36页；徐盛桓：《语用和规范——哈贝马斯的"规范语用学"论析》，载《解放军外国语学院学报》，2002年第25（3）期，第1—6页。

③ 这五个方面包括：第一，交流理性的重建构成了规范语用学形成的内在动因，促使哈贝马斯从意识哲学转向语言的分析哲学。第二，通过对传统语义分析途径的考察，哈贝马斯最终将现代语用学中发展了的言语行为理论作为规范语用学的理论出发点。第三，有效性主张使得"规范分析"和"语言使用"结合在一起，只是在既具先验特征又有经验内容的有效性主张的基础上，规范语用学的研究才具有意义。第四，一种互动的、以语言为媒的交流模式在规范语用学中建构起来，它是规范语用学得以作为社会批判理论核心的关节点。第五，规范语用学对于语言分析方法的整合、两大传统的合流和理解马克思理论具有重要的意义。

学及其方法论意义》① 以"普遍有效性"为中心议题。作者认为哈贝马斯创立的普遍语用学将"言语的有效性"置于"生活世界"之中，把仅仅作为陈述事实命题的"有效性"范畴推广到规范性的社会领域中来，从而把一般的"言语的有效性"范畴拓展为一种具有多种要求和多重意义上的"普遍有效性"。所以，哈贝马斯不仅证明了"交往理性"的"普遍性"，而且也努力通过"奠立社会科学语言理论基础"和方法论，为重新确立社会科学、人文学科和自然科学的自主性，提供了一种新的界定标准与研究架构。

任皑《哈贝马斯"生活世界"学说管窥》② 和陈忠《哈贝马斯"生活世界理论"与马克思"全面生活理论"之比较》③ 以生活世界为研究主题。任皑通过比较胡塞尔和哈贝马斯的生活世界观，引出哈贝马斯生活世界理论的基本内容。同时，作者指出了哈贝马斯生活世界观的得失及其对启发我们从社会一体化整合的角度来建构合理的和健全的社会关系所具有的借鉴作用。此外，文章还分析了胡塞尔生活世界理论对哈贝马斯的深刻影响以及哈贝马斯对其"生活世界"学说的批判改造及意义。陈忠认为，哈贝马斯的"生活世界理论"与马克思的"全面生活理论"在本质上意指两种生活、两个世界。哈贝马斯的生活理论指向抽象的知识生活、神秘的观念世界，马克思的生活理论指向以感性物质生活为基础的真实世俗世界。在同哈贝马斯的比较中，马克思唯物史观、马克思哲学是一种真正的、世俗性的生活理论、生活哲学。

---

① 张斌峰：《从事实的世界到规范的世界》，载《自然辩证法通讯》，2002年第24（4）期，第19—25页；张斌峰：《论哈贝马斯的普遍语用学及其方法论意义》，载《社会科学辑刊》，2000年第4期，第9—15页。

② 任皑：《哈贝马斯"生活世界"学说管窥》，载《马克思主义研究》，2002年第4期，第87—95页。

③ 陈忠：《哈贝马斯"生活世界理论"与马克思"全面生活理论"之比较》，载《江苏社会科学》，2005年第2期，第55—59页。

南星在《哈贝马斯论真理与证成》①一文中提出，哈贝马斯的真理共识论存在前期和后期两个版本，前期他提出了一种"共识论"或"话语理论"的真理观，将西方哲学长期以来以"看"为中心的认识模式转变成了以"说"为中心的模式。在后期，由于他的理论面临很多学者的质疑和理论困难，哈贝马斯在回应的过程中提出了一种新的"实用主义"真理观，他借助于这种新的真理观将"看""说""行"三个维度整合了起来。黄美笛和王浩斌在《"真理"何以在先验与经验之间？》②一文中提出，哈贝马斯的真理概念是一种既非先验的、又超越经验的"共识性真理"概念，但作者认为，哈贝马斯对"居于先验与经验之间"属性的过度强调，已经逐渐背离了他自己最初的理论目的，导致他不得不转向一种"实用的"而非"共识性的"真理概念。

其次，国外研究现状。与国内相比，国外关于哈贝马斯语言哲学思想的研究不仅更早更成熟，而且也更深入细致，考察的角度也更为全面，因此相关的文献资料也就丰富得多。国外研究文献可以区分为两类：介绍性文献和研究性文献。世界范围内关于哈贝马斯理论的相关讨论不胜枚举。因此，相关文献所采用的语言形式也各有不同，例如德语、英语、日语、意大利语、阿拉伯语等，此处的国外文献描述无力囊括没有汉译或英译版本的其他外语国家的相关文献。

第一类属于介绍性文献。此类文献大体上包括以下著作：德特勒夫·霍斯特（Detlef Horster）《哈贝马斯》（*Haberams*）③、威廉姆·奥斯维特

---

① 南星：《哈贝马斯论真理与证成》，载《世界哲学》，2020年第5期，第89—100页。

② 美笛、王浩斌：《"真理"何以在先验与经验之间？——哈贝马斯"真理共识论"建构的逻辑进路解读》，载《浙江学刊》，2021年第6期，第115—122页。

③ 〔德〕霍斯特：《哈贝马斯》，鲁路译，北京：中国人民大学出版社2010年版。

（William Outhwaite）《哈贝马斯》（*Haberams: a Critical Introduction*）①、詹姆斯·戈登·芬利森（James Gordon Finlayson）《哈贝马斯》（*Haberams: a Very Short Introduction*）②、莱斯利·A.豪（Leslie A. Howe）《哈贝马斯》（*On Habermas*）③、迈克尔·普西（Michael Pusey）《哈贝马斯》（*Haberams*）④和中冈成文《哈贝马斯：交往行为》（『バーバーマス―コミュニケーション行為』）⑤。虽然上述文献都是对哈贝马斯的生平事迹和理论发展的综合叙述，即同属于介绍性文献，书名也大体相同，但是，它们依然具有各自不同的写作特点和理论旨趣，论及哈贝马斯语言哲学思想的详略程度也有差别。

德特勒夫·霍斯特的著作勾勒了哈贝马斯整个理论体系的清晰轮廓，并详细论述了哈贝马斯与其他哲学家的论战。霍斯特几乎论及了哈贝马斯语言哲学的全部领域：批判解释学、形式语用学和真理共识论。威廉姆·奥斯维特的著作的显著特点在于对哈贝马斯思想连续性的说明和对批判声音的阐释，与本书相关的是对话伦理学和生活世界理论。詹姆斯·戈登·芬利森的著作自始至终将叙事重点放在对哈贝马斯思想的总体把握上，呈现给读者"一个用粗线条构成的轮廓分明的思想家头像"，重点阐述了哈贝马斯的语用意义理论，并将其等同于哈贝马斯的语言哲学思想。莱斯利·A.豪的著作对哈贝马斯思想的描述不是面面俱到而是有所选择，目的是让普通读者也能领会晦涩的哈贝马斯理论，与语言哲学相关的话语伦理

---

① 〔英〕威廉姆·奥斯维特：《哈贝马斯》，沈亚生译，哈尔滨：黑龙江人民出版社 1999 年版。

② 〔英〕詹姆森·戈登·芬利森：《哈贝马斯》，邵志军译，南京：译林出版社 2010 年版。

③ 〔美〕莱斯利·A.豪：《哈贝马斯》，陈志刚译，北京：中华书局 2002 年版。

④ Michael Pusey, *Jurgen Habermas*, London: Ellis Horwood and Tavistoci Publications, 1987.

⑤ 〔日〕中冈成文：《哈贝马斯：交往行为》，王屏译，石家庄：河北教育出版社 2001 年版。

学是他的论述重点之一。迈克尔·普西的著作的优点是从批判的视角解说和介绍哈贝马斯的整体思想,从而避免原著的艰深难懂,涉及语言哲学的方面有理想的言说情境理论、语言行为理论和生活世界理论。中冈成文的著作力图绕到看似矛盾的哈贝马斯理论的背后,通过背景说明而从总体上把握哈贝马斯的思想,其中探讨"制度与语言"和"系统与生活世界"的章节值得我们注意。

此外,还可参看剑桥哲学研究指针系列《哈贝马斯》(*The Cambridge Companion to Habermas*)①、乌韦·因霍夫(Uwe Steinhoff)的《哈贝马斯的哲学》(*The Philosophy of Jurgen Habermas*)②和戴维·欧文(David S. Owen)的《在理性和历史之间:哈贝马斯与进步观念》(*Between Reason and History: Habermas and the Idea of Progress*)③。

第二类属于研究性文献。在《哈贝马斯传》④ 中,德特勒夫·霍斯特(Detlef Horster)阐释了语言哲学中的三个构成要素:批判解释学、形式语用学和真理共识论。首先,批判解释学。哈贝马斯在批判吸收伽达默尔解释学的基础上,认为解释学的构想应当在三个方面得到补充:意识形态批判的补充、社会系统分析的补充和历史哲学的补充;其次,形式语用学。霍斯特主要阐明了哈贝马斯"理性的还原"的哲学方法。还原始终与一种具有普遍性的直觉知识,即在实际运用中无须追问的知识相关联,哈贝马斯所要还原的前理论规则系统是"相互理解行为的普遍条件",霍斯特以此为基础论述了普遍语用学。最后,真理共识论。霍斯特认为,在哈贝马

---

① Stephen K. White, *The Cambridge Companion to Habermas*, Cambridge: Cambridge University Press, 1995.

② Uwe Steinhoff, *The Philosophy of Jurgen Habermas*, Karsten Schollner(trans.), Oxford: Oxford University Press, 2009.

③ David S. Owen, *Between Reason and History: Habermas and the Idea of Progress*, Albany: State University of New York Press, 2002.

④ 〔德〕霍尔斯特:《哈贝马斯传》,章国锋译,上海:东方出版中心2000年版。

斯那里，真实性是体现在以言表意话语行为中的一种有效性要求。在他关于真理的论述中，哈贝马斯借鉴了图尔敏的论证理论。因此，真实性始终是在人际关系中提出的一种有效性要求。真实性乃是一种语言现象，必须同客观性和直觉现象区别开来。在《哈贝马斯的批判理论》（*The Critical Theory of Haberams*）① 中，托马斯·麦卡锡（Thomas McCarthy）首先指出了哈贝马斯普遍语用学思想建立的意图，即不仅句子的语音、句法和语义的特征，而且特定的话语的语用特征也是可以用普遍的术语予以重构的。其次，麦卡锡详细分析了哈贝马斯的"重构科学"方法论的基本特征：（1）重构科学的对象领域与物理科学的对象领域是有区别的，重构科学属于社会世界的"以符号塑造的现实"；（2）重构科学在寻求揭示"深层结构"上有别于自然科学；（3）重构科学指向的是类—能力；（4）理论语言学的重构科学在很多重要方面区别于自然科学；（5）重构科学将重构工作分为"横向"和"纵向"两种。简言之，重构科学必须被归为经验科学。再次，麦卡锡详细阐述了普遍语用学的基本内容和具体细节。

在《批判解释学》（*Critical Hermeneutics*）② 中，约翰·B.汤普森（John B. Thompson）通过将哈贝马斯和利科的解释学进行比较，从而建构了一种新的解释学观念。他认为，哈贝马斯前期的以精神分析为范例的"深层解释学"理论很难扩展到社会层面，其中涉及的系统被扭曲的交往概念本身也模糊不清。此外，他还论及了哈贝马斯对行为分类的不确切性、"重建"含义的多样性以及将"理想言说环境"作为交往的必要前提在现实中的无效性，这些观点都触及批判解释学的核心。

在《语言与理性：哈贝马斯的语用学研究》（*Language and Reason：A*

---

① 详细内容请参阅〔美〕托马斯·麦卡锡：《哈贝马斯的批判理论》，王江涛译，上海：华东师范大学出版社 2010 年版；Thomas McCarthy, *The Critical Theory of Haberams*, Massachusetts, Cambridge：MIT Press, 1978.

② John B. Thompson, *Critical Hermeneutics*, Cambridge：Cambridge University Press, 1981.

Study of Habermas's Pragmatics）① 中，梅芙·库克（Maeve Cooke）首先从宏观角度精细概括了哈贝马斯的交往行为理论，特别是重点分析了交往合理性概念。不过，上述内容都不是库克关注的重点，这些论述都是为她的核心批判点服务的，即有效性要求与三种言语行为类型之间的依附关系。首先，关于记述式言语行为。她认为哈贝马斯将记述式言语行为仅仅限定为"断言""声称""通知""预测"等形式的做法可能会导致两个问题：一是它将导致道德有效性要求都被视为规范正确性要求；二是它忽略了与日常交往行为相联系的其他种类繁多的有效性要求，其中最重要的就是忽略了在日常语言使用中所提出的审美有效性要求。其次，关于表现式言语行为。哈贝马斯以真诚性要求为根据划分出表现式言语行为，其理由不充分。再次，关于调节式言语行为。哈贝马斯混淆了规范的有效性要求和规范的正确性要求。关于哈贝马斯的语用意义理论，他将其视为真值条件意义理论和意义使用理论的综合体，并进行了批判性的分析。

在《交往行为与理性选择》（Communicative Action and Rational Choice）② 中，约瑟夫·希思（Joseph Heath）对哈贝马斯语言哲学思想的许多方面都给予了详细的阐述与分析。在第一部分，希思详细分析了"言语行为理论""语言与策略行为""交往和辩护""可说明性的缘起"等问题。在第二部分，希思全方位批判性地分析了哈贝马斯的对话伦理学。比较看来，在笔者的阅读范围内，梅芙·库克《语言与理性：哈贝马斯的语用学研究》和约瑟夫·希思《交往行为与理性选择》是少有的以哈贝马斯语言哲学思想为核心论述点的翔实著作，是我们进行深入研究的必备文献。

此外，关于哈贝马斯语言哲学的批判性研究还要重点关注以下几篇重要论文：罗尔斯《政治自由主义：对哈贝马斯的回应》（Political

---

① Maeve Cooke, *Language and Reason: A Study of Habermas's Pragmatics*, Massachusetts, Cambridge: The MIT Press, 1994.

② Joseph Heath, *Communicative Action and Rational Choice*, Massachusetts, Cambridge: MIT Press, 2001.

Liberalism: Reply to Habermas)①、麦卡锡《康德的建构主义和重建主义：罗尔斯和哈贝马斯的对话》（Kantian Constructivism and Reconstructivism: Rawls and Habermas in Dialogue）②、库克《哈贝马斯语用学中的意义和真理》（Meaning and Truth in Habermas's Pragmatics）③、希思《什么是有效性要求》（What is a Validity Claim）④、Hudson Meadwell《哈贝马斯普遍语用学的基础》（The Foundations of Habermas's Universal Pragmatics）⑤、玛利·赫斯（Mary Hesse）《哈贝马斯的真理共识论》（Habermas' Consensus Theory of Truth）⑥、Alessandro Ferrara《哈贝马斯真理共识论批判》（A Critique of Habermas's Consensus Theory of Truth）⑦ 和 Donald McIntosh《哈贝马斯交往行为理论中的语言、自我和生活世界》（Language, Self, and Lifeworld in Habermas's Theory of Communicative Action）⑧。

---

① John Rawls, *Political Liberalism: Reply to Habermas*, The Journal of Philosophy, 1995, 92(3): 132−180.

② Thomas McCarthy, *Kantian Constructivism and Reconstructivism: Rawls and Habermas in Dialogue*, Ethics, 1994, 105(1): 44−63.

③ Maeve Cooke, *Meaning and Truth in Habermas's Pragmatics*, European Journal of Philosophy, 2001, 9(1): 1−23.

④ Joseph Heath, *What is a Validity Claim*, Philosophy and Social Criticism, 1998, 24(4): 23−41.

⑤ Hudson Meadwell, *The Foundations of Habermas's Universal Pragmatics*, Theory and Society, 1994, (23): 711−727.

⑥ Mary Hesse, *Habermas' Consensus Theory of Truth*, Chicago: The University of Chicago Press, 1978.

⑦ Alessandro Ferrara, *A critique of Habermas's Consensus Theory of Truth*, Philosophy Social Criticism, 1987, (13): 39−67.

⑧ Donald McIntosh, *Language, Self, and Lifeworld in Habermas's Theory of Communicative Action*, Theory and Society, 1994, 23(1): 1−33.

二、文献分析、写作思路及创新之处

首先,存在的问题。

虽然国内外学界已经开始关注哈贝马斯的语言哲学思想,但是上述的文献梳理也提醒我们,目前的研究仍然存在很大的不足,主要表现在以下几个方面:

第一,研究对象缺乏清晰性和目的性。虽然哈贝马斯学说在世界范围内已经蔚为大观,哈贝马斯语言哲学思想研究也已经初露端倪,但国内外的研究者对哈贝马斯语言哲学思想的研究对象依然没有一个清晰的认识。绝大多数人都认为,它的研究对象就是形式语用学,也有人将哈贝马斯的语用意义理论作为核心主题,还有人认为是批判解释学。其实这些观点都有局限性,都没能概括出哈贝马斯语言哲学的全部研究对象。同时,当前对哈贝马斯语言哲学思想的研究还缺乏目的性。一般的研究思路都是撇开作为整体的哈贝马斯社会批判理论而进行的语言哲学思想探究,或者就形式语用学而谈语用学,或者就语用意义理论而谈意义理论,甚或仅就有效性要求而谈逻辑学。这些做法都没有将哈贝马斯的语言哲学思想放到哈贝马斯理论的整体结构中予以考虑,片面追问语言哲学的细微之处,而忘记哈贝马斯语言哲学研究的宏观目的——为交往行为理论乃至整个社会批判理论寻找立论基础。

第二,研究内容缺乏系统性和全面性。在研究内容上,学者们关于哈贝马斯语言哲学思想的研究还停留在微观阶段,仅关注组成哈贝马斯语言哲学思想的部分内容。大多数研究者都没有从宏观上系统而全面地把握哈贝马斯语言哲学思想的全貌。研究者们往往只是抓住哈贝马斯语言哲学思想的某一方面或某一问题(例如,仅研究形式语用学或语用意义理论),而没有为我们展示作为整体的哈贝马斯语言哲学思想。同时,研究者也尚未涉及哈贝马斯语言哲学思想与交往理论、伦理学、法学和政治学的关系问题。实际上,哈贝马斯语言哲学思想的主体框架主要有以下四个方面构成：一是形式语用学；二是语用意义理论；三是真理共识论；四是批判解释学。其中，形式语用学又由五个部分组成：作为背景知识的生活世界，具有三重功能的言语行为，居于核心地位的有效性要求，承担行事职能的交往能力，充满理想设计的言说情境。

第三，研究方法缺乏动态性和对比性。哈贝马斯语言哲学思想的一个显著特点就是逐步演进且不断变化，有的观点甚至是对前期思想的根本修正。因此，在研究方法上，必须从哈贝马斯语言哲学思想的整个发展历程角度，运用历时态的动态分析方法来对比前后期思想的差别之处，只有这样才能真正掌握其全部内涵。否则，哈贝马斯在语言哲学发展的后期阶段所使用的哪怕一个专有术语都能弄得我们晕头转向。但是，目前的状况是，研究者们不是仅仅从《交往行为理论》出发进行横向式的静态研究，就是从《什么是普遍语用学》出发进行单篇式的独断研究。鲜有从纵向角度，运用历时态的动态分析方法对他的语言哲学思想进行的整体化研究，特别是对哈贝马斯前后期语言哲学思想之间的对比研究，更是无人探究。而这一点对于我们理解他的成熟期语言哲学思想至关重要，同时也有益于对他的社会批判理论的总体研究。

其次，原因分析。

上述诸多问题，分析其原因，主要有以下几个方面：首先，核心研究领域的误导。在多数研究者们看来，哈贝马斯的核心研究领域主要关涉哲学、社会学、伦理学、政治学、法学等领域，他并没有将语言哲学思想作为一个独立领域来探讨。即使涉及语言哲学思想，也只是作为其他理论的一个立论基础而已。此外，哈贝马斯只对语用转向后的语言学理论感兴趣，对一些纯语言哲学问题并不在意。对于这样一位非语言哲学领域的思想家，人们自然不容易想到从语言哲学角度介入他的思想。不仅如此，哈贝马斯本身也不是一位语言理论家，他不以纯语言学为研究对象，在涉及语言哲学领域时也不是要专门解决语言哲学问题。换言之，语言哲学问题不是哈贝马斯哲学思想的核心问题。所以，人们在研究哈贝马斯学说的时候，就往往忽略了他的语言哲学思想。

其次，原著文本少有中译本。这一点在国内研究中表现得最为明显。哈贝马斯对语言哲学的论述散见于《论社会科学的逻辑》《论社会互动的语用学》《论交往语用学》《什么是普遍语用学》《交往行为理论》，以及《论系统扭曲的交往》《论交往能力理论》《关于〈认识和人类兴趣〉的补充说明》《普遍语用学的一些特点：一份工作底稿》等多篇论文之中。其中只有《交往行为理论》（第一卷）① 有比较可靠的中文译本，除此之外都是外文原本。《什么是普遍语用学》② 和《交往行为理论》（两卷本）③ 此前也有中文译本，但是由于年代比较久远，中文译本存在诸多讹译之处，如不参照外文原本，根本难以把握哈贝马斯的真正意图，尤其是后者的问题更为严重。因此，在缺少基础文献的情况下，研究者们或以存在翻译问题的中译本为基础展开"联想"研究，或以零星的外文原本为依据进行"微观"研究，鲜有宏观角度的体系研究。

最后，系统梳理工作量大。由于哈贝马斯的语言哲学思想往往散见于上述文本之中，论述并不集中，这就需要研究者做大量的系统梳理工作。这种整理工作需要从20世纪60年代语言哲学思想萌芽开始，直至今天的成熟发展阶段。工作量之大，从语言哲学思想整体的发展脉络中就可见一斑。从整体上来看，哈贝马斯语言哲学思想经历了四个发展阶段，即开始萌芽阶段、逐步形成阶段、基本确立阶段和完善补充阶段。另外，以两卷本的《交往行为理论》（1981年）为界，哈贝马斯语言哲学思想经历了前

---

① 〔德〕哈贝马斯：《交往行为理论（第一卷）：行为合理性与社会合理化》，曹卫东译，南京：译林出版社2001年版。

② 〔德〕哈贝马斯：《交往与社会进化》，张博树译，重庆：重庆出版社1989年版。

③ 〔德〕哈贝马斯：《交往行动理论（第一卷）：行动的合理性和社会合理性》，洪佩郁、蔺菁译，重庆：重庆出版社1994年版；〔德〕哈贝马斯：《交往行动理论（第二卷）：论功能主义理论批判》，洪佩郁、蔺菁译，重庆：重庆出版社1994年版。

后两个时期。在萌芽阶段，哈贝马斯只是粗略触及或认识到了语言哲学的不同方面，并没有进行系统的阐述。直到 20 世纪 70 年代，哈贝马斯实现了语言转向，他的语言哲学思想才开始逐步趋近于系统化。这个比较和梳理的过程，需要我们具有全局眼界，在对原著进行大量考证的基础上，总结概括出哈贝马斯语言哲学的总体框架和基本内容，这项工作实属不易。

再次，写作思路。

鉴于学术界的研究现状，笔者力图在以下几个方面推进哈贝马斯语言哲学思想的研究：

第一，在内容研究上，着力概览哈贝马斯语言哲学思想的全貌。如前所言，当前国内外学术界基本上都是从微观角度切入对哈贝马斯语言哲学思想的研究，缺乏系统性和全面性；因此，笔者的首要目标就是从横向和纵向两个角度展现哈贝马斯语言哲学思想的全貌。一方面，从纵向角度入手，依据哈贝马斯语言哲学思想自身的演进和发展理路，系统梳理哈贝马斯在不同发展阶段的语言哲学思想，尤其要注意对比不同发展阶段的细微差别；另一方面，从横向角度入手，依据哈贝马斯语言哲学思想的外文原本，深度开掘哈贝马斯思想中所包含的语言哲学内容，系统全面地阐述哈贝马斯语言哲学思想。特别要注重系统整理哈贝马斯语言哲学思想的构成体系，因为当前学界普遍存在着将形式语用学等同于哈贝马斯语言哲学的错误看法。哈贝马斯的著述众多，且思想具有明显的综合性、复杂性和深刻性，因此，本书的研究只是一种初步的探索。

第二，在方法运用上，凸显历时态的动态分析法。哈贝马斯语言哲学思想呈现明显的急剧波动和不断演进的态势，不能仅仅从《交往行为理论》出发进行横向式的静态研究，更不能从《什么是普遍语用学》出发进行单篇式的独断研究，而应该运用历时态的动态分析方法，从动态角度对他的语言哲学思想进行整体性研究。特别要重点研究哈贝马斯前后期语言哲学思想的差别，这对于理解他的成熟期语言哲学思想至关重要，同时有益于对他的社会批判理论的总体研究。例如有效性要求理论，哈贝马斯在语言哲学思想的前期阶段坚持"四要素说",即可理解性、真实性、正确性和真诚性。而在后期阶段,他改变了"四要素说"的看法,代之以"三要素说",即真实性、正确性和真诚性。此时,哈贝马斯已经放弃了将可理解性作为言语行为的一个有效性要求的最初看法,转而将可理解性视为交往行为得以进行的基本前提。

第三,在观点确立上,依靠权威论述是关键。哈贝马斯对语言哲学的思考零散地分布在许多著作中,在不同的论著中语言哲学问题的侧重点也不同,甚至在不同时期的不同著作中出现前后不一的论断。所以,仅依据部分资料很难判断哈贝马斯对某一语言哲学问题究竟持何种观点。例如,哈贝马斯对"理想的言说情境"的看法就是一个明显的实例。早在1971年普林斯顿大学高斯讲座的第五讲中,哈贝马斯就提出了理想的言说情境概念并进行了系统论证。由于"理想的言说情境"这个概念经常受到误解,哈贝马斯在后续理论中没有再次使用过。有的研究者据此断定哈贝马斯已经放弃了理想的言说情境概念并对其进行了否定研究,甚至根本没有把理想的言说情境作为哈贝马斯语言哲学思想的基本组成部分。其实这种确立权威观点的方法是存在严重问题的。虽然哈贝马斯不再使用"理想的言说情境"这个概念,但他并没有放弃这种论证思路,只是变换了名称并进行了部分修补。在《什么是普遍语用学》中,哈贝马斯将这种理想性设计改称为"可能理解的普遍条件或交往的一般预设"①。在《对话伦理学》中称其为"论证的预设"②,并说明了论证的预设和理想的言说情境之间的对应与承接关系,并为理想的言说情境进行了辩护:"这就是为什么我一度将论证预设视为理想的言说情境的典型特征的原因……早些时候我关

---

① Habermas, *Communication and the Evolution of Society*, Thomas McCarthy (trans), Cambridge: Polity Press, 1984, p.1.

② Habermas, *Moral Consciousness and Communicative Action*, Shierry Weber Nicholsen(trans), Massachusetts, Cambridge: The MIT Press, 1999, p.88.

于理想的言说情境的分析，现在对我来说仍然是正确的。"① 因此，我们必须以权威论述为基础，确立哈贝马斯语言哲学的基本立场和观点。

简而言之，我们的研究目标就是要将哈贝马斯语言哲学思想的研究推向深入，尤其是在哈贝马斯整体思想的宏观框架内阐述其语言哲学思想的基本内容、立场和观点，明晰哈贝马斯语言哲学在哈贝马斯社会批判理论中的地位、作用和意义，为更加全面地把握哈贝马斯的卓越思想增砖添瓦。

最后，继续研究的创新之处。

任何具有学术价值的理论研究不仅是对已有成果的有机整合，更是对未有领域的开拓发掘。本书亦在这两个方面做出了努力。这种努力主要体现在选题立意、框架结构、学理路径、方法运用和认识观点等诸多方面。当然，笔者既为本书所形成的几点可能的开拓创新而欢欣鼓舞，也为固于其内的缺憾之处而惴惴不安。

第一，选题立意层面的创新。哈贝马斯的思想遍及哲学、社会学、政治学、语言学、解释学、历史学、心理学、法学等众多领域，而且是一位具有体系性的理论家。因此，包括博士论文在内的聚焦于哈贝马斯的研究论著所选择的研究主题也五花八门，异彩纷呈，涉及了几乎哈贝马斯思想的所有领域。但是，有一重大领域却鲜少有人以此为题进行著述，那就是哈贝马斯的语言哲学思想。本书的选题立意创新就在于此。

第二，方法运用层面的创新。已有的关于哈贝马斯语言哲学的部分构成要素的研究，在方法运用上基本上采取的是横向式的静态化研究或单篇式的独断化研究。所谓横向式的静态化研究，是指只对哈贝马斯语言哲学思想的成熟期进行整理，而不是从思想形成的纵向嬗变角度予以分析；所谓单篇式的独断化研究，是指只对哈贝马斯语言哲学思想的某篇重要文献进行单一性的研究，例如仅从《什么是普遍语用学》一篇文章分析哈贝马斯的形式语用学，而不是将他的所有语言哲学文献整合到一起进行对比甄

---

① Habermas, *Moral Consciousness and Communicative Action*, Shierry Weber Nicholsen(trans), Massachusetts, Cambridge: The MIT Press, 1999, p.88.

别。本书在方法运用层面的创新就在于从纵向角度运用历时态的动态分析方法，即从纵向角度对所有的哈贝马斯语言哲学文献进行动态式的整体性对比研究。尤其是哈贝马斯语言哲学思想不同发展阶段的不同术语与不同主张，对于我们深刻理解其成熟期语言哲学思想和后续发展变化，具有十分重要的意义。

第三，理论观点层面的创新。关于哈贝马斯语言哲学思想的理解，很久以来一直流行一种观点：哈贝马斯语言哲学思想等同于形式语用学。换言之，哈贝马斯的语言哲学可以用形式语用学予以命名或替代。理论观点层面的创新就在于对这一流行观点的质疑。本书认为，不能简单地将哈贝马斯语言哲学思想等同于形式语用学，它应该由形式语用学、语用意义理论、真理共识论和批判解释学等四大要素构成。原因有二：一是从语言哲学的外在组成要素来看，形式语用学的称谓不适合替代也不能全面涵盖哈贝马斯的语言哲学思想；二是从交往行为理论建构的内在逻辑来看，单一的形式语用学并不能承担起奠定交往行为理论地基的重任。

第四，研究视角层面的创新。一般说来，很少有人专题研究马克思主义的语言哲学思想，似乎马克思主义与分析哲学的语言视角很难交叉。本书不仅专门探究了马克思主义的语言哲学思想，而且以此为理论基础，从宏观角度展开了对哈贝马斯语言哲学思想的前提批判。

第二章　哈贝马斯语言哲学思想的结构与脉络

关于哈贝马斯语言哲学思想究竟应该如何界定，学术界还是存在分歧的。一般的流行观点认为，形式语用学是哈贝马斯语言哲学思想的核心部分，甚至于将其等同于哈贝马斯语言哲学思想。这是一个值得商榷的观点。若想全面理解哈贝马斯的语言哲学思想，必须从一个全新的视角厘清它的内在逻辑结构和基本的思想发展脉络。

一、流行观点的批判审视

众所周知，法兰克福学派的批判理论从建构开始就秉承着一种救赎意识，其根本目的在于通过意识形态批判来揭示不合理的现代秩序，从而重构现实世界的合理性。"批判理论一开始就明确表达了消除社会不公这一旨趣。它努力揭示出，在科学貌似中性的表述中潜藏着压抑人性的状况，理论活动的本质不是观念系统的科学化，而是张扬理论自身的批评性。批判理论批判现存社会秩序，追求个性完整，憧憬超越现实、获得自由的乌托邦境界。"[①] 作为法兰克福学派第二代领军人物，哈贝马斯的观点也与此类似。他致力于通过有效的社会批判重构价值理性与工具理性的平衡，实现人类建构自由、公平的理性社会的梦想。

哈贝马斯的理性社会是何以可能的？他给出的答案是交往行为理论。

[①] 傅永军：《法兰克福学派的现代性理论》，社会科学文献出版社 2007 年版，第 64—65 页。

换言之，理性社会得以可能的前提条件是对交往行为理论的构建。进而问之，何者又是构建交往行为理论的前提条件？哈贝马斯给予的回答是形式语用学。如前所述，关于哈贝马斯语言哲学思想的理解一直流行着一种观点：哈贝马斯语言哲学思想等同于形式语用学。换言之，哈贝马斯的语言哲学可以用形式语用学予以命名或替代。

我们认为，这种流行观点存在商榷之处，具体表现在如下两个方面：

一方面，对形式语用学构成要素的理解。流行观点基本上都是围绕着言语行为理论和有效性要求理论来阐释形式语用学，而没有从中提取出生活世界理论、交往行为能力理论和理想的言说情境理论。即使相关研究涉及了上述形式语用学构成要素的较多部分（例如，生活世界或理想的言说情境），研究者也没有明确对形式语用学进行要素归类，而是在一种宏观的模糊状态下进行论述。这种论述很难让人理清头绪，头脑中残留下来的只是一些晦涩的专有名词。

另一方面，对形式语用学地位的理解。目前流行观点的最大问题是它仅仅将单一的形式语用学视为交往行为理论的立论基础，实际上这种理解是有失偏颇的。只有理解整体的哈贝马斯语言哲学思想，才是交往行为理论得以可能的前提基础。从表面看来，形式语用学的任务是确定并重建关于可能理解的普遍条件或交往的一般假设前提（哈贝马斯本人也曾这样说过）。但形式语用学任务的实现，其背后是暗藏依靠力量的。这种力量来自真理共识论、语用意义理论和批判解释学。只有通过真理共识论的共识导向、语用意义理论的语用转向和批判解释学中的批判反思意识与形式语用学的共同努力，才能真正确立批判理论视域中的交往行为理论。

既然不能将哈贝马斯语言哲学仅仅等同于形式语用学，那么，它究竟应该由哪些部分组成？各个部分之间的逻辑关系如何？这是我们要解决的基本问题。

二、逻辑框架与基本结构

如前所述，我们明确了语言哲学的基本论域，哈贝马斯语言哲学思想的基本架构就清晰可见了。

它主要包括以下四个方面：一是形式语用学；二是语用意义理论；三

是真理共识论；四是批判解释学。其中，形式语用学由五个部分组成：作为背景知识的生活世界；具有三重功能的言语行为；居于核心地位的有效性要求；承担行事职能的交往能力；充满理想设计的言说情境。

当前，学术界对哈贝马斯语言哲学思想的认识普遍存在两个误区：

一方面，研究者普遍将形式语用学等同于哈贝马斯的语言哲学。因此，上述哈贝马斯语言哲学总体架构可能遇到的反对意见是，形式语用学中已经包含了语用意义理论和真理共识论，前三者完全可以归为一者，即形式语用学。对此，笔者作两点说明：第一，形式语用学只是包含了语用意义理论和真理共识论的萌芽（或曰初始形态）。"普遍语用学的任务是确定并重建可能理解的普遍条件。"①② 也就是说，它的目的在于为交往行为

---

① Habermas, *Communication and the Evolution of Society*, Thomas McCarthy (trans.), Cambridge：Polity Press, 1984, p.1. 译文参阅〔德〕哈贝马斯：《什么是普遍语用学》，见〔德〕哈贝马斯：《交往与社会进化》，张博树译，重庆：重庆出版社1989年版，第1—70页。

② 关于《交往与社会进化》一书，笔者在这里主要依据英译本，同时参考中译本。所有译文除特别提示参考中译本外，均由笔者翻译。主要依据英译本的原因有两个：（1）翻译原因。文本翻译存在不当之处，首先，表现在术语翻译上，Formal pragmatics 就是明显的一例，多者不再赘述。其次，表现在行文述说上。中译本出于忠实原著的原因，在翻译中力求遵循英文的原有语序，导致中文表述晦涩难懂，难以做到通达醒豁，这也是翻译学术著作的通病。再次，表现在语言变换上。由于译者多少要寻求一些语言的多样化表达，导致同一种英文表达（尤其是术语）在不同的地方采取了不同的译法。如果不对照英文版本，必然很难理解作者的原意，这个问题在曹卫东译本中也间或存在，但不是十分严重。最后，偶尔会出现翻译错误。仅举一例。例句：The universality of the validity claims inherent in the structure of speech can perhaps be elucidated with reference to the systematic place of language。(Habermas, *Communication and the Evolution of Society*, Thomas McCarthy (trans.), Cambridge：Polity Press, 1984, p.66.) 中译本的翻译为："内在于言语结构的有效性要求的普遍性也许有助于阐明语言的系统性地位。"（〔德〕哈贝马斯：《交往与社会进化》，张博树译，重庆：重庆出版社1989年版，第67页。）很明显，英文语句是一个被动语态，应该翻译为"内在于言语结构的有效性要求的普遍性可以通过语言的系统地位来阐释。"张博树的翻译错误地颠倒了二者的关系。（2）历史原因。中译本译于1989年，当时中国的改革开放时间还不是很长，中外的学术交流并不是十分通畅，学术规范也不统一，许多介绍哈贝马斯理论的资料也不是很成熟。在这个历史背景下的中译本存在诸多瑕疵也是可以理解的。

理论奠定方法论基础和立论的立足点，而不是要论述自己的意义理论和真理论，至多蕴含了语用意义理论和真理共识论得以确证的基本立场、观点和方法。在论证形式语用学之外，哈贝马斯也有专门的文章讨论意义理论和真理理论。涉及意义理论的文章包括《意义理论批判》《论塞尔的〈意义、交往及表现〉》《论行为、言语行为、以语言为中介的互动以及生活世界》① 和《交往语用学研究》（On the Pragmatics of Communication）② 中的《罗蒂的语用转向》等。涉及真理理论的论著包括《真理论》（Wahrheitstheorie）③、《对话伦理学与真理的问题》④ 和《真理和辩护》（Truth and Justification）⑤ 等。它们本身并不是形式语用学的构成要件，而是哈贝马斯语言哲学的组成部分。

举一实例说明这种观点的流行性会更加直观。从李佃来的文章标题《语言哲学的转向和普遍语用学——试析哈贝马斯的语言哲学》⑥ 就可见此种流行观点的明显痕迹。单从这篇文章来看，该学者将形式语用学等同于哈贝马斯的语言哲学的原因在于以下三点：一是对"语言学转向"的界定。他在文章中总结道："20世纪以来哲学的'语言学转向'实际是由三条线索组成的。一是以逻辑经验主义为代表的句法—语义学分析模式；二

---

① 上述文章载于《后形而上学思想》，详细内容请参阅〔德〕哈贝马斯：《后形而上学思想》，曹卫东、付德根译，南京：译林出版社2001年版。

② Habermas, *On the Pragmatics of Communication*, Maeve Cooke(eds.), Massachusetts, Cambridge: The MIT Press, 1998.

③ 这篇文章一直未有中文翻译，也没有英文翻译。但是，Habermas, *On the Pragmatics of Communication*, Maeve Cooke(eds.), Massachusetts, Cambridge: The MIT Press, 1998. 已经包含了这篇文章的主要内容。

④ 〔德〕哈贝马斯：《对话伦理学与真理的问题》，沈清楷译，北京：中国人民大学出版社2005年版。

⑤ Habermas, *Truth and Justification*, Barbara Fultner(trans.), Massachusetts, Cambridge: The MIT Press, 2005.

⑥ 李佃来：《语言哲学的转向和普遍语用学——试析哈贝马斯的语言哲学》，载《武汉大学学报（人文科学版）》，2003年第4期，第435—439页。

是以奥斯汀和塞尔言语行为理论为代表的语用学分析模式；三是乔姆斯基理想语法的构造模式。"① 显而易见，"语言转向"的这三条线索并不能代表"语言转向"的全貌，至多可以称之为英美分析哲学传统的"语言转向"。"语言转向"不仅表现在英美分析哲学传统之中，也表现在欧陆现象学—解释学传统之中。他对这个问题的看法，直接导致他将形式语用学理解为哈贝马斯语言哲学思想的全部内容。英美语言哲学传统的"语言转向"对哈贝马斯的影响，最多只限于形式语用学、语用意义理论和真理共识论。批判解释学明显承接了欧陆现象学—解释学传统的语言哲学思想，这是他没能看到的。二是依据材料单一。该学者的文章依据的仅是哈贝马斯的《什么是普遍语用学》这一篇文章。而这篇文章只告诉我们英美语言哲学传统对哈贝马斯的影响，没有提及哈贝马斯对欧陆现象学—解释学传统的语言哲学思想的承接。三是研究方法缺乏动态性，没有从哈贝马斯语言哲学思想的整个发展历程角度进行通盘考虑。

另一方面，研究者普遍将批判解释学单列，而没有整合到哈贝马斯语言哲学的总体框架之内。研究者要么将其置于哈贝马斯语言哲学思想框架之外，要么将其作为欧陆语言哲学思想的组成部分看待。前者如众多的形式语用学研究者，后者如徐友渔《语言与哲学——当代英美与德法传统比较研究》②和涂纪亮《现代欧洲大陆语言哲学》③ 就持此看法。出现这种观点的根本原因在于他们对语言哲学概念的狭隘理解。前者将狭义的形式语用学等同于广义的语言哲学，后者将语言哲学人为分裂为英美分析哲学的语言哲学和欧陆现象学—解释学的语言哲学。不可否认，批判解释学无论如何也不能归入形式语用学的框架之内，但这不等于说批判解释学不能

---

① 李佃来：《语言哲学的转向和普遍语用学——试析哈贝马斯的语言哲学》，载《武汉大学学报（人文科学版）》，2003年第4期，第435—436页。

② 徐友渔：《语言与哲学——当代英美与德法传统比较研究》，北京：生活·读书·新知三联书店1996年版。

③ 涂纪亮：《现代欧洲大陆语言哲学》，北京：中国社会科学出版社1994年版。

归入广义的哈贝马斯语言哲学之列。实际上，正如哈贝马斯的解释学定义所显现的那样，解释学问题本质上就是一个语言哲学问题。"解释学探讨一种我们获得的能够'掌握'某种自然语言的'能力'，即理解语言上可交往的意义，以及在交往被曲解的各种情况下使得这种意义可被他人理解的艺术。"① 换言之，作为泛指的语言哲学概念必然包含解释学。此外，哈贝马斯还有专门论述批判解释学的文章《解释学要求普遍适用》。

总之，将意义理论、真理理论和解释学理论单独提出来作为哈贝马斯语言哲学思想的独立组成部分，主要基于两个方面的考虑：一是意义理论、真理理论和解释学理论本身就是作为泛指概念的语言哲学的核心组成部分，从总体布局角度必须单独开列。二是哈贝马斯确实形成了自己独具特色的意义理论、真理理论和解释学理论。他的这些理论观点不仅区别于其他传统的理论观点，而且已经可以作为一个单独派别来确立理论地位。

三、发展脉络

关于哈贝马斯思想的阶段性分期研究，不同的研究者从不同角度对其进行了各有侧重的划分。从目前的研究来看，依据各自研究的侧重点不同，主要有以下几种划分：

吉登斯从社会学思想角度划分为二阶段：第一阶段是以《认识与兴趣》为代表，第二阶段以《交往行为理论》为代表②。郭官义从哲学思想角度划分为三阶段：第一阶段从20世纪60年代初到1968年哈贝马斯与学生运动彻底决裂，第二阶段从20世纪60年代末到80年代初，第三阶段从

---

① 〔德〕哈贝马斯：《解释学要求普遍适用》，高地、鲁旭东、孟庆时译，载《哲学译丛》，1986年第3期，第19—34页。该文还被收入以下著作之中：（1）〔德〕哈贝马斯：《哈贝马斯精粹》，曹卫东选译，南京：南京大学出版社2009年版，第119—148页。（2）〔德〕洪汉鼎：《理解与解释：诠释学经典文选》，北京：东方出版社2001年版，第269—302页。

② 〔英〕吉登斯：《社会理论与现代社会学》，文军、赵勇译，北京：社会科学文献出版社2003年版，第245页。

20世纪80年代初至今。① 龚群从整体学术活动角度也划分为三阶段：第一阶段是认识论阶段，第二阶段是普遍语用学阶段，第三阶段是交往行为理论阶段。② 曹卫东从交往理论思想角度划分为四阶段：第一阶段是前学术期（1953—1961），第二阶段是前交往期（1962—1980），第三阶段是交往期（1981—1989），第四阶段是后交往时期（1989—）。③ 季乃礼从政治思想角度划分为五阶段：第一阶段是思想的游离期（1929—1954），第二阶段是批判理论时期（1955—1961），第三阶段是前交往时期（1962—1976），第四阶段是交往时期（1977—1989），第五阶段是话语政治时期（1989—）。④

---

① 〔德〕哈贝马斯：《认识与兴趣》，郭官义、李黎译，上海：学林出版社1999年版，译者前言，第5页。

② 龚群：《道德乌托邦的重构：哈贝马斯交往伦理思想研究》，北京：商务印书馆2003年版，第4—9页。

③ 曹卫东：《曹卫东讲哈贝马斯》，北京：北京大学出版社2005年版，第12—14页。〔德〕哈贝马斯：《哈贝马斯精粹》，曹卫东译，南京：南京大学出版社2009年版，第2—3页；曹卫东在《哈贝马斯生平、著述及思想》一文中，对上述划分进行了修正：前交往期（1959—1968）。这期间，哈贝马斯的研究主题是资产阶级公共领域的历史分析以及认识论的历史重建。哈贝马斯通过对实证主义和历史主义的批判，提出了一种批判科学的概念。交往期（1969—1981）。这期间，哈贝马斯从重建历史唯物主义的角度入手，初步完成了其作为社会批判理论的交往行为理论体系的建立。后交往期（1982—1989）。这期间，哈贝马斯主要致力于对现代性范畴的历史清理和形而上学思想的批判，用以抵抗后现代主义和阐述一种建立在语言学转向基础上的"后形而上学思想"，从纵向（思想史）和横向（形而上学批判）的角度，对交往行为理论进行元论证。反思期（1990—2000）。进入20世纪90年代，哈贝马斯开始有意识地把交往行为理论向政治哲学和法哲学领域推进，通过对自由主义政治要领以及社群主义政治要领的批判，主张建立一种新型的话语政治模式，提倡用程序主义来重建民主制度。详细内容请参阅 http://www.frchina.net/data/personArticle.php？id=1991.

④ 季乃礼：《哈贝马斯政治思想研究》，天津：天津人民出版社2007年版，第5页。

以上关于哈贝马斯思想演进历程的不同划分，虽然从不同侧面反映出哈贝马斯思想的发展规律，但都没有考虑到作为哈贝马斯理论基础的语言哲学问题。从语言哲学思想整体的发展脉络来看，语言哲学思想分为四个阶段：一是开始萌芽阶段（1960—1979），二是逐步形成阶段（1970—1979），三是基本确立阶段（1980—1989），四是完善补充阶段（1990—）。

在研究哈贝马斯语言哲学思想的时候也要对其进行阶段性分期研究，原因在于哈贝马斯语言哲学的显著特点之一就是逐步演进且不断变化，有的观点甚至是对前期思想的根本修正。特别是在其语言哲学思想形成的初期，这种波动性尤为明显。如果不能通过比对分析来厘清它的发展历程，就无法完整把握哈贝马斯成熟期语言哲学思想。只有从动态角度对哈贝马斯的前后期语言哲学思想进行对比分析，才能认识到其语言哲学思想的深邃性。

后文将有专门章节梳理哈贝马斯成熟期的语言哲学思想及其变化，这里只发掘哈贝马斯早期语言哲学思想的变化特征，即对比哈贝马斯语言哲学在开始萌芽阶段和逐步形成阶段的思想波动情况。

开始萌芽阶段（1960—1969）。此阶段主要以《理论与实践》《认识与兴趣》《论社会科学的逻辑》《作为"意识形态"的技术与科学》为代表。将此阶段称为开始萌芽阶段，是因为此时的哈贝马斯并没有将交往行为理论作为自己的研究重点，为此服务的语言哲学思想当然也不在重点论述之列。此时的哈贝马斯偏重于社会调查和历史研究，关注的问题也比较广泛，从《理论与实践》中所涉及的人物就可见一斑。如维科、马基雅维利、莫尔、霍布斯、洛克、卢梭、罗伯斯庇尔、黑格尔、谢林、马克思、费希特等。在《认识与兴趣》中同样涉及黑格尔、马克思、孔德、马赫、皮尔士（Peirce）、狄尔泰、康德、费希特、弗洛伊德、尼采等。在《作为"意识形态"的技术与科学》中，哈贝马斯又重点探讨了黑尔格和马尔库塞，特别是质疑了马尔库塞将技术与科学视为"意识形态"的观点，并对此提出了不同的意见。虽然哈贝马斯在这个阶段只是零星涉及语言哲学问题，并没有进行系统考察，但其相关论题中已然出现了语言哲学思想不同侧面的萌芽。

第一，形式语用学。首先，有效性要求理论。在《认识与兴趣》中，哈贝马斯在论述皮尔士"从语言逻辑上加以更新的普通实在论的困境"时，开始明确使用"有效性"这个关键词。"迄今研究的哪一个结论可以要求拥有明确的有效性"①，"只有皮尔士认为一种观点现在已经具有明确的有效性，即认为，科学认识的实际进步的假定现在已经具有明确的有效性时，他才能下这样的论断"②。在关于狄尔泰的解释学研究中，哈贝马斯进一步明确使用"普遍有效性要求"和"普遍有效性"这两个关键词。"在任何一种科学中包含着【科学的】普遍有效性要求。"③ "精神科学如同历史一样，其可靠性取决于是否能把特殊的东西的理解提高为普遍有效性。"④ 哈贝马斯在批判恩斯特·马赫的实证主义的时候，提及了真实性这个概念。"这种尴尬情况表现在事实性（die Tatsaechlichkeit），即真实性（die Faktizitaet）的概念中，在这个概念中，直接给定物的表面意义同真实的存在的明确含义被捏合在一起；在真实的存在面前，过去想要获得的本质，成了虚无的假象。"⑤ 在《作为"意识形态"的技术与科学》中，哈贝马斯再次谈到了有效性要求理论中的真实性要求。"当技术规则和战略的有效性取决于经验上是真实的，或者分析上是正确的命题的有效性时，

---

① 〔德〕哈贝马斯：《认识与兴趣》，郭官义、李黎译，上海：学林出版社1999年版，第89页。
② 〔德〕哈贝马斯：《认识与兴趣》，郭官义、李黎译，上海：学林出版社1999年版，第89页。
③ 〔德〕哈贝马斯：《认识与兴趣》，郭官义、李黎译，上海：学林出版社1999年版，第170页。
④ 〔德〕哈贝马斯：《认识与兴趣》，郭官义、李黎译，上海：学林出版社1999年版，第174页。
⑤ 〔德〕哈贝马斯：《认识与兴趣》，郭官义、李黎译，上海：学林出版社1999年版，第79页。

社会规范的有效性则是在对意图的相互理解的主体间性中建立起来的，而且是通过义务得到普遍承认来保证的。"①

其次，语言的作用与功能。在《认识与兴趣》中，哈贝马斯在质疑狄尔泰关于文化的价值系统和社会的外部组织系统的区分的过程中，表达了他将语言作为交往行为基础的观点。"语言是主体间性的基础和大地；任何人，在其第一次生活表现中——无论是在语言、态度中，或者在行为中——把自己具体化之前，都必须立足于语言这块大地上。语言是媒介，借助这种媒介，诸种意义可以得到表达，不仅在认识的意义上，而且在包罗万象的重大的感情和规范方面的意义上，得到表达。"② 同时，哈贝马斯研究了皮尔士所言的语言的三种功能，即表述功能、指示功能和模拟功能。"皮尔士在另外一个地方所作的阐述说明，表述、符号和质这三个范畴，都是从语言的功能中获得的。一个符号可以作为表述的符号，作为指示的指示物（Index）和作为模拟的图像（alalkone）而出现。"③ 在《作为"意识形态"的技术与科学》中，哈贝马斯对马尔库塞将技术与科学视为"意识形态"的观点产生了质疑，并对此提出了自己的观点。如何解释"合理化"这个问题，哈贝马斯的出发点是区分劳动和相互作用。"我的出发点是劳动和相互作用之间的根本区分。"④ 在这种区分中，哈贝马斯也提及了语言符号的作用，即媒介或中介作用。"我把以符号为媒介的相互作

---

① 〔德〕哈贝马斯：《作为"意识形态"的技术与科学》，李黎、郭官义译，上海：学林出版社1999年版，第49页。
② 〔德〕哈贝马斯：《认识与兴趣》，郭官义、李黎译，上海：学林出版社1999年版，第150—151页。
③ 〔德〕哈贝马斯：《认识与兴趣》，郭官义、李黎译，上海：学林出版社1999年版，第100页。
④ 〔德〕哈贝马斯：《作为"意识形态"的技术与科学》，李黎、郭官义译，上海：学林出版社1999年版，第49页。

用理解为交往活动。"① 哈贝马斯在法兰克福大学的就职演讲中,也着重强调了语言的重要性。"使我们从自然中脱离出来的东西就是我们按其本质能够认识的唯一事实:语言。随着语言结构〔的形成〕,我们进入了独立判断。随着第一个语句〔的形成〕,一种普遍的和非强制的共识的意向明确地说了出来。"②

再次,生活世界。在《认识与兴趣》中,哈贝马斯在研究狄尔泰的语言学解释学的过程中,初步触及了生活世界这个概念。然而,他只是提及,并没有详细论证,也没有提出自己的生活世界理论。"在社会生活世界的框架内,日常语言的交往同通常的相互作用和随之而来的断断续续的经历的表达,从来都是相联系的。"③

第二,语用意义理论。在《论社会科学的逻辑》第三部分中,哈贝马斯重点研究了在行为的经验—分析科学中如何解决意义理解的问题。他认为,意义理解问题的解决存在三种路径,即现象学方法、语言学方法和解释学方法。"那么,意义理解的现象学取代了表达理解的心理学,这种表达的心理学以 Lebensphilosopie 为基础。此外,一方面,意义理解问题又不仅与语言交往有关联,而且语言哲学也促进了它的发展;另一方面,胡塞尔和海德格尔的哲学解释学也同样促进了这个问题的发展。"④ 在第三部分第七节的语言学方法中⑤,哈贝马斯详细批驳了前期维特根斯坦的语言先

---

① 〔德〕哈贝马斯:《作为"意识形态"的技术与科学》,李黎、郭官义译,上海:学林出版社 1999 年版,第 49 页。

② 〔德〕哈贝马斯:《作为"意识形态"的技术与科学》,李黎、郭官义译,上海:学林出版社 1999 年版,第 132—133 页。

③ 〔德〕哈贝马斯:《认识与兴趣》,郭官义、李黎译,上海:学林出版社 1999 年版,第 160 页。

④ Habermas, *On the Logic of the Social Sciences*, Shierry Weber Nicholsen, Jerry A.Stark(trans.), Massachusetts, Cambridge: The MIT Press, 1988, p.90.

⑤ Habermas, *On the Logic of the Social Sciences*, Shierry Weber Nicholsen, Jerry A.Stark(trans.), Massachusetts, Cambridge: The MIT Press, 1988, pp.117-142.

验主义理论，为意义理解的语言学路径打开了另一扇窗。"今天，语言问题已经取代了传统的意识问题：语言的先验批判取代了意识的先验批判。现在，与胡塞尔的生活世界相对应的维特根斯坦的生活形式不再遵循意识本身的规则，而是遵循语言游戏的语法规则。"① "意向行为研究也要碰到的问题，即意义的联系，现在不再从意义的先验始源角度进行说明，而是从语言意义的逻辑分析角度进行说明。"②

第三，真理共识论。20 世纪 60 年代，批判理性主义和法兰克福学派展开了一场持续近十年的"实证主义争论（Positivismusstreit）"③，哈贝马斯在其中居于重要地位。在这场旷日持久的论争中，哈贝马斯的真理共识论初露端倪。在《分析的科学哲学和辩证法》④ 一文中，哈贝马斯讨论

---

① Habermas, *On the Logic of the Social Sciences*, Shierry Weber Nicholsen, Jerry A.Stark(trans.), Massachusetts, Cambridge: The MIT Press, 1988, p.117.

② Habermas, *On the Logic of the Social Sciences*, Shierry Weber Nicholsen, Jerry A.Stark(trans.), Massachusetts, Cambridge: The MIT Press, 1988, p.117.

③ 关于这场实证主义争论的详细介绍请参阅（1）David Frisby, "The Popper-Adorno Controversy: The Methodological Dispute in German Sociology", Philosophy of the Social Sciences, 1972(2): 105-119. （2）维基百科（英文版）词条：Positivism dispute，网址：http://en.wikipedia.org/wiki/Positivism_dispute.

④ 这篇文章只能收集到德文版，原文出处：Habermas, *Analytische Wissenschaft Stheorie und Dialektik*, M.Horkheimer. Zeugnisse. Theodor W. *Adorno* zum sechzigsten Geburtstag, Frankfurt: Europ & auml Verlagsanstalt, 1963, pp.473-501. 与此篇文章相关的阐述都借助于意大利罗马第二大学政治哲学教授、意大利政治哲学学会前主席A. 费拉雷（Alessandro Ferrara）的文章：Alessandro Ferrara, *A Critique of Habermas's Consensus Theory of Truth*, in *Philosophy Social Criticism*, 1987(13), pp.39-67. A.费拉雷（Alessandro Ferrara）的详细资料请参阅（1）中国社会科学院哲学研究所内部学术讲座的通知文稿。2009 年 9 月 15 日，A. 费拉雷教授在中国社会科学院哲学研究所发表演讲，题名是《另一种普遍主义：范例的力量》，详细内容请参阅〔德〕A.费拉雷：《另一种普遍主义：范例的力量》，刘文旋译，载《世界哲学》，2010 年第 4 期，第 149—160 页；（2）维基百科（英文版）词条：Alessandro Ferrara，网址：http://en.wikipedia.org/wiki/Alessandro_Ferrara.

了基本陈述与事态之间所存在的成问题的相互关系。其中，哈贝马斯认为，只要科学家们具有共同的研究目的，他们之间就可以由观察角色所形成的基本陈述达成一致意见。同时，哈贝马斯还系统发展了如下观点：只要能够共享一个更根本的前理论前提，就能够形成关于基础陈述的理性共识。① 在《作为"意识形态"的技术与科学》中也出现了真理共识论的萌芽。"当技术规则和战略的有效性取决于经验上是真实的，或者分析上是正确的命题的有效性时，社会规范的有效性则是在对意图的相互理解的主体间性中建立起来的，而且是通过义务得到普遍承认来保证的"②，即社会规范的有效性是通过主体间的普遍承认实现的。

第四，批判解释学。在《理论与实践》中，哈贝马斯在论述梅洛·庞蒂历史哲学的片段中谈到了历史思想的解释学问题。"历史思想的解释转化为文本的思想的解释和对文本理解的先验的可能性条件的解释。于是，历史哲学立刻成了（基本的）本体论，并且成了任何一种历史本体论难以解决的问题。当历史不是为了哲学的自我解释的目的，先验地（a priori）被理解为一部'内在'史，一部哲学史和精神史，至少是一部语言的精神史时，先验的分析，永远也抓不住现实历史过程的思想"③，"存在史就是指存在与怀念这种存在的联系，与语言所'表述的'想象和思维领域的联系"④。在《认识与兴趣》第二章第八节⑤的关于精神科学的自我反思中，

---

① Alessandro Ferrara, *A Critique of Habermas's Consensus Theory of Truth*, in *Philosophy Social Criticism*, 1987(13), pp.39–67, here p.41.
② 〔德〕哈贝马斯：《作为"意识形态"的技术与科学》，李黎、郭官义译，上海：学林出版社1999年版，第49页。
③ 〔德〕哈贝马斯：《理论与实践》，李黎、郭官义译，北京：社会科学文献出版社2010年版，第1页。
④ 〔德〕哈贝马斯：《理论与实践》，李黎、郭官义译，北京：社会科学文献出版社2010年版，第330页，脚注①。
⑤ 〔德〕哈贝马斯：《认识与兴趣》，郭官义、李黎译，上海：学林出版社1999年版，第153页。

哈贝马斯以狄尔泰的语言学解释学为线索，详细研究了解释学的方方面面，并初步提出了自己的解释学观点。由于本节对于解释学的论述较为详细，在此不作赘述。

从以上的考证可以看出，萌芽阶段的哈贝马斯只是粗略触及语言哲学的不同方面，并没有进行系统的阐述。直到20世纪70年代，哈贝马斯实现了语言转向，他的语言哲学思想才开始逐步趋近于系统化。

逐步形成阶段（1970—1979）。在此阶段，主要以《交往与社会进化》《论社会互动的语用学》，以及哈贝马斯1971年为新版《理论与实践》所写的《新版导论》、1973年为《认识与兴趣》所写的《后记》为代表。此外，还有在此期间所发表的相关论文，具有代表性的主要有《解释学要求普遍适用》《论系统扭曲的交往》《论交往能力理论》《关于〈认识和人类兴趣〉的补充说明》《普遍语用学的一些特点：一份工作底稿》。这段时期，哈贝马斯已经开始逐渐形成自己独具特色的语言哲学思想。在此阶段，哈贝马斯的很多主张都是不断变化的，有的只是提及而已，并没有对其进行深入的阐述。

第一，有效性要求理论。在1971年美国普林斯顿大学高斯（Christian Gauss）讲座中，哈贝马斯详细论证了有效性要求的"四要素说"。"背景共识依赖于对至少四个有效性要求的认可，这些有效性要求是有能力的言说者在他们的每一个言语行为中所必须相互提出来的：话语的可理解性、命题成分的真实性、完成行为式成分的规范正确性和言说者表达意向的真诚性。"[①] 在1976年的《什么是普遍语用学》一文中，哈贝马斯依然坚持若干"普遍的有效性要求"包括四点[②]：（a）说出某种可理解的东西；（b）提供（给听者）某种东西去理解；（c）由此使自己成为可以理解的；

---

① Habermas, *On the Pragmatics of Social Interaction*, Barbara Fultner (trans.), Cambridge: Polity Press, 2001, p.90.

② Habermas, *Communication and the Evolution of Society*, Thomas McCarthy (trans.), Cambridge: Polity Press, 1984, p.2.

(d) 与他人达成理解。哈贝马斯在其他场合也明确提及"四要素说"。在《新版导论》中,哈贝马斯说道:"我们的出发点是,语言活动赖以交流的功能性的语言博弈,以隐形的共识为基础。这种隐形的共识是在说话者相互提出的至少是四种公认的相互承认中形成的,这四种公认的要求是:语言表达的可理解性,陈述成分〔所包含的〕真理,行为部分的正确性或恰如其分,言说主体的真诚性。"① 但是,在语言哲学的基本确立阶段,哈贝马斯的有效性要求理论则变成了"三要素说"。

第二,语言使用模式。在高斯讲座中,哈贝马斯主张语言使用模式二分法,即将语言使用模式区分为认知式语言使用和交往式语言使用。"我称这种语言使用为认知式语言使用。"② "我称这种语言使用为交往式语言使用。"③ 但在后来的《什么是普遍语用学》中,他放弃了二分法,转而采取了完全不同的三分法,即将语言使用模式区分为认知式语言使用④、互动式语言使用⑤和表现式语言使用⑥。语言使用模式三分法的具体内涵在《普遍语用学的一些特点:一份工作底稿》中得到了具体说明。认知式语言使用是指通过命题的方式记述事态和陈述事实。"在认知式语言使用中,我们聚焦于话语的内容,这些内容是关于世界中发生的(或可能发生的)

---

① 〔德〕哈贝马斯:《理论与实践》,李黎、郭官义译,北京:社会科学文献出版社 2010 年版,第 14 页。

② Habermas, *On the Pragmatics of Social Interaction*, Barbara Fultner(trans.), Cambridge: Polity Press, 2001, p.63.

③ Habermas, *On the Pragmatics of Social Interaction*, Barbara Fultner(trans.), Cambridge: Polity Press, 2001, p.64.

④ Habermas, *Communication and the Evolution of Society*, Thomas McCarthy(trans.), Cambridge: Polity Press, 1984, p.53.

⑤ Habermas, *Communication and the Evolution of Society*, Thomas McCarthy(trans.), Cambridge: Polity Press, 1984, p.53.

⑥ Habermas, *Communication and the Evolution of Society*, Thomas McCarthy(trans.), Cambridge: Polity Press, 1984, p.57.

某些事情的命题。"① 互动式语言使用是指通过互动的方式呈现形成人际关系。"在互动式语言使用中,我们聚焦于由言说者和听者所进入的关系类型,如警告、承诺或命令。"② 表现式语言使用是指通过表达的方式呈现内心状态。"在表现式语言使用中,既不是人际间关系也不是命题内容的主题化,而是言说者意向的主题化。"③

第三,言语行为理论。哈贝马斯对言语行为类型的划分也是不断变化的。他最早在《论社会互动的语用学》中将言语行为划分为四种类型:交往式、记述式、表现式和调节式。"我称之为交往式的言语行为的第一个类型适用于表达言说本身的语用意义的各个方面。"④ "我称之为记述式的言语行为的第二个类型适用于表达语句的认知式使用的意义。"⑤ "我称之为表现式的言语行为的第三个类型适用于表达言说者对观众的自我呈现的语用意义。"⑥ "我称之为调节式的言语行为的第四个类型适用于表达已经建立起来的人际间关系的规范意义。"⑦ 后来,哈贝马斯在

---

① Habermas. "Some Distinctions in Universal Pragmatics: a working paper", in *Theory and Society*, 1976, 3(2): pp.155-167, here p.157.

② Habermas. "Some Distinctions in Universal Pragmatics: a working paper", in *Theory and Society*, 1976, 3(2): pp.155-167, here p.157.

③ Habermas. "Some Distinctions in Universal Pragmatics: a working paper", in *Theory and Society*, 1976, 3(2), p.159.

④ Habermas, *On the Pragmatics of Social Interaction*, Barbara Fultner (trans.), Cambridge: Polity Press, 2001, p.82.

⑤ Habermas, *On the Pragmatics of Social Interaction*, Barbara Fultner (trans.), Cambridge: Polity Press, 2001, p.83.

⑥ Habermas, *On the Pragmatics of Social Interaction*, Barbara Fultner (trans.), Cambridge: Polity Press, 2001, p.83.

⑦ Habermas, *On the Pragmatics of Social Interaction*, Barbara Fultner (trans.), Cambridge: Polity Press, 2001, p.83.

《什么是普遍语用学》中又改变了看法，将言语行为划分为三种类型①：记述式、调节式、宣告式。关于言语行为所内含的结构成分，此时哈贝马斯坚持了"双重结构说"，即双重结构包括完成行为式成分和命题成分。"我要区分的是：（1）主观间性层面。在这个层面上，言说者和听者通过以言行事行为建立起允许他们彼此达到相互理解的关系；（2）命题内容层面。它是可交流的。"②哈贝马斯在其语言哲学的基本确立阶段再次改变了"双重结构说"。

第四，世界本体论。哈贝马斯的交往理论和语言哲学都建基于他的本体论，他关于本体论的表述也是前后有别。在此阶段，他所划分的三个世界的具体表述为外部世界、我们的社会世界和特殊的内部世界。"（a）作为存在着的事态的总体的'外部世界'，（b）'作为规范调节的人际间关系的总体的'我们的社会世界'，（c）作为他的意向性经验总体的'特殊的内部世界'。"③他的本体论主张虽然一直坚持三个世界的划分，但后期的表述与此也有较大的不同。后期采用主观世界、客观世界和社会世界的称谓。

第五，生活世界理论。这个阶段的哈贝马斯并没有系统阐述他的生活世界理论，但他已经开始初步关注其他学者的生活世界思想，特别是胡塞尔和舒茨。在高斯讲座第二讲中，哈贝马斯在分析现象学的社会建构理论时，特别强调了胡塞尔的生活世界理论，并指出，"科学根植于生活世界之中且生活世界是通过科学得以对象化的现实的意义基础"④。以此为基

---

① Habermas, *Communication and the Evolution of Society*, Thomas McCarthy (trans.), Cambridge: Polity Press, 1984, p.58.

② Habermas, *Communication and the Evolution of Society*, Thomas McCarthy (trans.), Cambridge: Polity Press, 1984, p.42.

③ Habermas, *Communication and the Evolution of Society*, Thomas McCarthy (trans.), Cambridge: Polity Press, 1984, p.67.

④ Habermas, *On the Pragmatics of Social Interaction*, Barbara Fultner (trans.), Cambridge: Polity Press, 2001, p.25.

础，哈贝马斯在高斯讲座第四讲中，系统描述了普遍语用学和生活世界之间的联系，并指出，普遍语用学的语言转向的目的就在于说明生活世界的基本结构。由此可见，哈贝马斯此时已经将交往行为和生活世界作为一对互补概念来看待，这种互补关系在其语言哲学思想基本确立阶段得到了详细的论证。此外，他也注意到了与生活世界有着紧密联系的系统理论。在《后记》中，哈贝马斯谈到了"用系统观撰写的历史的性质"①，在《论系统扭曲的交往》②一文中更是详细论证了系统如何扭曲交往及其表现，在《论社会互动的语用学》中，有关交往病理学③的反思更是涉及系统扭曲的交往，在《新版导论》中同样提及了"受到扭曲的交往"④。哈贝马斯此时并没有详尽论证系统与生活世界的关系，但在其语言哲学的基本确立阶段，二者关系居于至关重要的核心地位。

第六，理想的言说情境理论。理想的言说情境作为一个确保所达成的共识是理性共识或真共识的一个基本装置，在哈贝马斯的语言哲学的早期也起着十分重要的作用。在《论社会互动的语用学》中，哈贝马斯明确了理想的言说情境的基本内涵。"如果交往既没有受到外在的偶然力量的阻碍，更严重的是，也没有受到交往结构本身的强制，那么，我将这种言语情境称为理想的言语情境。"⑤并且，他还详细叙述了理想的言说情境的基

---

① 〔德〕哈贝马斯：《认识与兴趣》，郭官义、李黎译，上海：学林出版社1999年版，第304页。

② Habermas. "On systematically distorted communication", in *Inquiry*, 1970, 13 (1): 205-218.

③ Habermas, *On the Pragmatics of Social Interaction*, Barbara Fultner (trans.), Cambridge: Polity Press, 2001, pp.131-170.

④ 〔德〕哈贝马斯：《认识与兴趣》，郭官义、李黎译，上海：学林出版社1999年版，第7页。

⑤ Habermas, *On the Pragmatics of Social Interaction*, Barbara Fultner (trans.), Cambridge: Polity Press, 2001, p.97.

第二章 哈贝马斯语言哲学思想的结构与脉络

本内容。① 由于概念本身经常受到误解，哈贝马斯在后续理论中不再使用"理想的言说情境"这个概念。但是，他并没有放弃"理想的言说情境"的论证方式，只是变换了名称并进行了部分修补。在《什么是普遍语用学》中，哈贝马斯将这种理想性设计改称为"可能理解的普遍条件或交往的一般预设"②。在《对话伦理学》中，则称之为"论证的预设"③，并说明了论证的预设和理想的言说情境之间的对应与承接关系，并为理想的言说情境进行了辩护："这就是为什么我一度将论证预设视为理想的言说情境的典型特征的原因……早些时候我关于理想的言说情境的分析，现在对我来说仍然是正确的。"④ 值得注意的是，哈贝马斯也表示过对这个术语的不满，认为它太过于"具体化"⑤。

---

① Habermas, *On the Pragmatics of Social Interaction*, Barbara Fultner(trans.), Cambridge: Polity Press, 2001, pp.98-99.

② Habermas, *Communication and the Evolution of Society*, Thomas McCarthy(trans.), Cambridge: Polity Press, 1984, p.1.

③ Habermas, *Moral Consciousness and Communicative Action*, Shierry Weber Nicholsen(trans.), Massachusetts, Cambridge: The MIT Press, 1999, p.88.

④ Habermas, *Moral Consciousness and Communicative Action*, Shierry Weber Nicholsen(trans.), Massachusetts, Cambridge: The MIT Press, 1999, p.88.

⑤ Habermas, *Autonomy and Solidarity: Interviews with Jürgen Habermas*, Peter Dews(ed.), London: Verso, 1992, p.161.

第三章　形式语用学

如前所述，学术界关于哈贝马斯语言哲学思想的认识误区，即研究者普遍将形式语用学（Formal pragmatics）①（普遍语用学）② 等同于哈贝马

---

① 关于 Formal pragmatics，目前存在两种不同的译法：（1）规范语用学。这种译法最早见于《交往与社会进化》中译本。详细内容请参阅〔德〕哈贝马斯：《交往与社会进化》，张博树译，重庆：重庆出版社1989年版，第216页，注释1。（2）形式语用学。这种译法源于曹卫东对哈贝马斯著作的翻译。详细内容请参阅：①〔德〕哈贝马斯：《后形而上学思想》，曹卫东、付德根译，南京：译林出版社2001年版。②〔德〕哈贝马斯：《交往行为理论（第一卷）：行为合理性与社会合理化》，曹卫东译，南京：译林出版社2001年版。笔者认为，哈贝马斯语用学的根本目的在于为交往行为理论提供交往得以成功的一般条件。具而言之，就是言语行为的抽象结构或一般模式，即三个"有效性要求"。这是理论层面的形式分析，而不是实践层面的规范分析。因此，笔者倾向翻译为"形式语用学"。另外，"formal"词条在《西方哲学英汉对照辞典》中解释为："形容词'形式的'派生于'形式'，这是一类事物所属的一般性质或结构。一般说来，形式的考虑或方法是与一个对象的抽象结构或模式有关，而不是与其内容或意义有关。"详细内容请参阅〔英〕尼古拉斯·布宁、徐纪元：《西方哲学英汉对照辞典》，北京：人民出版社2001年版，第386页。

② 哈贝马斯最开始用的术语是"普遍语用学"，发表的文章题名就是《什么是普遍语用学》，但是哈贝马斯自己明确表示了对这个术语的不满，提出用"形式语用学"可能更合适一些。请参阅〔德〕哈贝马斯：《交往与社会进化》，张博树译，重庆：重庆出版社1989年版，第216页，注释1。对"普遍语用学"这个提法不满意的原因是什么呢？哈贝马斯并没有明确说明。哈贝马斯《真理与辩护》一书的英译者芭芭拉·福尔特纳（Barbara Fultner）对此问题给出了回答："一方面，在经验层面上，不是所有的言说行为都满足他所概括的交往条件。另一方面，新的名字强调了这一理论的程序性本质，以及这一理论相对于任何特定言说内容的中立性。"请参阅〔美〕芭芭拉·福尔特纳：《哈贝马斯：关键概念》，赵超译，重庆：重庆出版社2016年版，第67页，注释1。

斯的语言哲学。笔者认为，作为整体的哈贝马斯语言哲学思想才是交往行为理论得以可能的前提基础，而不是单一的形式语用学。形式语用学要实现确定并重建关于可能理解的普遍条件或交往的一般假设前提的任务，必须依靠背后的暗藏力量，即真理共识论、语用意义理论和批判解释学。只有通过真理共识论的共识导向、语用意义理论的语用转向和批判解释学中的批判反思意识与形式语用学的共同努力，才能真正确立批判理论视域中的交往行为理论。所以，哈贝马斯语言哲学思想的主体框架应由以下四个方面构成：一是形式语用学；二是语用意义理论；三是真理共识论；四是批判解释学。

本章首先系统阐述哈贝马斯的形式语用学理论。它主要包括五个部分，分别是作为背景知识的生活世界、具有三重功能的言语行为、居于核心地位的有效性要求、承担行事职能的交往能力、充满理想设计的言说情境。

第一节　形式语用学的思想谱系

作为 20 世纪最后一位"黑格尔意义上的体系哲学家"①，哈贝马斯的思想谱系凸显了一种"综合的心灵"特征。他深谙从德国古典哲学到法兰克福学派的各家学说。不仅如此，他还综合吸纳了以皮尔士、乔治·赫伯特·米德（George Herbert Mead）和约翰·杜威（John Dewey）等为代表的实用主义哲学，以维特根斯坦、奥斯汀和塞尔等为核心的分析主义哲学，以乔姆斯基（Noam Chomshy）为创始人的转换生成语法语言学，以弗洛伊德、皮亚杰和科尔伯格等为重点的心理和道德发展理论，以马克思、韦伯、涂尔干（Emile Durkheim）和帕森斯（P. Parsons）等为中心的社会

---

① 曹卫东：《哈贝马斯的启示》，载《中华读书报》，2001 年 6 月 13 日，第 17 版。

学理论。哈贝马斯还通过与卡尔·波普尔、伽达默尔、N.卢曼（N. Luhmann）、利奥塔（Lyotard）、福柯、德里达、罗蒂、C.泰勒和罗尔斯等重量级思想家的论战来博采众家之长。对于哈贝马斯这种无可企及的综合能力，欧洲文化生活最具见解的评论家之一乔治·里希特海姆（George Lichtheim）早在1969年就给予了高度评价：

"对于经由马克思（Marx）、黑格尔（Hegel）和欧洲形而上学传统的更深奥渊源而在从科学逻辑到知识社会学（the sociology of knowledge）的领域里纵横捭阖的一名学者的著作，我们不能放在一起轻易作出评价……［在］其大多数同僚在某个领域的一个角落艰辛耕耘的时代，他却使自己无论是深度还是广度上都成为整个领域的主人。其中，没有任何削角细分（corner-cutting），也不存在任何驾轻就熟地回避难题，或欺骗性地阐述未经研究而得出的结论：无论是对波普尔（Popper）的反驳，对查尔斯·皮尔斯（Charles Peirce）实用主义的剖析，对谢林（Schelling）形而上学中世纪先驱的探究，抑或对马克思主义社会学的更新，他都同样出神入化地掌握材料，并以其令人羡慕的才华阐明其中复杂的逻辑疑难。他似乎天生就具有一种将最困难的资料融会贯通并使之重新成为有序整体的能力。"①

哈贝马斯语言哲学思想的思想谱系同样体现了这种"综合的心灵"特征。从总体角度来看，形式语用学的谱系与阿佩尔的先验语用学的关系较为密切。从内在构成来看，生活世界理论的思想谱系，主要取自现象学的生活世界理论、现象学社会学的生活世界理论、涂尔干的集体意识理论、米德的自我理论和波普尔的三个世界理论；言语行为理论承接于奥斯汀的言语行为三分法理论和塞尔的言语行为一元论理论；交往能力的形成源于哈贝马斯对转换生成语法学派、发生认识论学派和社会语言学派的糅合。

---

① 〔美〕理查德·J.伯恩斯坦：《哈贝马斯与现代性》导言，见《中国社会科学辑刊》（秋季卷），上海：复旦大学出版社2010年版，第186—205页。

一、卡尔-奥托·阿佩尔的先验语用学

《哲学的改造》一书是卡尔-奥托·阿佩尔的重要代表作之一。所谓"改造"就是"回到对先验哲学的语言分析或指号学改造上去"①，也就是从当代语言哲学的视角对康德"先验哲学"进行批判重建，核心在于重新审视"人类知识的可能性和有效性条件"问题。阿佩尔综合分析了海德格尔和伽达默尔的解释学理论、后期维特根斯坦的语言游戏理论、皮尔士的三维符号学理论、奥斯汀和塞尔的言语行为理论以及哈贝马斯的普遍语用学，在此基础上对康德的"先验哲学"问题，从语言哲学角度进行了批判性重建，提出"语言是我们关于世界结构的知识之可能性和有效性的决定性条件"②，从而形成了自己的先验语用学理论。"阿佩尔一直都致力于对康德的先验哲学进行人类学—符号学的改造，并依凭一种综合语形学、语义学和语用学的先验语用学（transcendental pramatics），来克服那种漠视主体间性和摒弃主体间沟通、忽略语言交往共同体的先验性在抽象逻辑形式与实际语言使用之间的中介性的方法论的唯我论，以及彰显那种有别于意识先天性的语言先验性，以避免陷入相对主义的泥潭。"③

众所周知，康德《纯粹理性批判》的总课题是"先天综合判断是如何可能的？"④。易言之，康德"先验哲学"视域下的认识论要解决的核心问题是"先天综合判断"究竟是依靠什么根据而存在的。康德在《纯粹理性

---

① 〔德〕阿佩尔：《哲学的改造》，孙周兴译，上海：上海译文出版社2005年版，第87页。

② 〔德〕卡尔-奥托·阿佩尔：《语言交往的先验概念与第一哲学的观念》，孙周兴译，载《中国现象学与哲学评论（第三辑）：现象学与语言》，倪梁康编，上海译文出版社2001年版，第219—220页。

③ 胡军良：《哈贝马斯对话伦理学研究》，北京：中国社会科学出版社2010年版，第60—61页。

④ 〔德〕康德：《纯粹理性批判》，邓晓芒译，北京：人民出版社2004年版，导言第15页。

批判》的开篇就明确指出,"我们的一切知识都从经验开始"①,但他并不认可一切知识"都是从经验中发源的"②。那么,知识的真正来源何在?又是什么确保知识的普遍性和必然性?康德的答案就是"先天综合判断"。康德认为,认识就是判断,单个的没有联结的观念或概念并不能称其为认识,但是不能由此就说一切判断都是认识,只有"综合判断"才是认识,"分析判断"不是认识,因为主词中包含了谓词意义的"分析判断"对于主词而言没有增加什么东西,也就是没有知识的增量,只是原有知识的说明,而"综合判断"则意味着知识的增量。

同样,并非一切"综合判断"都是真正的知识,因为仅仅通过个别的、偶然的、暂时的经验得来的知识并不能确保知识的普遍性和必然性,这是一种"后天"知识,只有"先天"的知识才是真正的知识,才有绝对必然性。"康德认为,我们的认识的增长,仰赖着综合判断,即那些扩展我们的观念和表象的判断。但是,综合判断要达到扩大知识的目的,必须具备普遍和必然的性质,必须同时是'先天的',因为经验不可能为我们提供普遍的和必然的因素。"③ 所谓"先天的"就是不依赖于经验的、在经验之前的。康德指出,这种知识的"先天性"只能由理性主体的人给予,是理性独立于经验而提供出来的。简言之,康德的"先天综合判断"学说认为,科学知识由两部分构成,一是先天的部分提供具有普遍性和必然性的知识形式,二是综合的部分提供后天的质料。虽然二者都是必要要素,但它们的地位和作用却是不同的,理性主体的人是知识所以可能的能动性条件,而后天的质料则是被动性条件,是由主体用先天的形式对杂多的质料进行整理和综合的过程。"认识及其对象是主体能动地综合经验材

---

① 〔德〕康德:《纯粹理性批判》,邓晓芒译,北京:人民出版社2004年版,导言第1页。

② 〔德〕康德:《纯粹理性批判》,邓晓芒译,北京:人民出版社2004年版,导言第1页。

③ 高宣扬:《德国哲学概观》,北京:北京大学出版社2011年版,第161页。

料的结果,而不是消极地联结感觉印象或离开感觉印象的纯粹思维的产物。"① 反言之,如果没有理性主体的人,没有主体的综合统一能力的运用,知识是不可能的。

由此可见,康德的先验哲学以主体—客体的二元区分为基础,先天综合判断在实质上是一种"意识分析"范式,"康德的意识,就是科学知识的先验主体"②,是确保知识的普遍性和必然性的根据与来源。阿佩尔指出,与康德的"意识分析"范式不同,现代"科学逻辑"的"语言分析"范式对康德问题的回答,脱离了"方法论的唯我论",已经超越了作为科学知识之主体的意识问题,转而诉诸逻辑句法学和逻辑语义学。"用以取代康德先验逻辑的这些必需成分的,并不是像许多人所认为的那样,是形式逻辑的更新形式(即数理逻辑),更准确地看来,乃是关于科学语言的逻辑句法和逻辑语义学。"③ 现代"科学逻辑"通过逻辑句法学和逻辑语义学,为康德的先天原则提供了新的主体,从而解决了康德关于科学知识对任何意识而言的客观有效性问题。阿佩尔将现代"科学逻辑"对康德问题的解决称为"正统的回答",但他并不完全同意这种解决方案,而是提出应该将语用学与句法学、语义学结合起来,通过以语用学转向来为核心的彻底的语言学转向,去解决康德的先验原则问题。这就是阿佩尔先验语用学的基本出发点。

从先验语用学这个称谓,就可以看出理解它的两条进路。首先就是语用学。"皮尔士和莫里斯的符号学理论是阿佩尔的先验语用学思想的出发点和必要阶梯,他们对符号三元关系的说明构成了先验语用学的基本前

---

① 杨祖陶:《德国古典哲学逻辑进路》,北京:人民出版社2016年版,第50页。

② 〔德〕阿佩尔:《哲学的改造》,孙周兴译,上海:上海译文出版社2005年版,第87页。

③ 〔德〕阿佩尔:《哲学的改造》,孙周兴译,上海:上海译文出版社2005年版,第85页。

提，提供了对知识前提进行先验反思的可能性条件。"① 当然，维特根斯坦在阿佩尔的语用学转向中也发挥了重要作用，对此，阿佩尔明确说过，"后期维特根斯坦的语言游戏概念也同样暗示出对康德哲学的一种先验语用学的改造"②。依据皮尔士的实用主义指号学和莫里斯的符号理论，阿佩尔认为，科学知识既不能被还原为主体—客体的二元关系，也不能归结为理论与事实的二元关系，因为作为主体的人不能直接与世界发生联系，而只能借助于符号认识世界，也就是说，一切认识活动都必须以符号为中介。由此，认识活动就由传统的二元关系转变为三元关系，也就是符号、符号所指的对象和符号的解释项。这里的关键在于符号的解释项对于符号的解释，也就是符号的意义问题，表面上看涉及的是语义学，但为了避免先验语义学的"抽象谬误"，必须把语义学和语用学结合起来，实现语形学、语义学和语用学的三维统一。一般语用学从经验角度只能保证单一符号的意义准确性，却难以保证它的普遍性和必然性，这就涉及先验语用学这个称谓的第二个方面。阿佩尔的解决办法是赋予语用学以"先验性"。但是，这一点是有一定难度的，因为二者之间并非同质的范畴，而是相互矛盾的两个范畴，语用学属于经验的领域，而后者属于先验的领域。

两种完全不同质的东西如何能够关联在一起？这是阿佩尔面临的主要诘难。对于这个难题，阿佩尔既没有诉诸康德意义上的先验演绎法，也没有跟随康德把先验解释为经验知识得以可能的给定性条件，而是将其视为一种生成性的有效性条件，这种条件是交往理性基础上交往共同体相互作用的产物，能够保证有效性条件的普遍性和必然性。更为重要的一点在于，这种先验性的确证在于语言交往本身的先验性和语言交往共同体的先验性。语言交往本身具有先验性，原因在于人们之间要实现理性交往，必

---

① 李红：《分析哲学与诠释学的融合：阿佩尔先验语用学研究》，北京：中国社会科学出版社 2021 年版，第 61 页。

② 〔德〕阿佩尔：《哲学的改造》，孙周兴译，上海：上海译文出版社 2005 年版，第 276 页。

须通过语言符号进行意向意义的相互交流，才能在意指某物的意义基础上达成人与人之间的理解与共识。也就是说，每一个交往主体在进行交往之前就已经预设了语言的先验结构和一定的规范性前提，作为交往共同体的成员，在有意义的交往过程中就不可回避地需要遵循这些预设的规范性前提。"日常语言沟通的先天性在某种可精确地表达的意义上乃是一切可设想的哲学或科学的理论构成甚至语言本身的'重构'的可能性和主体间有效性的不可回避的条件。"① 阿佩尔此处所说的"自然语言的不可回避性"② 很好地说明了语言交往本身的先验性，因为如果无视这些不可回避的先验预设，交往就不能称其为有意义的交往，行动就不能称其为有意义的行动③，也就是说人类的交往就会停止，这就等同于自杀或自我毁灭。

哈贝马斯可以说是阿佩尔的"哲学引路人"，两个人之间尽管历经"从殊途同归到分道扬镳"④，但他们之间是难解难分的同辈，阿佩尔的思想也对哈贝马斯产生了重要影响，尤其是语用学视角的研究。"阿佩尔的先验语用学的思想内核自然就会进入哈贝马斯的理论考量之中。而事实上，阿佩尔对语言共同体先验性的陈述也直接启示哈贝马斯对存在于言语行为中的普遍预设的思考；同时，阿佩尔的先验语用学也直接成为使哈贝马斯普遍语用学得以建构的基础。"⑤ 虽然哈贝马斯并不完全同意阿佩尔的先验语用学思想，尤其是他的先验立场和方法是哈贝马斯所不能接受的，

---

① 〔德〕阿佩尔：《哲学的改造》，孙周兴译，上海：上海译文出版社2005年版，第87页。
② 〔德〕阿佩尔：《哲学的改造》，孙周兴译，上海：上海译文出版社2005年版，第276页，注释①。
③ 罗亚玲：《平等权利与共同责任：阿佩尔对话伦理学研究》，北京：人民出版社2020年版，第15页。
④ 罗亚玲：《平等权利与共同责任：阿佩尔对话伦理学研究》，北京：人民出版社2020年版，第98页。
⑤ 胡军良：《哈贝马斯对话伦理学研究》，北京：中国社会科学出版社2010年版，第64—65页。

但是，阿佩尔的先验语用学在启发哈贝马斯思考自己的形式语用学思想的过程中，确实起到了重要作用。仅举一例，哈贝马斯在《什么是普遍语用学》一文中，以阿佩尔先验语用学关于"言语行为的一般假设前提"的先验性为思考对象，引出了自己关于"言语的有效性基础"的系统论述。①哈贝马斯所言的"言语行为的一般假设前提"，其实就是阿佩尔所说的"获得理解的可能性的规范条件"，或者说是"通过语言进行交往的那些先决性条件"。简而言之，哈贝马斯从阿佩尔先验语用学理论中看到，语言是人类经验和知识的必要条件，言语符号研究与社会行为相关，同时也吸取了关于语用学论证结构的洞见，本质上这是一种理性主义论证。

二、现象学和现象学社会学的生活世界理论

现象学的生活世界理论。胡塞尔（Edmund Husserl，1859—1938）在《笛卡尔式的沉思》之五中，首次提出"生活世界"这个概念②，但直到《欧洲科学的危机与超越论的现象学》一书的出版，他才对其进行系统化的阐释。生活世界概念是胡塞尔为解决"作为欧洲人根本生活危机表现的科学危机"而提出来的。何为欧洲科学的危机？简言之，当时欧洲盛行的实证科学用客观化和数学化的思维方式扼杀了普通人的人性化和世俗化的思维方式，不仅人的世俗生活受到技术理性主义的宰制，更严重的是，实证科学完全忽视了人的生活价值和意义。"现代人让自己的整个世界观受实证科学的支配，并迷惑于实证科学所造就的'繁荣'。这种独特现象意味着，现代人漫不经心地抹去了那些对于真正的人来说至关重要的问题。"③ 换言之，被剥离了生命意义与生命价值的人被科学主义所事实化

---

① 〔德〕哈贝马斯：《交往与社会进化》，张博树译，重庆：重庆出版社1989年版，第2页。
② 何林：《论许茨对胡塞尔生活世界理论的继承与改造》，载《哲学研究》，2010年第10期，第90—96页。
③ 〔德〕胡塞尔：《欧洲科学的危机和超验现象学》，张庆熊译，上海：上海译文出版社1988年版，第5页。

了，成为实证科学的研究对象，"只见事实的科学造成了只见事实的人"①。危机的根源何在？一言以蔽之，科学世界的自然主义和客体主义遗忘了作为人的意义基础的生活世界。胡塞尔现象学的根本任务就在于重新揭示科学的性质及起源，恢复科学世界和生活世界的结合关系，从而克服"现代科学的危机"。②

胡塞尔的生活世界具有双层意蕴。一层是自然态度中的生活世界。意指直接朝向我们发生的，原则上可以直观到的事物的总体，具有直观性和主观性。直观性在于，它是"作为唯一实在的、通过知觉实际地被给予的、被经验到并且能够被经验到的世界"③；主观性在于，它能随个体自我主观视域的运动而发生变化。但是，胡塞尔又反对仅仅将"生活世界"视为纯粹客观给予的东西，他主张应该将其纳入先验现象学的视域。另一层是先验现象学中的生活世界。意指前科学的、前概念的和前理论的先验的原发境域，具有非主题性和奠基性。非主题性是说生活世界是一个毋庸置疑和不言自明的前提，不能将其视为主题进行论证；奠基性是指生活世界是我们的经验由此出发的基地，以此为基础，一切经验才得以可能。由此，可以将胡塞尔的"生活世界"定义为"非主题性的、奠基性的、直观的、主观世界"④。

胡塞尔对哈贝马斯的影响在于生活世界的核心内容。他承接了胡塞尔生活世界的核心内容，却否定了胡塞尔先验回溯的理论方法。"我在这里不想使用胡塞尔的方法和他引入生活世界概念的语境，但我吸收了胡塞尔

---

① 〔德〕胡塞尔：《欧洲科学的危机和超验现象学》，张庆熊译，上海：上海译文出版社1988年版，第5—6页。
② 于海：《西方社会思想史》，上海：复旦大学出版社2005年版，第442—443页。
③ 〔德〕胡塞尔：《欧洲科学的危机和超验现象学》，张庆熊译，上海：上海译文出版社1988年版，第58页。
④ 倪梁康：《现象学及其效应》，北京：生活·读书·新知三联书店1994年版，第132页。

研究的核心内容。"① 这里的"核心内容"是指哈贝马斯所接受的生活世界的非主题性和奠基性。一方面,非主题性表现在哈贝马斯也将关于生活世界的知识称为"非主题性的知识"或"背景知识"。"和一切非主题性知识一样,生活世界的背景也是潜在的,通过前反思才能表现出来。"② 另一方面,奠基性表现在哈贝马斯将生活世界视为"意义的基础"。"胡塞尔用非主题性知识的概念已经指明了一条揭示这种意义基础的路径。"③

现象学社会学的生活世界理论。现象学社会学的创始人是美籍奥地利裔哲学家阿尔弗雷德·舒茨（Alfred Schütz,1899—1959）。他对生活世界理论的系统阐述对哈贝马斯也产生了重要影响。舒茨的生活世界理论也明显受到胡塞尔的影响。舒茨视域下的生活世界也是人们在其中度过其日常生活所直接经验的主体间的文化世界,但他舍弃了胡塞尔的先验性。舒茨生活世界理论的主要内容包括以下三个方面：

一是生活世界与自然态度和主体间性具有关联性。在自然态度视角下,人们认为生活世界是理所当然的实在领域,生活世界对于成年主体来说是毋庸置疑的,人们的所有社会行为,都是以这个确定无疑且自我确证的生活世界为基础。"在自然态度中,我发现我自己所在的世界总是理所当然地存在着且自我确证为'真',我生于其中且我认为它先于我而存在。它是在我的经验中所给予的一切事物的未经检验的基础。"④ 在主体间性视角下,生活世界在一开始就具有主体间性。"我们已经证明了生活世界在

---

① 〔德〕哈贝马斯：《后形而上学思想》,曹卫东、付德根译,南京：译林出版社2001年版,第73页。

② 〔德〕哈贝马斯：《后形而上学思想》,曹卫东、付德根译,南京：译林出版社2001年版,第79页。

③ 〔德〕哈贝马斯：《后形而上学思想》,曹卫东、付德根译,南京：译林出版社2001年版,第73页。

④ Alfred Schütz, *The Structures of the Life-World* (Vol.I), Illinois: Northwestern University Press, 1973, p.4.

最初就是主体间的世界。"① 在这个主体间的世界中，人们理所当然地将他人作为存在而予以接受，他人与我经验着同一个世界，我们可以通过视角互换来达成相互间的彼此理解。"我理所当然地认为，他人也存在于我的世界中，这种存在不仅在身体上和其他对象上相同，而且在意识方面也与我的意识具有本质性的相同。起初，我的生活世界就不是一个我的私人世界，而是一个主体间的世界。"②

二是生活世界的结构。舒茨早在《社会世界的现象学》(*The Phenomenology of the Social World*)中就对生活世界的结构进行了系统阐述。他对生活世界的结构持有一种形式化区分的观点。他认为，社会世界包括四个相互区分的领域：直接经验的世界、同代人的世界、前人的世界和后人的世界。③他也将这种区分称为"日常生活世界的分层"④。在后来的《生活世界的结构》(*The Structures of the Life-World*)中，舒茨依然坚持这种观点。⑤

三是知识储备库（the stock of knowledge）问题。舒茨十分重视生活世界中的知识储备库问题，他从静态和动态两个角度对其进行了细致的考察。一方面，静态分析是指探究知识储备库的构成要素。舒茨认为，知识储备库由基本要素、中级要素和特定要素三部分组成。基本要素是指关于所有经验的限定条件的知识，包括我对内在绵延的认识，对个别情境在世界时间内历史性和有限性的知识，对肉体的限制的知识，对经验的空间、

---

① Alfred Schütz, *The Structures of the Life-World* (Vol.I), Illinois: Northwestern University Press, 1973, p.59.

② Alfred Schütz, *The Structures of the Life-World* (Vol.I), Illinois: Northwestern University Press, 1973, p.4.

③ Alfred Schütz, *The Phenomenology of the Social World*, Illinois: Northwestern University Press, 1967, pp.142-143.

④ Alfred Schütz, *The Structures of the Life-World* (Vol.I), Illinois: Northwestern University Press, 1973, p.35.

⑤ Alfred Schütz, *The Structures of the Life-World* (Vol.I), Illinois: Northwestern University Press, 1973, pp.59-92.

时间和社会结构的知识。① 中级要素是指关于例行的知识或习惯的知识，包括技巧、有用的知识和诀窍知识。② 特定要素是指在特定经验中沉积下的且被作为经验的核心而主题化的知识。③ 另一方面，动态分析是指探究知识储备库的形成过程。这个形成过程主要包括知识获得的历程，知识获得的持续、知识获得的中断以及知识获得的限制。

哈贝马斯将舒茨的生活世界理论的基本特征总结为三个方面：（1）生活世界是一个被朴素地熟悉、给定的不成问题的背景世界；（2）共享的这个世界具有主体间的有效性；（3）生活世界具有总体性、非决定性、渗透性和界限性的特征。④ 依据哈贝马斯的观点，舒茨对生活世界的定性是不全面的，应该进一步深化对它的认识。可取的路径是把生活世界放在交往行为理论的视域中，将其作为交往行为的互补概念来看待。因此，哈贝马斯进一步扩展了舒茨对生活世界基本特征的界定：（1）生活世界的不成问题性。舒茨认为，"除非得到进一步的注意，否则朝向我们的任何事态都不能问题化"⑤。哈贝马斯认为这种认识并不彻底。他认为生活世界永远都不能问题化，最多只能碎片化。⑥ （2）主体间的有效性。哈贝马斯认为，生活世界主体间的有效性不能仅仅建立在社会的先在性之上，生活世界应该先于任何可能的分歧且不能成为主体间共享知识的争议主题，最多只能

---

① Alfred Schütz, *The Structures of the Life-World* (Vol.I), Illinois: Northwestern University Press, 1973, p.135.

② Alfred Schütz, *The Structures of the Life-World* (Vol.I), Illinois: Northwestern University Press, 1973, p.105.

③ Alfred Schütz, *The Structures of the Life-World* (Vol.I), Illinois: Northwestern University Press, 1973, p.135.

④ Habermas, *The Theory of Communicative Action* (Vol.II), Thomas McCarthy (trans.), Boston: Beacon Press, 1987, p.128.

⑤ Alfred Schütz, *The Structures of the Life-World* (Vol.I), Illinois: Northwestern University Press, 1973, p.4.

⑥ Habermas, *The Theory of Communicative Action* (Vol.II), Thomas McCarthy (trans.), Boston: Beacon Press, 1987, p.130.

碎片化。① （3）哈贝马斯赞同舒茨生活世界具有的总体性、非决定性、渗透性和界限性的特征，并做了更加明晰的阐释。② 此外，舒茨的知识储备库理论也成为哈贝马斯生活世界的结构要素（文化）的直接来源。"在我看来，文化是储存起来的知识，交往参与者通过相互就某事达成理解，而用这些知识来支持自己的理解。"③

三、涂尔干的集体意识理论和米德的自我理论

涂尔干的集体意识理论。涂尔干（Emile Durkheim, 1858—1917）集体意识理论对哈贝马斯生活世界理论也产生了重要影响。集体意识是指"社会成员平均具有的信仰和感情的总和"④。集体意识具有普遍性、趋同性和遗传性。普遍性是指集体意识是全体社会成员在日常交往互动中，通过相互作用而形成的一种散布在全社会范围内的信仰和感情。"严格地说，它是作为一个整体散布在整个社会范围内的。"⑤ 趋同性是指每个人由于集体环境的大致相同所导致的集体意识的近似性。"在较小的社会里，每个人所面临的生存条件都大致相同，本质而言，他们的集体环境也是比较具体的。各种各样的人都聚集在社会范围内，他们的意识状态也表现出了同样的特征。"⑥ 遗传性是指集体意识的代际承接关系，即当前的集体意识是

---

① Habermas, *The Theory of Communicative Action* (Vol. Ⅱ), Thomas McCarthy (trans.), Boston: Beacon Press, 1987, p.131.

② Habermas, *The Theory of Communicative Action* (Vol. Ⅱ), Thomas McCarthy (trans.), Boston: Beacon Press, 1987, p.132.

③ 〔德〕哈贝马斯：《后形而上学思想》，曹卫东、付德根译，南京：译林出版社2001年版，第82页。

④ 〔法〕涂尔干：《社会分工论》，渠东译，北京：生活·读书·新知三联书店2000年版，第42页。

⑤ 〔法〕涂尔干：《社会分工论》，渠东译，北京：生活·读书·新知三联书店2000年版，第42页。

⑥ 〔法〕涂尔干：《社会分工论》，渠东译，北京：生活·读书·新知三联书店2000年版，第244页。

前代人长期积累与传承的结果。"它并不会随着世代的更替而更替,而是代代相继,代代相传。"① 集体意识的重要作用在于它的社会整合。由于它所具有的普遍性、趋同性和遗传性等特征,决定了它对社会成员的约束力量,从而起到保持社会秩序,维护社会团结的社会整合作用。"无论范围是大是小,它所具有的一般的社会整合功能显然是建立在包含着某种共同意识同时又受到这种共同意识规定的社会生活的基础之上的。"② 集体意识的社会整合作用在不同的社会也发生着变化。在"机械团结"的社会里,集体意识驾驭着大部分个人,也可以说,集体意识是维系社会的唯一因素;而在"有机团结"的社会里,集体意识的作用明显弱化,但弱化的只是范围的缩小和作用的减弱,并没有发生质的改变。

哈贝马斯从涂尔干集体意识理论中吸取了以下两个方面的理论营养:一方面,社会整合功能。涂尔干将社会群体的生活世界视为群体聚合的黏合剂。从这个观点出发,哈贝马斯的生活世界不仅仅为交往行为提供了一种背景,还担负着文化再生产、社会统一和个人社会化的功能,进而确保了主体间有序的人际关系的稳定,从而起到社会整合的作用。其表现形式是通过合法调节的人际关系,协调人的行为和稳定群体同一性,这种方式在社会整合受到干扰的情况下看得更加清楚。③ 另一方面,生活世界的结构特征。从生活世界的形式化概念来看,涂尔干将生活世界的区分化进程理解为文化、社会和个性的分离。在哈贝马斯看来,文化、社会和个性不应该从生活世界的更新进程来看,而应该从生活世界的三个构成要素角度来理解。"涂尔干将生活世界的区分化进程理解为文化、社会和个性的分

---

① 〔法〕涂尔干:《社会分工论》,渠东译,北京:生活·读书·新知三联书店2000年版,第42页。
② 〔法〕涂尔干:《社会分工论》,渠东译,北京:生活·读书·新知三联书店2000年版,第71页。
③ Habermas, *The Theory of Communicative Action* (Vol. II), Thomas McCarthy (trans.), Boston: Beacon Press, 1987, p.140.

离过程。我们现在必须从生活世界的结构成分角度来介绍和解释它们。"①

米德的自我理论。作为符号互动理论的奠基人,美国社会学家乔治·赫伯特·米德(George Herbert Mead,1863—1931)的自我理论对哈贝马斯的启发甚大。自我理论的基本内容主要包括三个方面。首先,进化论视域下的自我形成过程。米德认为,通过语言媒介,个体得以由生物个体转变为具有自我意识的心灵有机体,这是一个不断进化的过程。这个过程一般要经历三个阶段:模仿阶段、游戏阶段和"泛化的他人"阶段。"自我是逐步发展的;他不是与生俱来的,而是在社会经验与活动的过程中产生的。"② 其次,自我的二重性。米德把个人区分为"主我"和"客我"。自我是"主我"和"客我"的有机统一,二者互为依存,共同构成完整的社会个体。"主我"是有机体对他人的态度的反应,"客我"是有机体自己采取的一组有组织的其他人的态度。③ 最后,个体与社会的相互作用。米德以一个客观的社会过程为起点,借助于语言把社会交往过程输入个体内部,由此个体把社会行动内化为自己的行动。在这个互动过程中,社会不是一种客观实体,而是相互作用的框架,它以自我和心灵的本性为前提。社会制度乃是一套特殊的相互联系的角色,一个制度便是一套群体或社会的行为的组织形式。④

哈贝马斯从自我理论中获得了如下启示:第一,生活世界的进化论倾向。依照哈贝马斯的理解,米德互动社会的进化论倾向,其实就是生活世

---

① Habermas, *The Theory of Communicative Action* (Vol. II), Thomas McCarthy (trans.), Boston: Beacon Press, 1987, pp.133-134.

② 〔美〕米德:《心灵、自我与社会》,赵月瑟译,上海:上海译文出版社2005年版,第120页。

③ 〔美〕米德:《心灵、自我与社会》,赵月瑟译,上海:上海译文出版社2005年版,第155页。

④ 〔美〕米德:《心灵、自我与社会》,赵月瑟译,上海:上海译文出版社2005年版,第309页。

界的交往合理化。① 由此，哈贝马斯将米德的社会进化论观点纳入交往理论之中，生活世界具有了重复再生产的维度。第二，个人的社会化。哈贝马斯将米德个人社会化的观点糅入生活世界的结构要素之中，从而使人的个性得以不断更新，维持生活世界的进化与稳定。第三，语言的媒介作用。哈贝马斯也承接了米德将语言视为社会互动的媒介的观点，特别是语言对生活世界的再生产的作用。"正如我们从米德处所学到的，语言媒介实现了生活世界的再生产。"②

四、波普尔的三个世界理论

20世纪50年代后期，波普尔（Karl Popper，1902—1994）开始侧重研究本体论，提出了著名的三个世界理论。波普尔把世界上所有的现象，依据各自的存在方式划分为三大类别，即三个世界。第一世界是指物理世界，是由客观世界中的一切物质及其各种现象构成；第二世界是指人的精神世界或心理世界，包括意识状态、心理素质、主观经验等，即人的主观世界；第三世界是指客观思想的世界，实际上是人类精神产物或精神产品的世界。"第一世界是物理世界或物理状态的世界；第二世界是精神世界或精神状态的世界；第三世界是概念东西的世界，即客观意义上的观念的世界——它是可能的思想客体的世界：自在的理论及其逻辑关系、自在的论据、自在的问题境况等的世界。"③ 依据波普尔的观点，三个世界不仅具有上述所言的各自的客观实在性和独立自主性，而且三个世界之间也有相互作用的关系。第一世界与第二世界相互作用，第二世界与第三世界相互

---

① Habermas, *The Theory of Communicative Action* (Vol. Ⅱ), Thomas McCarthy (trans.), Boston: Beacon Press, 1987, p.107.

② Habermas, *The Theory of Communicative Action* (Vol. Ⅱ), Thomas McCarthy (trans.), Boston: Beacon Press, 1987, p.137.

③〔英〕卡尔·波普尔：《客观知识：一个进化论的研究》，舒炜光译，上海：上海译文出版社1987年版，第164—165页。

作用，第二世界能够与第一世界和第三世界中的任何一个相互作用，第一世界和第三世界之间不能相互作用，除非通过第二世界的干预。① 在三个世界中，波普尔特别强调第三世界的客观实在性及其在科学哲学中的地位。② 加拿大皇家科学院院士、约克大学贾维（I. C. Jarvie）教授第一个将波普尔的三个世界理论引入社会学行为理论之中，并根据第三世界的模式来分析社会生活关系。"我们已经证明，社会是一个介于坚硬的物理世界和柔软的精神世界之间的独立领域。这个领域、实在或世界，无论我们怎样称呼它，它都具有多样性和复杂性。"③

波普尔的三个世界理论以及贾维所引入的行为理论视域下的社会世界（第三世界）概念给哈贝马斯"世界"理论（客观世界、社会世界和主观世界）提供了原初思路。哈贝马斯批判地承接了波普尔和贾维的思想。他认为贾维的理论存在三方面问题：（1）抹杀了对待文化传统的表现立场与假设—反思立场之间的差别；（2）忽略了文化传统中不能还原为"思想"或真实性命题的内容；（3）不容许把文化价值与价值在规范中的制度体现区别开来。④ 为了解决贾维的上述问题，哈贝马斯作出了以下修正：一是用构成论的世界概念来取代本体论的世界概念，并把"世界"和"生活世界"这对概念结合起来；二是用根据不同的有效性要求而区分开来的文化知识概念来取代被认知主义搞得片面化的"客观精神"概念；三是把世界概念从它的有限的本体论内涵中解脱出来。⑤

---

① 〔英〕卡尔·波普尔：《客观知识：一个进化论的研究》，舒炜光译，上海：上海译文出版社1987年版，第165页。

② 〔英〕卡尔·波普尔：《客观知识：一个进化论的研究》，舒炜光译，上海：上海译文出版社1987年版，第166—172页。

③ I.C.Jarvie, *Concepts and society*, Boston：Routledge & Kegan Paul, 1972, p.165.

④ 〔德〕哈贝马斯：《交往行为理论（第一卷）：行为合理性与社会合理化》，曹卫东译，南京：译林出版社2001年版，第79—80页。

⑤ 〔德〕哈贝马斯：《交往行为理论（第一卷）：行为合理性与社会合理化》，曹卫东译，南京：译林出版社2001年版，第80—82页。

五、奥斯汀言语行为三分法与塞尔言语行为一元论

奥斯汀的言语行为三分法理论。作为牛津学派的著名代表人物，奥斯汀（John Austin，1911—1960）认为，语言哲学不能像逻辑实证主义那样仅仅以词和句子本身作为研究重点，而应该注重研究人们使用词和句子所完成的行为。奥斯汀的这种言语行为理论体现在他于 1962 年出版的《如何以言行事》①一书中。奥斯汀的言语行为理论经历了两个阶段：一是二分法阶段，即奥斯汀将话语分为完成行为式话语（performative utterance）和记述式话语（constative utterance）；二是三分法阶段，即奥斯汀将言语行为划分为以言表意行为（locutionary acts）、以言行事行为（illocutionary acts）和以言取效行为（perlocutionary acts）。

第一阶段，言语行为二分法。《如何以言行事》的前七章主要是讨论完成行为式话语与记述式话语的区别以及使完成行为式话语适切的必要条件和导致其不适切的各种因素。② 奥斯汀认为，以往的哲学家们一直重点研究陈述句，这些陈述句的功能就在于描述一些事态或陈述一些事实，这些陈述要么是真要么是假。③ 这些只注重陈述句真假二值判断的哲学家都忽略了对其他类型的语句的研讨，尤其是忽视了对完成行为式语句的研究。奥斯汀将这种只关注陈述句而忽视完成行为式语句的做法称为"描述性谬误"（the descriptive fallacy）。④ 由此，奥斯汀提出将话语分为完成行为式话语和记述式话语。

记述式话语是指对事实的描述或报道，可以用真假二值进行判断。而

---

① Austin, *How to Do Things with Words*, Oxford: Oxford University Press, 1962.

② 顾曰国：《奥斯汀的言语性理论：诠释与批判》，载《外语教学与研究》，1989 年第 1 期，第 30—39 页。

③ Austin, *How to Do Things with Words*, Oxford: Oxford University Press, 1962, p.1.

④ Austin, *How to Do Things with Words*, Oxford: Oxford University Press, 1962, p.3.

完成行为式话语不是对事实的描述或报道，而是说出某句话即完成了某个行为，它的判断标准不是真或假，而是合适与不合适。奥斯汀举了几个完成行为式话语的例子。例如，"我跟你赌六便士，明天会下雨"；在轮船的命名仪式中，一个人把一瓶酒摔在船头上说："我命名这艘船为伊丽莎白号"。① 这两个话语都完成了一定的行为，前者完成了打赌行为，后者完成了命名行为。它们虽然在形式上和陈述句没有什么差别，但它们不能用真假作为判断的依据。

在后续的研究中，奥斯汀发现他的言语行为二分法是存在问题的。因为"对适当和不适当类型的那种考虑会影响陈述（或某些陈述），同时，对真或假类型的那些考虑会影响完成行为式话语（或某些完成行为式话语）"②。例如，在陈述句"约翰所有的孩子都是秃顶，可约翰没有孩子"③ 中，后半句论断和前半句论断是完全相反的，且意思之间存有矛盾。这就表明了适当和不适当类型的考虑一样可以影响记述式话语。"奥斯汀主张记述式也有适当不适当之分，施行式也有真假之别，背后的基本想法是把以言行事视作语言的总概括。奥斯汀逐渐相信，所有话语，其实都是或明或暗在施行某种行动，记述式和施行式并非真是两类话语，记述式乃是隐蔽的施行式，是广义的言语行为的一个子类。"④ 因此，奥斯汀放弃了二分法，转而主张三分法。

第二阶段，言语行为三分法。从《如何以言行事》第八章开始⑤，奥

---

① Austin, *How to Do Things with Words*, Oxford: Oxford University Press, 1962, p.5.

② Austin, *How to Do Things with Words*, Oxford: Oxford University Press, 1962, p.55.

③ Austin, *How to Do Things with Words*, Oxford: Oxford University Press, 1962, p.48.

④ 陈嘉映，《语言哲学》，北京：北京大学出版社2003年版，第240页。

⑤ 确切地说，是从 *How to Do Things with Words* 第91页开始。详细内容请参阅杨玉成：《奥斯汀：语言现象学与哲学》，北京：商务印书馆2002年版，第81页。

斯汀开始结合言说情境的条件,从整体上考察完整的言语行为,进而形成了著名的言语行为三分法理论。在言说情境整体论原则的基础之上,奥斯汀将"总的言说情景中的整个言语行为"①划分为相互联系的三种行为:以言表意行为、以言行事行为和以言取效行为。

首先,以言表意行为。以言表意行为是指通过发声的言语意指某种事态或事实。这样,言语就存在与世界中的事实是否相符的问题,因此,它是有真假之分的。②奥斯汀进一步指出,要完成以言表意这一行为,首先需要使用语言,而语言通过发声和说出就变成了言语,言语按照语法规则呈现出来,还要具有一定的思想或是所指。因此,以言表意行为可以进一步抽象出另外三种行为③:发音行为(phonetic act)、发语行为(phatic act)和表意行为(rhetic act)。发音行为就是指发出某种声音,发音行为由音素(phone)组成。发语行为是指说出符合某种语言习惯的音节词语或句子,发语行为由语素(pheme)组成(语素是指从发语行为中得到的句子)。奥斯汀曾用猴子的叫声说明发音行为和发语行为的区别,即猴子可以做发音行为而不能做发语行为。④表意行为指把发出来的音节或词语构成有意义的话语,表意行为由言辞(rheme)组成。⑤不是任何人任意说出一句话都有意义,都可以完成以言表意行为。例如,梦中人说出的梦话就没有意义,因此不是以言表意行为。

---

① Austin, *How to Do Things with Words*, Oxford: Oxford University Press, 1962, p.147.

② 杨玉成:《奥斯汀:语言现象学与哲学》,北京:商务印书馆2002年版,第82页。

③ Austin, *How to Do Things with Words*, Oxford: Oxford University Press, 1962, p.95.

④ Austin, *How to Do Things with Words*, Oxford: Oxford University Press, 1962, p.96.

⑤ Austin, *How to Do Things with Words*, Oxford: Oxford University Press, 1962, p.97.

其次，以言行事行为。以言行事行为是指通过言语实施某种行为，即通过说出 X，而实现了行为 Y（In saying X, I was doing Y）。例如我说"向他开枪"，完成的是一个命令的行为。此外，语气和语调也可以成为划分以言行事行为的标准，奥斯汀称之为以言行事力量（Illocationary force）。①奥斯汀依据完成行为式动词将以言行事行为划分为五类②：（1）判定式（Verdictives）。完成行为式动词是估算（estimate）、测算（reckoning）、估价（appraise）等；（2）执行式（Exercitives）。完成行为式动词是否决（voting）、命令（ordering）、警告（warning）等；（3）承诺式（Commissives）。完成行为式动词是宣誓（vow）、发誓（swear）、担保（guarantee）等；（4）行为式（Behabitives）。完成行为式动词是祝贺（congratulating）和道歉（apologizing）；（5）阐释式（Expositives）。完成行为式动词是我答应（I reply）、我认为（I argue）、我假设（I postulate）等。

最后，以言取效行为。以言取效行为是指言说者在说了些什么后通常还能对听者、言说者或者其他人产生相应的确定后果（certain consequential effects）。③ 确切地说，这种确定后果就是指说话行为或完成行为式行为在听者的感情、思想或是行动上所产生的某种影响或产生的某种效果。"言说某事往往（或者甚至通常总是如此）对听者、说话者或者其他人的感情、思想或者行为产生某种影响。"④ 以言取效行为的公式"By saying X,

---

① Austin, *How to Do Things with Words*, Oxford: Oxford University Press, 1962, p.100.
② Austin, *How to Do Things with Words*, Oxford: Oxford University Press, 1962, pp.150–151.
③ Austin, *How to Do Things with Words*, Oxford: Oxford University Press, 1962, p.101.
④ Austin, *How to Do Things with Words*, Oxford: Oxford University Press, 1962, p.101.

I did Y"①。例如"明天我来看你",这个作出许诺的行为能够使听者产生高兴、紧张或等待的情绪。以言取效行为应满足三个条件:(1)在说话者说出某些话语之前,他(她)就已经具有了达到某种效果的意图或目的;(2)听者对他/她所听到的话语产生一定的反应;(3)听者的反应建立在对所听到话语的理解的基础之上。

哈贝马斯对奥斯汀言语行为理论的继承体现在两个方面:一是言语行为三分法。哈贝马斯认为,在区分以成功为取向的策略行为和以达至理解为取向的交往行为时,面临两个难题②:(1)交往行为常常被当作策略行为的手段来实现某种目的,两者易混淆;(2)并非一切以语言为中介的互动行为都对以交往为取向的行为具有范式意义。依据哈贝马斯的观点,要解决这两个难题必须证明如下观点:"以沟通为取向的语言应用是一种原始形态,它和间接沟通(让人理解或迫使理解)处于寄生状态。"③ 对这一点的说明,哈贝马斯借助了奥斯汀的语言行为三分法理论。"在我看来,奥斯汀对以言行事和以言取效的区分就是做到了这一点。"④ 哈贝马斯虽然接受了奥斯汀言语行为的三分法模式,但他反对奥斯汀将以言表意行为和以言行事行为对立起来的二元论思路,"这种二元论不可能长久地维持下去"⑤。二是言语行为类型理论。奥斯汀将言语行为划分为判定式、执行式、承诺式、行为式、阐释式等五种类型。受此启发,哈贝马斯在批判奥

---

① Austin, *How to Do Things with Words*, Oxford: Oxford University Press, 1962, p.121.
② 〔德〕哈贝马斯:《交往行为理论(第一卷):行为合理性与社会合理化》,曹卫东译,南京:译林出版社2001年版,第275页。
③ 〔德〕哈贝马斯:《交往行为理论(第一卷):行为合理性与社会合理化》,曹卫东译,南京:译林出版社2001年版,第275页。
④ 〔德〕哈贝马斯:《交往行为理论(第一卷):行为合理性与社会合理化》,曹卫东译,南京:译林出版社2001年版,第275页。
⑤ 〔德〕哈贝马斯:《后形而上学思想》,曹卫东、付德根译,南京:译林出版社2001年版,第104页。

斯汀的基础之上也发展了自己的言语行为类型理论。哈贝马斯认为，奥斯汀仅仅对承诺式言语行为作出了明确的界定，其余类型的言语行为都没有得到明确的定义。"也就是说，奥斯汀的分类没有做到不同的现象对应不同的范畴，而且，也没有做到一种现象仅仅对应一个范畴。"①

另一方面，塞尔言语行为一元论理论。作为奥斯汀的学生，塞尔（John Searle, 1932—）的言语行为理论是在补充、完善和发展奥斯汀理论的基础之上形成的。塞尔不仅继承了奥斯汀的思想，而且突破了既有的分析框架，进一步构建了言语行为的理论体系。

第一，作为最小交流单位的言语行为。奥斯汀认为言语行为是话语行为的意义单位，它是语言哲学的主要研究对象，甚至是唯一的研究对象。塞尔同意老师的这个观点，即认为符号、词或句子不是语言交流的最小单位，完成了的某种言语行为才能承担这个重任。"确切地说，在一定条件下产生的语句就是以言行事行为，而语言交流的最小单位就是这种以言行事行为。"② 同时，塞尔还特别强调了任何正常的语句都潜在地带有某种以言行事力量，它不可能完全中立于以言行事力量。"句子意义的研究和言语行为的研究不是两种独立的研究，而是从两种不同的视角所做的同一个研究。"③ 由此，奥斯汀对以言表意行为和以言行事行为的区分就难以成立了。以此为切入点，塞尔提出了自己的一元论思路，即一个言语行为从句法结构角度可以区分为命题显示项（the propositional indicator）和以言行事力量显示项（illocutionary force indicator）两部分。④ 完成行为式行为或说

---

① 〔德〕哈贝马斯：《交往行为理论（第一卷）：行为合理性与社会合理化》，曹卫东译，南京：译林出版社 2001 年版，第 304 页。

② Steven Davis, *Pragmatics: A Reader*, Oxford: Oxford University Press, 1991, p.254.

③ Searle, *Speech acts: An essay in the philosophy of language*, Cambridge: Cambridge University Press, 1969, p.18.

④ Searle, *Speech Acts: An Essay in the Philosophy of Language*, Cambridge: Cambridge University Press, 1969, p.30.

话用意就是句子意义的功能，二者的关系是同一个事物的两个方面，以言行事成分是以言表意成分的功能，以言表意成分和以言行事成分是同一个言语行为的两个不同侧面，不是相互对立的两个言语行为。

第二，言语行为的意向性。依据塞尔的观点，言语行为的一个重要特征是它具有意向性。塞尔认为，在言语行为中，不仅运用了符合语法规则的语言符号，还表达了说话者的主观意向，语言符号是表达意向的手段，实现说话者的意向是目的。因此，以言行事行为所发出的声音或符号必须具有一定的意义，无任何意义的声音或符号是不能归结为以言行事行为。换言之，以言行事行为也就是这个语句的意义功能得到实现。

第三，可表述性原则（the principle of expressibility）。可表述性原则是塞尔为言语行为理论确立的重要方法论。他认为，也许我们不能较好地掌握语言或我们的语言不足以确切地说出我们所想表述之物，但原则上，它们得以确切地被表述是可能的。"我们可以这样来表述这个原则，即对于任何意义 X 和任何说话者 S，如果 S 意指（意图传达，希望用话语来交流，等等）X，那么，存在某个表述 E，以至于 E 是对 X 的确切的表述或构形，这是可能的。符号化为：(S)(X)(S 意指 X→P($E)(E 是 X 的确切的表述)。"①

第四，言语行为的类型。与奥斯汀不同，塞尔划分言语行为类型的依据不再是具体语言中的完成行为式动词，而是以言行事的意图乃至目的。言语者用不同的言语行为来追求这些意图或目的，但并不顾及它们在不同语言中的实际形态。据此，塞尔将言语行为分为五大类②：记述式言语行为（Assertives）、指令式言语行为（Directives）、承诺式言语行为（Commissives）、表现式言语行为（Expressives）、宣告式言语行为（Declara-

---

① Searle, *Speech Acts: An Essay in the Philosophy of Language*, Cambridge: Cambridge University Press, 1969, p.20.

② Searle, *Expression and Meaning: Studies in the Theory of Speech Acts*, Cambridge: Cambridge University Press, 1979, pp.12-16.

tions)。

哈贝马斯从以下几个方面承接了塞尔的思想：首先，他赞同塞尔将言语行为作为交往行为的最小单位的观点；其次，由于哈贝马斯反对奥斯汀将以言表意行为和以言行事行为对立起来的二元论思路，所以他转而接受了塞尔将以言表意行为和以言行事行为视为同一个言语行为的两个不同侧面的一元论思路。

再次，哈贝马斯运用塞尔的可表述性原则构造了言语行为的标准形式。从哈贝马斯所列的标题就可以看出他对这个原则的运用。"言语行为的标准形式——塞尔的可表述性原则。"① 哈贝马斯所说的言语行为的标准形式可以用一个公式来表示"I+（hereby）+verb+you+that+p"②。哈贝马斯也对其进行了说明。"如果一个明晰的言语行为是由以言行事成分和命题成分构成的，那么它在自身的表层结构上就满足标准形式的要求。以言行事成分存在于由完成行为式语句实现的以言行事行为之中，完成行为式语句由一般现在时的肯定语词构成，并且语句的逻辑主语为第一人称，逻辑对象为第二人称。一般情况下，由完成行为式表达式构成的谓词允许使用虚词"特此"（hereby）。完成行为式成分需要通过命题成分的补允才能完整，这个命题成分由带有命题内容的语句构造而成。"③

最后，哈贝马斯修正了塞尔的言语行为类型学理论，进而提出自己对言语行为的分类。"塞尔朝向建立言语行为类型学理论迈出了关键的一步，因为他从本体论的角度揭示了言语者所追寻或持有的以言行事意图以及陈述的立场，而不管言语者完成的是记述式言语行为、承诺式言语行为、指

---

① Habermas, *Communication and the Evolution of Society*, Thomas McCarthy (trans.), Cambridge: Polity Press, 1984, p.34.

② 这个英文表达式【I+（hereby）+verb+you+that+p】是笔者根据哈贝马斯的言语行为的标准形式的相关阐述抽象出来的，哈贝马斯本人并没有直接使用这个英文表达式，只是通过文字予以叙述。

③ Searle, *Speech Acts: An Essay in the Philosophy of Language*, Cambridge: Cambridge University Press, 1969, p.36.

令式言语行为、宣告式言语行为或表现式言语行为。"① 虽然哈贝马斯充分肯定了塞尔对言语行为类型学理论所做出的独特贡献，但他依然对其持批判态度，"塞尔努力解决却未能成功的问题在于对基本模式本身的划分"②。哈贝马斯在综合批判奥斯汀和塞尔的言语行为类型理论的基础上③，以有效性要求作为划分依据，提出了自己的言语行为类型学理论。哈贝马斯将言语行为划分为四种类型④：命令式言语行为、记述式言语行为、调节式言语行为、表现式言语行为、操作式言语行为。

六、转换生成语法学派、发生认识论学派与社会语言学派

转换生成语法学派。该学派的创始人乔姆斯基（Noam Chomsky, 1928—）经过观察发现，在一定的环境下，所有没有生理缺陷的儿童都能轻松习得自己的母语。他们不仅可以听懂从来没有听到的句子，而且可以说出从来没听到过或说到过的新句子，并且这些句子都是无限量的。由此，乔姆斯基认为，尽管在世界各国各地区各民族之间的语言存在差异，但他们之间仍存在着相同的原则，即存在着相同的普遍语法。因此，乔姆斯基提出了著名的普遍语法理论。

首先，区分语言能力（competence）和语言运用（performance）。与索绪尔区分"语言"和"言语"相类似，乔姆斯基区分了"语言能力"和"语言运用"的概念。我们知道，索绪尔的语言是指言语中属于社会的共同部分，是作为符号和规则系统的语言。而乔姆斯基认为，语言能力是指

---

① 〔德〕哈贝马斯：《交往行为理论（第一卷）：行为合理性与社会合理化》，曹卫东译，南京：译林出版社 2001 年版，第 307 页。

② 〔德〕哈贝马斯：《后形而上学思想》，曹卫东、付德根译，南京：译林出版社 2001 年版，第 106 页。

③ 〔德〕哈贝马斯：《交往行为理论（第一卷）：行为合理性与社会合理化》，曹卫东译，南京：译林出版社 2001 年版，第 304—309 页。

④ 〔德〕哈贝马斯：《交往行为理论（第一卷）：行为合理性与社会合理化》，曹卫东译，南京：译林出版社 2001 年版，第 309—310 页。

理想化的说话人或听话人具有的关于自己的语言的知识,而语言运用是指在具体的环境中对语言的实际使用。"必须把说某种语言的人对这种语言的内在知识(不妨称为语言能力〈competence〉)和他具体使用语言的行为(不妨称为语言运用〈performance〉)区别开来。"① 其次,普遍语法。乔姆斯基认为,"说话人对自己的语言中的随便的哪个句子都能理解,而且在一定的场合总能说出合适的句子来"② 的原因就在于人类具有天赋的普遍语法结构。所谓普遍语法是指构成语言学习者"初始状态"的一组特征、条件和其他东西,它是语言知识得以发展的坚实基础。儿童出生以后,接触到具体的语言材料,对其规则进行内化,形成个别语法,这种个别语法就是语言学习者下意识的语言知识,即乔姆斯基的"语言能力"。换言之,人类通过语言习得机制(即转换生成语法中的 LAD)创造性地构造出日常交往所需要的语句,这种语言的创造性就是人类能够合乎语法规则构造语句的语言能力,即某种天赋的"语言能力"。乔姆斯基的普遍语法具有理想化的特征。"语言学理论首先关注的是纯净齐一的言语共同体之中的一个理想的说话者——听话者。他精通这种语言,而且不受与语法无关的种种条件的影响,例如记忆限度、注意分散、兴趣转换和在实际运用语言中应用语言知识时所犯的错误(偶然性的和必然性的)。"③ 简而言之,理想中的人和理想中的语法是乔姆斯基的研究对象。同时,乔姆斯基认为,语言是一种自然能力,它的发生和发展是我们身上自然发生的事情。换言之,乔姆斯基将语言能力视为人类本质的一个方面,是先天赋予的内在化了的知识,因此不受环境影响。

---

① 〔美〕乔姆斯基:《生成语法的基本假设和目标》,见〔美〕乔姆斯基:《乔姆斯基语言哲学文选》,徐烈炯译,北京:商务印书馆1992年版,第1—12页。

② Chomsky, *Aspects of the Theory of Syntax*, Massachusetts, Cambridge: The MIT Press, 1965, p.1.

③ Chomsky, *Aspects of the Theory of Syntax*, Massachusetts, Cambridge: The MIT Press, 1965, p.1.

最后，转换生成语法。乔姆斯基认为语法由三个部分组成：句法部分、语义部分和语音部分。"一个生成语法必须是一种能够重复生成无限多结构的一个规则系统，这个规则系统可以分析为生成语法的三个组成部分：句法部分、语义部分和语音部分。"① 语法由基础和转换两个部分组成，基础部分生成深层结构，深层结构经由转换得到表层结构。语义部分属于深层结构，语音部分属于表层结构。通俗地讲，深层结构和表层结构理论就是人们心理上的认知（深层结构），演化成具体的语言形式（表层结构），要经过一个投射、衍生的变化过程（转换）。把心里的意思转换成语言（从"深层"到"表层"），可以有不同的形式（平行、并列、对应关系）。比如说，"我在纸上写字"和"我把字写在纸上"这两个句子，深层结构是一样的，但表层结构却不一样。这样，从同一个深层结构投射、衍生、变化而来的表层句子就都是同义形式。同义形式在表层结构里具有平行、并列、对应关系，可以有条件地互相代替。举例说明：玻璃打碎这一事件，我们可以用两种句式来说明：一是被动句式，"玻璃被打碎了"；二是主动句式，"打碎玻璃了"。两种说法，句式虽不同，但所表达的认识内容是同一回事。根据乔姆斯基的看法，我们知道玻璃碎了这个事实，这是语言的深层结构，而表述这个事实的两种句式，则是表层结构。总之，揭示人类天赋的语言能力一直被乔姆斯基视为语言学的首要任务，描述这种语言能力的语法就是所谓的生成语法，生成语法不以描述具体语言为目的，而是以它为研究的出发点，探索出语言的普遍规律，最终搞清楚人类的认识系统、思维规律和本质属性。

哈贝马斯基本接受了乔姆斯基语言能力的先验天赋论观点。"语言学是从每一成年言说者都拥有某种内在的重建性知识（在其中，他的构造语句的语言学的规则能力得到表征）的假设开始的；言语行为理论则以相应

---

① Chomsky, *Aspects of the Theory of Syntax*, Massachusetts, Cambridge: The MIT Press, 1965, pp.15-16.

的交往能力（即在言语行为中使用语句的能力）为假想前提。"① 但是，与社会语言学派代表人物戴尔·海姆斯（Dell Hymes，1927—2009）的修正观点相近，哈贝马斯也认为，乔姆斯基的语言能力理论在日常现实语境下的交往过程中难以起到应有的作用。"乔姆斯基类型的语法理论最多只能重建语言能力中规制元语言学使用的那些特殊部分，而不能重建直接构成言说和理解语言之基础的能力本身。"②"形式语义学无法在乔姆斯基所提出的狭隘的独白式的语言能力的基础上获得充足的发展。"③ 换言之，交往参与者仅仅具有乔姆斯基式的语言能力是远远不够的，他们还需要具有一种哈贝马斯从海姆斯的理论中承接的但又有别于海姆斯的"交往能力"。

发生认识论学派。关于认识的起源，该学派的首创者皮亚杰（Jean Piaget，1896—1980）既不同意先验论的观点也不赞成经验论的主张。他认为，先验主义认识论过分夸大了认识主体的作用，认为人的知识是先天的或与生俱来的，而经验主义认识论则过分夸大了感觉经验的作用，二者都没能正确地回答认识的真正来源，原因在于，它们都忘记了"活动"在认识起源和发展中的作用。

首先，以活动为中介的主客互动。皮亚杰所谓的活动是指主客体之间的相互作用。认识既不源自主体，也不源自客体，而是源自活动，活动促成了主客体的分化和认识的建构。"认识既不能看作在主体内部结构中被预先决定了的——它们起因于有效的和不断的建构；也不能看作在客体的预先存在着的特性中预先决定了的，因为客体只是通过这些内部结构的中

---

① Habermas, *Communication and the Evolution of Society*, Thomas McCarthy (trans.), Cambridge: Polity Press, 1984, p.26.

② Habermas, *Communication and the Evolution of Society*, Thomas McCarthy (trans.), Cambridge: Polity Press, 1984, p.17.

③ Habermas, "Towards a Theory of Communicative Competence", in *Inquiry*, 1970, 13(1): pp.360-375, here p.366.

介作用才被认识的。"① 皮亚杰还曾经强调过,"认识既不是起因于一个有自我意识的主体,也不是起因于业已形成的(从主体的角度来看)、会把自己烙印在主体之上的客体;认识起因于主客体之间的相互作用,这种作用发生在主体和客体之间的中途,因而同时既包含着主体又包含着客体,但这是由于主客体之间的完全没有分化,而不是由于不同种类事物之间的相互作用"②。主客体之间的关系不是一种建立在活体组织反应的物理学和化学基础上的生理关系,即行为主义心理学派代言人华生(John B. Watson,1878—1958)所提出的刺激→反应(stimulus-response,简称S→R)的单向关系③,而是一种"S⇌R"或"S(A)R"④的主客体双向的"交往互动"关系。这种交互作用是依赖活动本身这一中介来实现的。简言之,人类的认识应该源自作为主体的人与客观事态世界和作为客体的人自身的相互作用,这是一个逐渐习得的过程,而不是人类先天具有的某种内部结构或语言能力的结果。

其次,认识发展结构。皮亚杰认为,任何认识过程都包含一定的认识发展结构,即图式(schemes)、同化(assimilation)、顺应(accommodation)和平衡(equilibrium)。(1)图式。图式是动作的结构或组织,是认知结构组织的最基本单元。这种结构的特点是它可以从一种情境迁移到另一种情境之中去。换言之,图式就是在同一活动中各种重复和运用中保持共性的那种结构。皮亚杰认为,个体之所以能对刺激做出这样或那样的反应,是因为个体具有能同化这种刺激的某种图式。图式最初来自先天的遗传,一经与环境相互作用,就在适应环境的过程中不断发展变化,并逐渐丰富起

---

① 〔瑞士〕皮亚杰:《发生认识论原理》,王宪钿译,北京:商务印书馆1981年版,第16页。

② 〔瑞士〕皮亚杰:《发生认识论原理》,王宪钿译,北京:商务印书馆1981年版,第21页。

③ 张厚粲:《行为主义心理学》,杭州:浙江教育出版社2003年版,第46页。

④ 〔瑞士〕皮亚杰:《发生认识论原理》,王宪钿译,北京:商务印书馆1981年版,第6页。

来。(2) 同化。所谓同化，就是"刺激输入的过滤或改变"①，即主体将外界刺激有效地整合于已有的图式之中。也就是说，同化是个体以其已有的图式或认知结构为基础去吸收新经验的过程。皮亚杰用下列公式来表示同化的一般过程：$T+I \rightarrow AT+E$。公式中的 T 表示一种结构，I 是一种被整合的物质或能量，E 是被排除的物质和能量，AT 是 I 同化于 T 的结果，也就是对刺激物的反应，A 是大于 1 的系数。同化的结果使认知结构加强。个体的同化过程是受他已有的图式的影响，个体所拥有的图式越多越复杂，他所能同化的事物范围也就越广泛。随着认识的发展，同化有三种形式：再生性同化、再认性同化和概括性同化。(3) 顺应。它指的是同化性的结构或图式受到它所同化的元素的影响而发生改变的过程，即改变原有的图式或建立一个新图式以容纳一个新鲜刺激的过程。用皮亚杰的话说，"内部图式的改变，以适应现实，叫作顺应"②。它包括两个方面：一是把原有的图式加以改造，使其可以接纳新的事物；二是创造一个新的图式，以接受新的事物于图式之中。顺应过程使图式产生质的变化，导致人的认识结构的成长和发展。(4) 平衡。平衡指由同化和顺应过程均衡所导致的主体结构同客体结构之间的某种相对稳定的适应状态。在皮亚杰看来，同化与顺应这两大主体适应环境的功能，对于认知的发展都是必需的。如果只有同化，就会把许多事物都看成类似的东西，不能发现事物间的差异，这样最终只会得出为数极少的、很粗略的图式。相反，如果只有顺应，就会把许多事物看成不同的东西，不能发现事物的类似之处，这样最终只会导致个体仅有大量很细小、很少概括性的图式。两者都将给适应带来困难。只有当同化与顺应的交替发生处于一种均势时，才能保证主体与客体的相互作用达到某种相对稳定的状态，也就是达到某种暂时的平衡。

---

① 〔瑞士〕皮亚杰、〔瑞士〕B.英海尔德：《儿童心理学》，王福年译，北京：商务印书馆1981年版，第7页。

② 〔瑞士〕皮亚杰、〔瑞士〕B.英海尔德：《儿童心理学》，王福年译，北京：商务印书馆1981年版，第7页。

最后，儿童心理发展的四个阶段：感知运动阶段（出生—1岁半、2岁）、前运算阶段（2—7岁）、具体运算阶段（7—11、12岁）、形式运算阶段（12岁以上）。

哈贝马斯采纳了皮亚杰发生认识论关于认识源自后天学习的主张。"该语言能力呈现着学习过程的结果，这种结果在皮亚杰结构主义的意义上被译解。"①

社会语言学派。被威多森（H.G.Widdowso）称为"交往能力理论之父"的社会语言学派主要代表人物戴尔·海姆斯（Dell Hymes，1927—2009），对乔姆斯基的观点持批判态度。海姆斯认为，乔姆斯基的语言能力概念把一个理想化的人作为研究的对象，假定这个人具有完美的内在的语言知识，在运用语言知识时，这个理想的个人不会受到诸如记忆力、注意力、兴趣和动机等社会文化或心理因素的限制，而且不会犯语法错误。但在现实的人类社会中，这样超凡脱俗的个体是不存在的，他只存在于乔姆斯基心中所设想的完美世界，不具有现实性。这样一种仅仅关注语法规则知识而忽视语境的适宜性的语言能力，其实只是一种语法能力（grammatical competence）②。

依据海姆斯的观点，乔姆斯基的语法能力是十分必要的，但仅仅具备知道如何构造语句与理解言语的语法能力是远远不够的，他还要知道如何与人打交道，懂得什么时候该说话，什么时候不该说话，说的时候对谁说、说什么、怎么说。"我们必须解释清楚这样一个事实：一个正常的儿童，所获得的语句知识，不仅包含了语法，而且包括了适应性（appropriate），即他或她获得了这样的能力：懂得什么时候能说话，什么时候不能

---

① Habermas, *Communication and the Evolution of Society*, Thomas McCarthy (trans.), Cambridge: Polity Press, 1984, p.32.

② Hymes, "On communicative Competence", in Alessandro Duranti, *Linguistic Anthropology: A Reader*, Oxford: Blackwell Publishers Ltd, 2001: pp.53-73, here p.55.

说话，能说什么话，在什么时间，什么地点，采用什么方式说话。"① 鉴于乔姆斯基语言能力的不完善性，20世纪60年代，海姆斯首先提出"交往能力（communicative competence）"理论。②

海姆斯对乔姆斯基的"语言运用（performance）"概念进行了分析，区分了两种不同的语言运用概念。一方面，与以规则指导为核心的语言能力（competence）不同，语言运用是指规则约束较少的"现实的言语资料（actual data of speech）"；另一方面，不同于语言能力的规则，语言运用是指在语言使用者进行交往的内在性的规则指导下的语言行为（linguistic behaviour）。海姆斯关心的是后者。他认为这种额外的交往规则是必须存在的，原因在于一个人的语言行为仅仅受到"说出和理解一种语言的所有合乎语法的语句的技能"的指导是不可理喻的，这种语言技能在日常语言使用中并不能说出不符合语法但十分适宜（符合语境）的话语。③ 因此，与乔姆斯基的狭义概念相比，交往能力由语法能力和适当使用语言的社会文化的规则知识组成。不同于乔姆斯基的语言能力，交往能力不仅包括了这种内在的语法知识，而且包括了使用这种内在知识的能力。④

---

① Hymes, "On Communicative Competence", in Alessandro Duranti, *Linguistic Anthropology: A Reader*, Oxford: Blackwell Publishers Ltd, 2001: pp.53-73, here p.60.

② Hymes, "Toward Linguistic Competence", in AILA Review（Association internationale de linguistique appliqué）, 1985, (2): 9-23. 在这篇文章中，海姆斯从历史角度追溯了自己提出"交往能力"理论的历程、原因及发表的相关文章，讲述得比较具体系统。海姆斯自己总结的发展过程比任何研究的总结概括都具有权威性，研究海姆斯一定不可以遗漏这篇文章。但是，国内关于海姆斯的研究依然是吃别人嚼过的馍，没有看到国内哪篇文章提到海姆斯的这篇文章。

③ Keith Johnson, Hilen Johnson, *Encyclopedic dictionary of applied linguistics*, Oxford: Blackwell Publishing Ltd, 1998, p.63.

④ Anne Barron, *Acquisition in Interlanguage Pragmatics*, Amsterdam: John Benjamins, 2003, p.8.

具体来说，海姆斯的交往能力理论由四部分构成①：（1）可能性（Possibility）：指某一言说在形式上是否可能以及在多大程度上可能，即某一言说在语法构成上是否合乎相应的语法规则或规范，以及在多大程度上合乎语法规则或规范。也可以称之为语法性（Grammaticality），如语音、词法、句法、词汇、语义、语用等知识。（2）可行性（Feasibility）：指某一言说在心理语言要素基础上是否可行以及在多大程度上可行，心理语言要素主要是指由人脑和身体所产生的且由物理环境所限定的个人记忆、认知、情感和行为等。（3）适合性（Appropriateness）：指某一言说在一定语境中是否适合以及在多大程度上适合，一定语境指交往中言说行为得以进行的背景、目的、常规、参加者等因素。（4）出现性（Occurence）：指某一言说或交往是否可能出现以及在多大程度上可能出现。出现性关涉交往能力的作用，在经验观察基础上判断交往行为是否可能出现是交往能力的必备功能之一。

哈贝马斯批判继承了海姆斯的"交往能力"理论。"戴尔·海姆斯用交往能力这个表达来替代对于语言符码的掌握。"② "我同意保留交往能力这个术语来表征这种语言规则系统的重建资质。"③ 哈贝马斯认同海姆斯交往能力理论的积极意义，但他并不认可海姆斯的经验主义倾向。海姆斯以经验为基础建构交往能力，而哈贝马斯则是以生成理想言说情境的规则系统为基础。"我对交往能力这个专名的运用类似于乔姆斯基对语言能力这个词的使用。交往能力应该与生成理想言语情境的规则系统相联系，而不是与将语言和普遍语用学与现实的角色系统联系起来的语言代码相关联。

---

① Hymes, "On Communicative Competence", in Alessandro Duranti, *Linguistic Anthropology: A reader*, Oxford: Blackwell Publishers Ltd, 2001: pp.53-73, pp.63-67.

② Habermas, *On the Pragmatics of Social Interaction*, Barbara Fultner(trans.), Cambridge: Polity Press, 2001, p.177. Notes 8.

③ Habermas, *On the Pragmatics of Social Interaction*, Barbara Fultner(trans.), Cambridge: Polity Press, 2001, p.74. Notes 8.

海姆斯等若干人就是在社会语言学的限定意义上使用交往能力这个专名，我并不想跟随这个传统。"① 哈贝马斯自己对交往能力的定义是："为了随心所欲地参加一个正常的对话，除了语言能力以外，言语者还必须具有能够进行说话和符号互动（角色—行为）的基本资质，我们将这种资质称之为交往能力。"②

第二节 形式语用学的核心要义

一、作为背景知识的生活世界（lifeworld）

在哈贝马斯看来，生活世界是有能力的言语者被抛入其中的意义语境，是人们在交往行为中达成相互理解所必需的共同的非主题化的背景知识。"这种主体间共享的生活世界构成了交往行为的背景。"③ 没有生活世界，也就没有交往行为，更没有达成理解的可能。"生活世界"的概念是现象学开创者胡塞尔在晚年首先提出来的，用以反对科学主义与实证主义用理论化、客观化和数学化的思维方式对普通人的自然化、世俗化、前理论化的思维方式的扼杀，意在批判技术理性主义对人的世俗生活的侵蚀与宰制和逻辑实证主义对人生价值与意义问题的漠视。这也就是胡塞尔所谓的欧洲科学的危机，"只见事实的科学造成了只见事实的人"④。因此，他

---

① Habermas, "Towards a Theory of Communicative Competence", in *Inquiry*, 1970, 13(1): pp.360-375, p.374. Notes 13.

② Habermas. "Towards a Theory of Communicative Competence", in *Inquiry*, 1970, 13(1): p.367.

③ 〔德〕哈贝马斯：《交往行为理论（第一卷）：行为合理性与社会合理化》，曹卫东译，南京：译林出版社2001年版，第81页。

④ 〔德〕胡塞尔：《欧洲科学危机与超越现象学》，张庆熊译，上海：上海译文出版社1988年版，第5页。

主张从科学的世界和逻辑的世界向前科学的与前理论的"生活世界"回归。此外，哈贝马斯还吸收了舒茨的现象学社会学的生活世界理论、涂尔干的集体意识理论、米德的自我理论和波普尔的三个世界理论的营养，从而形成了作为背景知识的生活世界理论。

哈贝马斯的生活世界是文化、社会和个性结构的统一体。文化是交往行为主体进行理解的知识储备。"在我看来，文化是储存起来的知识，交往参与者通过相互就某事达成理解，而用这些知识来支持自己的理解。"[1] 社会是由制度或法律等规范手段所引导的某种秩序性。"社会表现为制度秩序、法律规范及错综复杂而又井然有序的实践和应用。"[2] 个性结构是使交往主体获得言语和行动功能的某种能力和资格。凭借这种能力和资格，交往主体获得了参与相互理解过程的功能。"一切促使主体能够言说并且行动的动机和能力，我都把它们归入个性结构。"[3] 文化、社会、个性结构不应当被理解为帕森斯式的用以调节行为的各种系统，而应当被看作不同表现形式的交往行为得以成功进行的意义语境，作为背景知识的生活世界，为交往行为者达成理解提供必要的知识储备库。这种知识是一种非主题化知识，这个意义世界也只能穿透不能超越。生活世界的三个特征是绝对的明确性、总体化力量和背景知识的整体论。[4] 总之，哈贝马斯的生活世界具有自明确然性、非对象性、奠基性、主体间性、主观性和相对性。[5]

---

[1] 〔德〕哈贝马斯：《后形而上学思想》，曹卫东、付德根译，南京：译林出版社2001年版，第82页。
[2] 〔德〕哈贝马斯：《后形而上学思想》，曹卫东、付德根译，南京：译林出版社2001年版，第84页。
[3] 〔德〕哈贝马斯：《后形而上学思想》，曹卫东、付德根译，南京：译林出版社2001年版，第83页。
[4] 〔德〕哈贝马斯：《后形而上学思想》，曹卫东、付德根译，南京：译林出版社2001年版，第79页。
[5] 傅永军、张志平：《"生活世界"学说：哈贝马斯的批判与改造》，载《山东大学学报（哲学社会科学版）》，1997年第4期，第8—13页。

需要注意的是，哈贝马斯明确告诫我们要区别"生活世界"概念和"世界"概念。他认为，交往行为有一个三重的世界关联网络，即客观世界、社会世界和主观世界，交往行为反思地与上述三个世界相关联，因此，"世界"是一个形式概念。客观世界指实际存在的事态世界①，也就是人之外的物理世界，通过真实性命题予以呈现。社会世界指受规范调整的人与人之间的互动关系世界。"社会世界是由规范语境构成的，而规范语境则明确了哪些互动属于合理人际关系总体中的一个方面。有效规范所适用的行为者（有效规范也被他们接受了），同样也属于这个社会世界。"② 社会世界通过断然性命题予以表达。主观世界是有能力的言语者的意图、愿望、感情等内心经验世界，通过经验性命题予以表现。"我把这种主观世界定义为主体经验的总体性。"③ 因此，世界是交往行为主体从事活动时的外在环境因素的总和，可以主题化，具有经验论色彩。而生活世界是相互理解何以可能的必要要件，是"言说者和听者相遇的先验场所"④，具有先验论倾向。

二、具有三重功能的言语行为（speech act）

由于哈贝马斯主要从言语行为的三重功能角度说明言语行为作为一种行为协调机制的约束能力，因此，我们将哈贝马斯的言语行为理论概括为言语行为三重功能模式论，以便与奥斯汀和塞尔的言语行为理论相区别。哈贝马斯的三重功能模式论的形成得益于卡尔·毕勒的语言功能图式理论

---

① 〔德〕哈贝马斯：《交往行为理论（第一卷）：行为合理性与社会合理化》，曹卫东译，南京：译林出版社2001年版，第85页。

② 〔德〕哈贝马斯：《交往行为理论（第一卷）：行为合理性与社会合理化》，曹卫东译，南京：译林出版社2001年版，第87页。

③ 〔德〕哈贝马斯：《交往行为理论（第一卷）：行为合理性与社会合理化》，曹卫东译，南京：译林出版社2001年版，第91页。

④ Habermas, *The Theory of Communicative Action* (Vol. II), Thomas McCarthy (trans.), Boston: Beacon Press, 1987, p.126.

和奥斯汀和塞尔所开创的言语行为理论。

言语行为作为语言交往的最小单位,首先是一个有能力的言说者所言说出来的语言表达式。主体间达成共识的首要条件之一就是关于这个语言表达式取得一致的理解,即对于这个语言表达式的意义的理解是一致的。哈贝马斯认为,意向主义语义学、形式语义学和意义使用理论都具有各自的局限性。他试图把三者结合起来。德国语言心理学家卡尔·毕勒(Karl Buhler)的语言功能图式理论给了哈贝马斯灵感。毕勒在写于1934年的《语言理论》中,从语言心理学角度出发,依据对象与事态、发送者(言说者)、接受者(听者)三者之间的关系,提出了一个语言功能图式①,他称之为语言的工具论模式(the organon mode of language)②。

在这个语言功能图式中,圆圈中的S代表记号(sign),它连接的三个角分别是对象与事态、发送者(言说者)、接受者(听者)。毕勒认为,语言记号S同时具有三种功能:(1)描述对象与事态的符号(symbol)功能;(2)表达发送者的内在意向(或经验)的症状(symptom)功能;(3)引导接受者内外部行为的信号(signal)功能。哈贝马斯完全认同毕勒将语言视为一种媒介,并认为它能同时满足三种虽然不同但具有内在联系的功能的观点。③ 他将语言心理学领域的语言功能图式理论延伸到了交往行为理论之中,进而对言语行为(语言记号S)的三项功能做了更加宽泛的解释,从而形成自己的言语行为三重功能模式论。

哈贝马斯认为,用于交往的言语行为的三项功能为:(1)表达某个言说者的意图(或经验);(2)表现事态(或言说者在世界中所遇到的事

---

① Karl Buhler, *Theory of language: the representational function of language*, D.F. Goodwin(trans.), Amsterdam:John Benjamins Publishing Co, 1990, p.35.

② Karl Buhler, *Theory of language: the representational function of language*, D.F. Goodwin(trans.), Amsterdam:John Benjamins Publishing Co, 1990, p.34.

③ 〔德〕哈贝马斯:《后形而上学思想》,曹卫东、付德根译,南京:译林出版社2001年版,第91页。

物);(3)确定言说者与接受者之间的关系。① "交往所使用的表达服务于把言语者的意向(或经验)表达出来,把事态(或言语者在世界中遇到的事情)描述出来,并进入与接受者的关系中去。在这里反映出言语者自己有关某事与某人达成理解的三个方面的关系。"②

哈贝马斯的言语行为理论,从功能角度看,具有上述论及的三重功能;从结构角度来分析,还具有双重结构,即乔姆斯基意义上的表层结构(surface structures)与深层结构(deep structures)。③ 哈贝马斯既接受了奥

---

① 在《交往行为理论(第一卷):行为合理性与社会合理化》中,哈贝马斯也集中阐释了卡尔·毕勒(Karl Buhler)的语言功能图式理论。详细内容请参阅〔德〕哈贝马斯:《交往行为理论(第一卷):行为合理性与社会合理化》,曹卫东译,南京:译林出版社 2001 年版,第 263 页。但是,需要注意的是中译本的翻译问题。此处,译者并没有对 sign 和 symbol 进行区分。因此,他将 "Buhler starts from the semiotic model of a linguistic sign used by a speaker (sender) ……" 翻译为 "毕勒的出发点是关于语言符号的符号学模式"。什么是 "语言符号的符号学模式"?这种译法让人很难理解。此外,他把 linguistic sign 翻译为 "语言符号",又将 symbol 也翻译为 "符号",即 sign 和 symbol 同时被翻译成 "符号"。所以,我们很难理解第 263 页中关于毕勒的语言的工具论模式的阐述。其实,导致这个问题的症结之处就在于 sign 和 symbol 的区别。在现代语言哲学中,二者有明显的区别。sign 应翻译为 "记号",symbol 应翻译为 "符号"。记号(sign)是指能够通过感官感觉到的表达式,符号(symbol)是指记号的有意义的使用或用法。不同的符号可以有相同的记号,例如英文表达式 bear 既可以用作动词 "承担(to carry)",亦可以用作名词 "熊(bear)",这里的表达式 bear 就是一种记号(sign),而动词 "承担(to carry)" 和名词 "熊(bear)" 就是记号(sign)的符号(symbol),即有意义的使用或用法。顺便说一下,本页(第 263 页)中还有一处明显的硬伤:"He distinguishes three functions of the use of signs" 被翻译为 "使用分号的三种不同功能"。sign 竟然被翻译成了 "分号",不知道是翻译失误还是排版错误,若是前者,此种翻译实在值得商榷。

② 〔德〕哈贝马斯:《交往行为理论(第一卷):行为合理性与社会合理化》,曹卫东译,南京:译林出版社 2001 年版,第 263 页。

③ Chomsky, *Studies on Semantics in Generative Grammar*, The Hague: Mouton & Co.N.V., Publishers, 1972, p.91.

斯汀将言语行为划分为以言表意行为（locutionary Acts）、以言行事行为（illocutionary Acts）和以言取效行为（perlocutionary Acts）的三分法模式，同时又综合了塞尔将言语行为的命题显示项（the propositional indicator）和以言行事力量显示项（illocutionary force indicator）视为同一个事物的两个方面的一元论思路。

哈贝马斯从结构角度对言语行为进行了说明。一方面，表层结构指的是言语行为的标准形式（the standard form of the speech act）[1]，即言语行为的外在的语法表达形式。哈贝马斯认为，应该把"言语行为"这个交往的基本分析单位理解成一个复合型的双重结构，即包含以言行事成分和命题成分（以言表意成分），并以此为基础提出了言语行为的标准形式。笔者认为，可以用一个公式来表示哈贝马斯所说的言语行为的"标准形式"：I+（hereby）+verb+you+that+p（第一人称的言说者I，典型虚词hereby，括号表示可以省略，完成行为式动词verb，时态为一般现在时，第二人称的听者you，连词that，命题语句p）。其中，I+（hereby）+verb+you代表完成行为式语句（performative sentence），即以言行事成分；that+p代表命题语句（proposition sentence），即以言表意成分。"如果一个明晰的言语行为是由以言行事成分和命题成分构成的，那么它在自身的表层结构上就满足标准形式的要求。以言行事成分存在于由完成行为式语句实现的以言行事行为之中，完成行为式语句由一般现在时的肯定语词构成，并且语句的逻辑主语为第一人称，逻辑对象为第二人称。一般情况下，由完成行为式表达式构成的谓词允许使用虚词'特此'（hereby）。完成行为式成分需要通过命题成分的补充才能完整，这个命题成分由带有命题内容的语句构造而成。"[2]

---

[1] Habermas, *Communication and the Evolution of Society*, Thomas McCarthy (trans.), Cambridge: Polity Press, 1984, p.34.

[2] Habermas, *Communication and the Evolution of Society*, Thomas McCarthy (trans.), Cambridge: Polity Press, 1984, p.36.

另一方面，深层结构指的是言语行为的三个结构成分（three structural components of the speech act）①，即言语行为的内在的意义表达内容。哈贝马斯所说的三个结构成分是指②：命题成分（the proposition component）、以言行事成分（the illocutionary component）和表现成分（the expressive component）。哈贝马斯认为，从言语行为表层结构角度，即标准形式角度能够更好地说明三个结构成分。命题成分通过具有命题内容的从句（that+p）来表达，每一个 that+p 都可以转换为一个具有描述内容的断言语句，例如"球是红的"；以言行事成分由第一人称代词、完成行为式动词和作为对象的人称代词所组成的完成行为式语句（I+verb+you）来表达。表现成分暗含于（implicit in）标准形式之中，但它总是能够延伸为一个表现式语句，这个表现式语句由第一人称代词、意向性动词和作为对象或事态的逻辑对象组成。例如"我爱 T"，"我害怕 p"。此外，哈贝马斯以有效性要求为依据，将言语行为划分为记述式、调节式和表现式三种类型。记述式言语行为的划分依据是真实性要求，表现式言语行为的划分依据是真诚性要求，调节式言语行为的划分依据是正确性要求。

三、居于核心地位的有效性要求（validity claims）

在言语交往互动中，若听者完全认同并接受了言说者的言语行为，言说者和听者之间就实现了相互理解（Verständigung/understanding），达成了

---

① Habermas, *The Theory of Communicative Action*（Vol. Ⅱ）, Thomas McCarthy (trans.), Boston: Beacon Press, 1987, p.34.

② Habermas, *The Theory of Communicative Action*（Vol. Ⅱ）, Thomas McCarthy (trans.), Boston: Beacon Press, 1987, p.36.

共识（Einverstädnis/consensus）。① 但问题是，听者在什么条件下才会完全认同并接受言说者的言语行为，即言说者的话语在什么条件下才能成为有效的话语。用哈贝马斯的话说就是言语行为的可接受性条件（the conditions of acceptability）是什么。"一个言语行为可以'接受'，也就应当意味着，它满足了必要的条件，从而使得听众会对言语者所提出的要求采取'肯定'的立场。"② 这些必要的可接受性条件就是哈贝马斯所提出的有效性要求。

有效性要求是哈贝马斯交往行为理论中的一个十分关键的概念，但他

---

① Verständigung 和 Einverstädnis 是理解哈贝马斯语言哲学思想的一对基本概念。如果仅仅从一般翻译的角度来说，Verständigung，中文翻译为理解，英文翻译为 understanding；Einverstädnis，中文翻译为共识，英文翻译为 consensus/agreement。但是，如果深入哈贝马斯的交往行为理论之中，这样简单的理解是远远不够的，二者的关系问题还需要进一步深究。Verständigung 并不能简单地等同于"理解"或"understanding"，它应该是指一个从理解（comprehension）到共识（consensus）的动态过程。因此，英译本中一般都将它翻译为 reaching an understanding。Einverstädnis 是指某种完好论证的共识（a well—grounded agreement）。虽然 Verständigung 也可以在"完好论证的共识"的意义上使用，但它更多的是表现为一个达成共识的过程（the process of reaching agreement）。Verständigung 是一个 ing 的进行时态，而 Einverstädnis 则是指已经达成共识的一个结果或状态（the state of having reached agreement），这是一个完成时态。同时，Verständigung 和 Einverstädnis 又有着紧密的联系，二者相互渗透。哈贝马斯对此作过明确说明："任何理解都表现在一种理性的共识之中，否则这种理解就不是'真正的'理解。有判断能力的人都知道，任何事实上达成的共识都可能有欺骗性；但是，他们总是把理性的共识概念作为具有欺骗性的（或者强制性的）共识概念的基础，因此，自信能够从根本上把真的共识与假的共识相区别。"（〔德〕哈贝马斯：《理论与实践》，李黎、郭官义译，北京：社会科学文献出版社 2010 年版，第 14 页）哈贝马斯有时也将理解归结为共识，"从理解语言表达的条件中就可以看出，语言表达所完成的言语行为直接指向相互理解，指向具有合理动机的共识"。（〔德〕哈贝马斯：《后形而上学思想》，曹卫东、付德根译，南京：译林出版社 2001 年版，第 14 页）

② 〔德〕哈贝马斯：《交往行为理论（第一卷）：行为合理性与社会合理化》，曹卫东译，南京：译林出版社 2001 年版，第 91 页。

一直没有从定义的角度给出一个明确的说法。一般说来,"有效"是指某种具有有效性的东西在现实场合中得到认可,并达成共识;"有效性"是指某种行为或思考所具有的普遍认可的价值。"有效"和"有效性"是相辅相成的,某种东西所具有的有效性是不受特定的、是否实际有效的场合所限定的。相反,有效的东西必须首先具备有效性,有效性是规范性的前提,有效是认可规范的结果。综观哈贝马斯语言哲学的整体,我们可以尝试对其进行粗糙的界定。所谓有效性要求,是指处于交往行为之中的有能力的言说者,为了使言说者本人所说的话语具有可接受性,即能够得到听者的理解与认可,而通常无意识地作出的若干承诺。①

这些若干承诺包括三点:真实性、正确性和真诚性。"在交往行为关系中,言语行为永远都可以根据三个角度中的一个加以否定:言语者在规范语境中为他的行为(乃至直接为规范本身)所提出来的正确性要求;言语者为表达他所特有的主观经历所提出的真诚性要求;最后还有,言语者在表达命题(以及唯名化命题内涵的现实条件)时所提出的真实性要求。"②

详细说来:(1)真实性。这是从客观立场而言,中立的观察者提供有关客观世界中的存在事态的真实陈述,以便与他者分享知识。"承认出言语行为所陈述的命题的真实性(或承认这里提及的命题内容的实际存在)"③;言语必须能够反映外在客观世界的事态存在,交往参与者通过言语把外在事实呈示给同在客观世界之中的他者,即言语的有效性取决于言语是否反映客观世界的真实事态并为对方所理解。(2)正确性。这是从规范立场而言,交往参与者必须遵守他们被抛入的社会世界中的交往规

---

① 哈贝马斯对"有效性"这个术语的使用定位在语用学意义之上,而非形式逻辑意义上,这点需要我们特别注意。在形式逻辑学中,"有效性"指的是形式完整的句子之间的保真推论关系;在哈贝马斯这里,则是指动机和共识之间的密切联系。

② 〔德〕哈贝马斯:《交往行为理论(第一卷):行为合理性与社会合理化》,曹卫东译,南京:译林出版社2001年版,第292页。

③ Habermas, *On the Pragmatics of Social Interaction*, Barbara Fultner (trans.), Cambridge: Polity Press, 2001, p.90.

范，只有按照这些共同认可的社会规范行事，言语行为才能得到听者的认可。"认可给定的言语行为满足了规范的正确性"①，即言说者与听者能够在双方都承认的社会规范的价值中取得一致理解。(3) 真诚性。这是从表现立场而言，自我表现的主体在交互活动中把自己特有的内心世界真诚地表达出来，发自主观世界的真诚的意愿和想法可以使交往参与者彼此信任，"并不怀疑参与其中的行为主体的真诚性"②。

真实性、正确性和真诚性③，这三个有效性要求与哈贝马斯所区分的

---

① Habermas, *On the Pragmatics of Social Interaction*, Barbara Fultner (trans.), Cambridge: Polity Press, 2001, p.90.

② Habermas, *On the Pragmatics of Social Interaction*, Barbara Fultner (trans.), Cambridge: Polity Press, 2001, p.90.

③ 依据传统的真理符合论观点，一种表达是否履行了它的表现功能，是根据真实性要求来衡量的，因此，哈贝马斯依据真实性要求，提出了"类似于"真实性的上述有效性要求，"因此，我想引入主观真实性和规范正确性，把它们当作言语行为所具有的类似于真实性的有效性概念"。（〔德〕哈贝马斯：《后形而上学思想》，曹卫东、付德根译，南京：译林出版社2001年版，第110页。) 但是，他提醒我们，不能将可理解性、正确性和真诚性混同为真实性，"可理解性、正确性和真诚性的意义并不能被还原为真实性的意义"。(Habermas, *On the Pragmatics of Social Interaction*, Barbara Fultner(trans.), Cambridge: Polity Press, 2001, p.91.) 它们之间有着明显的不同之处。通过对真理符合论的批判，哈贝马斯说明了上述区别。哈贝马斯认为，如若我们理解了包含在记述式言语行为中的断言的意义，那么我们就理解了什么是真实性要求，真实性并不是那种真理符合论所主张的相似关系。首先，可理解性不同于真实性。可理解性表明言说者掌握了某种特定的语言规则，即掌握某种自然语言。如果某个话语在语法角度和语用角度都是组织良好的，这个话语就是可理解的，每一个掌握这种语言规则系统的人都可以说出同样具有可理解性的话语。因此，可理解性不同于真实性，可理解性是符号表达式与相关的规则系统之间的关系，依据这个规则系统，我们可以说出别人能够理解的话语，而真实性是符号表达式与我们所陈述的实在之间的关系。其次，可理解性不同于正确性。正确性表明对通行的规范的认可，并且这个规范应该是有效的，规范的语句并不源自真实性要求的描述语句，在正确性要求之下，言说者只是做了一些对或错的行为，而不是断言或描述这些行为。最后，真诚性不同于真实性。真诚性表达的是只有"我"才有特权进入的内心世界，从而表达"我"的真实想法，不能将真实性误解为内在经验表达式和作为实体的内在状态的关系。在表达"我"的真实想法的过程中，"我"并没有作出类似真实性的断言或陈述，"我"只是表达了一些主体的内在经验而已。

若干模式相关联。哈贝马斯首先区分了语言使用的不同模式,即认知式语言使用①、互动式语言使用②和表现式语言使用③。认知式语言使用是指通过命题的方式记述事态和陈述事实。"在认知式语言使用中,我们聚焦于话语的内容,这些内容是关于世界中发生的(或可能发生的)某些事情的命题。"④ 互动式语言使用是指通过互动的方式形成人际关系。"在互动式语言使用中,我们聚焦于由言说者和听者所进入的关系类型,如警告、承诺或命令。"⑤ 表现式语言使用是指通过表达的方式呈现内心状态。"在表现式语言使用中,既不是人际间关系也不是命题内容的主题化,而是言说者意向的主题化"⑥,不同的语言使用方式依赖于不同类型的言语行为。

哈贝马斯批判了奥斯汀和塞尔的言语行为类型理论⑦,并以此为基础,提出了自己的言语行为类型:记述式言语行为、调节式言语行为和表现式言语行为。记述式言语行为用来记述事态和陈述事实,语法形式上为认知式的陈述命题。表现式言语行为用来表达内心的真实想法与意愿,语法形式上为表现式的经验命题。调节式言语行为用来满足正当行为的期待,语法形式上为互动式的意向性命题。"记述式言语行为,其中所使用的是基

---

① Habermas, *Communication and the Evolution of Society*, Thomas McCarthy (trans.), Cambridge: Polity Press, 1984, p.53.

② Habermas, *Communication and the Evolution of Society*, Thomas McCarthy (trans.), Cambridge: Polity Press, 1984, p.53.

③ Habermas, *Communication and the Evolution of Society*, Thomas McCarthy (trans.), Cambridge: Polity Press, 1984, p.57.

④ Habermas. "Some Distinctions in Universal Pragmatics: a Working Paper", in *Theory and Society*, 1976, 3(2): pp.155-167, here p.157.

⑤ Habermas. "Some Distinctions in Universal Pragmatics: a Working Paper", in *Theory and Society*, 1976, 3(2), p.157.

⑥ Habermas. "Some Distinctions in Universal Pragmatics: a Working Paper", in *Theory and Society*, 1976, 3(2), p.159.

⑦ 〔德〕哈贝马斯:《交往行为理论(第一卷):行为合理性与社会合理化》,曹卫东译,南京:译林出版社2001年版,第304—310页。

本的陈述命题；表现式言语行为，其中所使用的是基本的经验命题（第一人称现在时）；调节式言语行为，其中所使用的不是基本的祈使命题（如命令），就是基本的意向性命题（如承诺）。"①

在不同的语言使用模式下，言说者表现出不同的基本立场：客观立场、规范立场和表现立场。客观立场是指言说者处于一个中立的观察者的立场来观察或描述现实世界中的事态或事实；表现立场是指言说者处于一个主体自我的立场来表达自己内心世界的真实状况；规范立场是指言说者处于一个主体间性的立场来满足相互间正当性行为的期望。"客观立场，中立的观察者用这种立场来面对世界中的事物；表现立场，自我表现的主体用这种立场把自己特有的内心世界展现在公众的面前；规范立场，社会成员用这种立场来满足正当的行为期待。"②

上述哈贝马斯所区分的若干模式都建基于他的本体论基础之上。他将世界划分为三部分：客观世界、社会世界和主观世界。"因此，我建议把外部世界划分为客观世界和社会世界，把内心世界当作外部世界的补充概念。于是，相应的有效性要求，包括真实性、正确性以及真诚性，就可以用来作为选择理论视角的主导概念。"③ 客观世界是指由被确定为事态的总体性所构成的世界，是一个实际存在的现实世界，是我们作为成年主体通过感官所能够把握和操控的外在自然。在客观世界中，交往行为主体采取客观立场，通过记述式言语行为而陈述客观实在，在语法表现形式上是一种认知式的语言使用，从而指向话语的真实性要求。客观世界"作为一切

---

① 〔德〕哈贝马斯：《交往行为理论（第一卷）：行为合理性与社会合理化》，曹卫东译，南京：译林出版社2001年版，第294页。

② 〔德〕哈贝马斯：《交往行为理论（第一卷）：行为合理性与社会合理化》，曹卫东译，南京：译林出版社2001年版，第294页。

③ 〔德〕哈贝马斯：《交往行为理论（第一卷）：行为合理性与社会合理化》，曹卫东译，南京：译林出版社2001年版，第266页。

实体的总体性并使其真实的表达成为可能"①。

社会世界是指由被规范所调整的合理人际关系的总体所组成的世界，是一个由规范语境构成的世界，是我们作为角色主体通过规范语境能够进入的规范互动的关系世界。在社会世界中，交往行为主体采取规范立场，通过调节式言语行为而规范行为期待，在语法表现形式上是一种互动式的语言使用，从而指向话语的正确性要求。社会世界"作为一切正当人际关系总体性"②。主观世界是指由只有言说者才能进入的经验的总体所组成的世界，是一个由日常自我表现（如愿望和情感）构成的世界，是我们作为言语主体通过自我的内在情感的表达才能够进入的内心世界。在主观世界中，交往行为主体采取主观立场，通过表现式言语行为而表达自我的真实内心世界，在语法表现形式上是一种表现式的语言使用，从而指向话语的真诚性要求。主观世界"作为只有言语者才特许进入的经验的总体性"③。

四、承担行事职能的交往能力（communicative competence）

哈贝马斯不仅批判地吸纳了乔姆斯基语言能力理论和皮亚杰发生认识论的合理内核，而且改造性地承接了海姆斯交往能力理论的合理形式，提出了承担行事职能的交往能力理论。

哈贝马斯基本接受了乔姆斯基语言能力的先验天赋论观点，"语言学是从每一成年言说者都拥有某种内在的重建性知识（在其中，他的构造语句的语言规则能力得到表征）的假设开始的；言语行为理论则以相应的交

---

① 〔德〕哈贝马斯：《交往行为理论（第一卷）：行为合理性与社会合理化》，曹卫东译，南京：译林出版社 2001 年版，第 100 页。

② 〔德〕哈贝马斯：《交往行为理论（第一卷）：行为合理性与社会合理化》，曹卫东译，南京：译林出版社 2001 年版，第 100 页。

③ 〔德〕哈贝马斯：《交往行为理论（第一卷）：行为合理性与社会合理化》，曹卫东译，南京：译林出版社 2001 年版，第 100 页。

往规则能力（即在言语行为中使用语句的能力）为假想前提"①。与海姆斯的修正观点相近，哈贝马斯也认为乔姆斯基的语言能力理论在日常现实语境下的交往过程中难以起到应有的作用。"通用语义学无法在乔姆斯基所提出的狭隘的独白式的语言能力的基础上获得充足的发展。"② 换言之，交往参与者仅仅具有乔姆斯基式的语言能力是远远不够的，还需要具有一种哈贝马斯从海姆斯的理论中承接的但又有别于海姆斯的"交往能力"。"戴尔·海姆斯用交往能力这个表达来替代对于语言符码的掌握"③；"我同意保留交往能力这个术语来表征这种语言规则系统的重建资质"④。

哈贝马斯对交往能力的定义是："为了随心所欲地参加一个正常的对话，除了语言能力以外，言语者还必须具有能够进行言说和符号互动（角

---

① Habermas, *Communication and the Evolution of Society*, Thomas McCarthy (trans), Cambridge：Polity Press, 1984, p.26. 译文参考〔德〕哈贝马斯：《交往与社会进化》，张博树译，重庆：重庆出版社 1989 年版，第 26 页。译文有改动。中译本原文为"语言学是从每一成年言说者都拥有某种内在的重建性知识（在其中，他的构造语句的语言学规则资质得到表征）的假设开始的；言语行为理论则以相应的交往性规则资质（即在言语行为中使用语句的资质）为假想前提"。笔者认为所引译文有两处不当：一是将"linguistic rule competence"译为"语言学规则资质"。译为"语言规则能力"更加合理，因为这里的 linguistic rule competence 指的是乔姆斯基的先验的语言能力，这种能力是人的天赋所具有的，而不是通过后天习得语言学中的某些规则获得的；二是将"competence"译为"资质"。译为通行的"能力"更加合适，即将"交往资质"改为"交往能力"，这样有利于表明哈贝马斯与戴尔·海姆斯的"交往能力理论"的承接关系。

② Habermas, "Towards a Theory of Communicative Competence", in *Inquiry*, 1970, 13(1)：360-375, p.366.

③ Habermas, *On the Pragmatics of Social Interaction*, Barbara Fultner (trans.), Cambridge：Polity Press, 2001, p.177. Notes 8.

④ Habermas, *On the Pragmatics of Social Interaction*, Barbara Fultner (trans.), Cambridge：Polity Press, 2001, p.74. Notes 8.

色—行为）的基本资质，我们将这种资质称为交往能力。"① 同时，哈贝马斯也认为，"该语言能力呈示着学习过程的结果，这种结果在皮亚杰结构主义的意义上被译解"②。也就是说，他汲取了皮亚杰的发生认识论关于认识源自后天学习过程的营养。哈贝马斯只认同海姆斯交往能力理论的积极意义，并不认可海姆斯的经验主义倾向。海姆斯以经验为基础建构交往能力，而哈贝马斯则是以生成理想言语情境的规则系统为基础。"我对交往能力这个术语的运用类似于乔姆斯基对语言能力这个词的使用。交往能力应该与生成理想言语情境的规则系统相联系，而不是与将语言和普遍语用学与现实的角色系统联系起来的语言代码相关联。海姆斯等若干人就是在社会语言学的限定意义上使用交往能力这个专名，我并不想跟随这个传统。"③

哈贝马斯批判吸收上述三大语言学派的合理内核，并以此为依据，对能力（competence）这个概念进行了对比式的分析与总结。哈贝马斯认为，从语言学的不同分支角度，可以将能力区分为以下四种不同的能力④：

（1）语用能力（pragmatic competence）。这是哈贝马斯对以海姆斯为代表的社会语言学视域下的言语者所具有的重建能力的称谓。"戴尔·海姆斯用交往能力这个表达来替代对于语言符码的掌握；对于这种概括，我

---

① Habermas, "Towards a Theory of Communicative Competence", in *Inquiry*, 1970, 13(1): pp.360-375, here p.367.

② Habermas, *Communication and the Evolution of Society*, Thomas McCarthy (trans.), Cambridge: Polity Press, 1984, p.32. 译文参阅〔德〕哈贝马斯：《什么是普遍语用学》，见〔德〕哈贝马斯：《交往与社会进化》，张博树译，重庆：重庆出版社1989年版，第1—70页。

③ Habermas, "Towards a Theory of Communicative Competence", in *Inquiry*, 1970, 13(1): 360-375, p.374. Notes 13.

④ Habermas, *On the Pragmatics of Social Interaction*, Barbara Fultner (trans.), Cambridge: Polity Press, 2001, p.75.

一直建议用语用能力这个术语。"① 社会语言学的研究对象是一般社会语境中的具体话语，研究的目的是重建语言符码。依据这种重建后的语言符码，在一定的社会语境下，有能力的言语者能够根据社会文化传统，采取与语境相适应的方式说出想说的话语。这种能够重建语言符码并能依据社会文化传统说话的能力，就是哈贝马斯所言的语用能力。

（2）语法能力（grammatical competence）。这是哈贝马斯对普通语言学视域下的言语者所具有的重建能力的称谓。普通语言学的研究对象是合乎语法的语言表达（或称字符串），研究的目的是重建语言的规则系统。依据这个规则系统，有能力的言语者能够形成一定的语句并能够形成产生一定变化的语句。这种重建语言的规则系统的能力，就是哈贝马斯所言的语法能力（也称为句法能力（syntactic competence））。

（3）逻辑能力（logical competence）。这是哈贝马斯对形式逻辑学视域下的思维主体所具有的重建能力的称谓。逻辑学的研究对象是逻辑，研究的目的是重建逻辑的规则系统。依据这个逻辑规则系统，思维主体能够形成一定的命题并能够使命题产生一定的变化。这种重建逻辑的规则系统的能力，就是哈贝马斯所言的逻辑能力。

（4）交往能力（communicative competence）。这是哈贝马斯对普遍语用学视域下的言语者所具有的重建能力的称谓。普遍语用学的研究对象也是话语，但它不同于社会语言学的具体话语。这种话语不是给定语境中的特定或具体话语，而是非语境化的一般话语。研究的目的是用语言表达如何进行言说的规则系统。依据这个规则系统，言语者能够将合乎语法的语言表达用于言说，建立言者与说者的互动关系，这种能力就是哈贝马斯所言的交往能力。

交往能力包括理论和实践两个维度（某种意义上，也可以说是先验和经验两个维度）。在理论维度上，哈贝马斯认为，交往能力必须建基于对

---

① Habermas, *On the Pragmatics of Social Interaction*, Barbara Fultner（trans.），Cambridge：Polity Press，2001，p.177. Notes 8.

理想的言语情境下的语用共相的掌握。所谓语用共相,就是通过语言展开对话交往的双方对必备的语法知识的掌握。"我之所以将这几组语言表达形式称之为语用共相,原因在于这些语言表达形式与言语情境的一般结构相联系。"① 由于语用共相由五个部分构成,我们称之为"语用共相(pragmatic universals)五分法"。

这五个部分包括②:(1)人称代词,语法表现形式是我、你、他等主语形式;(2)用于言语开头和问候的词语和短语,语法表现形式是被用作尊敬语和呼格语的名词、代词和形容词;(3)指示时间和空间的表达语、指示词和冠词;数词,量词,语法表现形式是时态和语法模式;(4)完成行为式动词,语法表现形式为疑问式和祈使式;(5)非完成行为式意向性动词和情态副词。为什么掌握上述语用共相是交往能力的必要条件?哈贝马斯答道:"如果没有这些语用共相,我们既无法解释可能言说情境的重复发生部分,即话语本身,除此之外,也无法解释言说者与听者之间所形成的人际关系,而且,更无法解释言说者与听者彼此之间所交流的对象。"③ 只有运用这些语用共相,才能构造出用于交往的语句或话语,交往行为才能依此继续。哈贝马斯也将这些语用共相称为话语—构造共相(dialogue-constitutive universals)。④

这些语用共相的功能是:(1)和(2)用于代表对话中的言说者、听者和可能的参与者;(3)用于指代语言情境的时空要素和现实要素;(4)用于说明说话者和他所说话语之间的关系,同时也可以说明言说者和听者之

---

① Habermas, *On the Pragmatics of Social Interaction*, Barbara Fultner(trans.), Cambridge: Polity Press, 2001, p.77.

② Habermas, *On the Pragmatics of Social Interaction*, Barbara Fultner(trans.), Cambridge: Polity Press, 2001, p.77.

③ Habermas, *On the Pragmatics of Social Interaction*, Barbara Fultner(trans.), Cambridge: Polity Press, 2001, p.77.

④ Habermas, "Towards a Theory of Communicative Competence", in *Inquiry*, 1970, 13(1): pp.360-375, here p.364.

间的关系;(5) 用于表达言说者的意向与经验。

在实践维度上,哈贝马斯对交往能力有着不同层次而又彼此相通的表达。首先,"交往能力三分法"。交往能力=选择陈述性语句的能力+表达言说者本人的意向的能力+实施言语行为的能力。哈贝马斯提示我们,"当言说者和听者在话语中运用语句(或非言语表达)时,交往能力理论必须说明他们借助语用共相成功地实现了什么"①。那么,他们实现了什么呢?哈贝马斯给予了解答。交往能力实现的是"以相互理解为指向的言说者把完美构成的语句运用于现实之中,并使二者相吻合的能力"②。它包括三个维度:(1)"选择陈述性语句的能力"。通过这种选择,使听者能够分享言语者的知识,承担言语行为的陈述性功能;(2)"表达言说者本人的意向的能力"。使听者能够相信言说者,承担言语行为的意向表达功能;(3)"实施言语行为的能力"。使听者能够在共同的价值取向中认同言说者,承担言语行为的以言行事功能。其次,"交往能力二分法"。交往能力=语言能力+行为能力。哈贝马斯在其论著中也一再使用"具有语言能力和行为能力的主体"这个表达。交往能力的三分法被归结为二分法,即交往能力被归结为"语言能力"和"行为能力"。哈贝马斯所强调的"具有语言能力和行为能力的主体"与"具有交往能力的主体"是等义的。③

此时,语言能力等同于上述三分法中的能力(1),行为能力等同于上述三分法中的能力(2)和能力(3)。最后,"交往能力一分法"。交往能力=理性的一种素质。三分法语境下的交往能力也与言语行为的真实性、

---

① Habermas, *On the Pragmatics of Social Interaction*, Barbara Fultner(trans.), Cambridge: Polity Press, 2001, p.73.

② Habermas, *Communication and the Evolution of Society*, Thomas McCarthy(trans.), Cambridge: Polity Press, 1984, p.29. 译文参阅〔德〕哈贝马斯:《什么是普遍语用学》,见〔德〕哈贝马斯:《交往与社会进化》,张博树译,重庆:重庆出版社1989年版,第1—70页。

③ 欧力同:《哈贝马斯的"批判理论"》,重庆:重庆出版社1997年版,第132页。

真诚性和正确性等有效性要求相对应。真实性、真诚性和正确性分别对应于理论理性、实践理性和审美理性,而这种区分化的三种理性成分构成了总体性的理性,交往能力的三分法被归结为一分法,即交往能力被归结为理性的一种内生素质。"这种理性是由康德在《实践理性批判》《纯粹理性批判》《判断力批判》中论述的三种理性成分组成的,只不过它们不再具有形而上学的性质,而与构成一切交往行为、一切陈述的基础的三种有效性要求(真实性、真诚性和正确性)相对应。"① 言语主体所具有的交往能力被看作合理性的必备素质或基本前提。"合理性是具有语言能力和行为能力的主体的一种素质,它表现在总是能够得到充分证明的行为方式当中。"②

五、充满理想设计的言说情境(ideal speech situation)

理想的言说情境对于交往行为的顺利进行具有以下两个方面的功能:一是为交往行为排除外在阻碍。外在阻碍来自交往参与者所处的外在现实世界。由于受到诸如意识形态的干扰、时间和空间的错位、知识结构的冲突等外在因素的压抑,日常交往行为经常表现为系统扭曲的交往(systematically distorted communication)。③ 交往参与者经常是说一套做一套,言语与行为难以达成真正的统一,从而失去了交往行为的意义一致性,难以达成主体间的理性共识。理想的言说情境可以解决这个问题。二是为交往行为排除内在强制。内在强制来自交往结构自身所产生的约束效应。所谓交往行为结构,是指由言说者和听者所组成的对称式的互动交往结构。这种交往结构如果组织不好就会产生很大的问题。例如,听者在交往结构中只

---

① 〔德〕霍尔斯特:《哈贝马斯传》,章国锋译,上海:东方出版中心2000年版,第62页。

② 〔德〕哈贝马斯:《交往行为理论(第一卷):行为合理性与社会合理化》,曹卫东译,南京:译林出版社2001年版,第22页。

③ Habermas, "On Systematically Distorted Communication", in *Inquiry*, 1970, 13 (1): pp.205-218.

具有被动接受言说者的义务而没有质疑的权利，那么听者在交往开始之前就已经受到了交往结构本身的压抑与约束，主体间的共识注定将是虚假共识或非理性共识。在理想的言说情境中排除了所有交往障碍之后，言语交往行为唯一能够依靠就是典型的更好论证的非强制性力量。这种力量保障了交往共识的理性化特征，即所得共识是理性共识。

究竟什么是"理想的言说情境"？哈贝马斯在高斯讲座（The Christian Gauss Lecture）中是这样诠释的："如果交往既没有受到外在的偶然力量的阻碍，更重要的，也没有受到交往结构本身的强制，那么，我将这种言说情境称为理想的言说情境。"① 在哈贝马斯看来，如果可能的交往行为者不仅承担的对话角色可以普遍互换，而且在选择和施行言语行为时也都拥有均等的机会，这样的对话情境就是理想化的，可以避免来自外部交往环境和内在交往结构的双重压制，实现共识的真理性。

具体说来，它包括以下四个方面②：（1）所有的对话参与者都有均等的机会运用交往式言语行为，即他们都有均等的机会作出言说和回应言说，或者提出疑问和回答疑问。这种机会均等的作用在于他们可以随时开始一个交往行为并使之继续下去。（2）所有的对话参与者都有均等的机会运用记述式言语行为，即他们都有均等的机会作出阐释、断言、说明和论证，并建立或驳斥有效性要求。这种机会均等的作用在于任何意见都将得到考虑和深思。（3）作为行为者的言语者们都有均等的机会运用表现式言语行为，即他们都有均等的机会表达他们的好恶、情感和愿望。只有个人之间言语空间的相互和谐以及情感联系的相互互补，才能确保行为主体对自身和他者都采取真诚的态度。这种机会均等的作用在于保证行为主体对自身和他者坦露自己内心的真情实感。（4）互动参与者们都有均等的机会

---

① Habermas, *On the Pragmatics of Social Interaction*, Barbara Fultner（trans.），Cambridge：Polity Press, 2001, p.97.

② Habermas, *On the Pragmatics of Social Interaction*, Barbara Fultner（trans.），Cambridge：Polity Press, 2001, pp.98-99.

运用调解式言语行为，即他们都有均等的机会作出命令和反对命令、作出允许和禁止断言、作出承诺或拒绝承诺、自我辩护或要求别人作出自我辩护。这种机会均等的作用在于排除某种片面要求的行为义务和规范判断，避免话语特权。

从上述的基本内容可知，理想的言说情境并不是对理想的言说者的个人品性的设定，而是着眼于言说可能发生的语境的结构特征。尤其是在承担交往角色和施行言语行为方面的均等机会。这就表明每个参与对话的人都有预期理想的言说情境的权利，并且是不得不预期，否则无法达成共识。理想的言说情境并不是从乔姆斯基所言的天赋"语言能力"角度对个人的理想化，而是从对话的发生语境角度对结构本身的理想化。前者针对的是言语行为者，后者针对的是言语行为者所处的对话语境。

理想的言说情境概念是不断演进的。概念的雏形最早可以追溯到1965年哈贝马斯在法兰克福大学的就职演讲，而其成熟形式现于哈贝马斯1971年在普林斯顿大学高斯讲座的第五讲中。虽然它在哈贝马斯早期语言哲学思想中占据着十分重要的基础地位，但由于受到极其强烈的批判与误解，概念本身的生命力并不长。"在哈贝马斯的著作中，从20世纪70年代早期开始，它仅有不多于5年的寿命。"① 虽然哈贝马斯后续理论不再使用理想的言说情境这个概念，但是哈贝马斯并没有放弃思想本身，只是更换了名称并进行了一些小的修补。

在1976年发表的《什么是普遍语用学》一文中，哈贝马斯将这种理想性设计改称为"可能理解的普遍条件（universal conditions of possible understanding）或交往的一般预设（general presuppositions of communication）"②。在1983年发表的《对话伦理学》一文中，哈贝马斯将其称为

---

① Nicholas Adams, *Habermas and theology*, Cambridge: Cambridge University Press, 2006, p.23.

② Habermas, *Communication and the Evolution of Society*, Thomas McCarthy (trans.), Cambridge: Polity Press, 1984, p.1.

"论证的预设（presuppositions of argumentation）"①。哈贝马斯在此处还说明了论证的预设和理想的言说情境之间的对应与承接关系，并为理想的言说情境做了辩护。"这就是为什么我一度将论证预设视为理想的言说情境的典型特征的原因。……早些时候我关于理想的言说情境的分析，现在对我来说仍然是正确的，即重建那些相信他们自己正在进行论证的有能力的言说者们所必须假定的言说环境所要满足的一般对称性条件。"② 但是，论证的预设的具体内容有了新的表达。在1992年出版的《在事实与规范之间》一书中，受卡尔-奥托·阿佩尔的先验语用学的启发，哈贝马斯将这种"思想实验"称为"理想的交往共同体（the ideal communication community）"，并进行了具体说明。③

---

① Habermas, *Moral conciousness and Communicative action*, Shierry Weber Nicholsen(trans.), Massachusetts, Cambridge: The MIT Press, 1999, p.88.

② Habermas, *Moral conciousness and communicative action*, Shierry Weber Nicholsen(trans.), Massachusetts, Cambridge: The MIT Press, 1999, p.88.

③ 〔德〕哈贝马斯：《在事实与规范之间：关于法律和民主法治国的商谈理论》，童世骏译，北京：生活·读书·新知三联书店2003年版，第398—400页。

第四章 语用意义理论

"在语言哲学中,最重要的理论是意义理论。"① 在西方语言哲学界,具有一定影响力的意义理论主要有以下八种:意义的指称论、意义的观念论、意义的途径论、行为主义意义论、意义的可证实论、意义的使用论、意义的真值条件论和意向主义意义论。② 哈贝马斯的语用意义理论与上述几种意义理论都有所不同,它不仅是哈贝马斯语言哲学思想的重要组成部分,而且是哈贝马斯社会批判理论的重要基石。"哈贝马斯试图通过一种特殊的意义理论——语用意义理论的帮助来改造社会理论。"③

第一节 语用意义理论的思想谱系

目前来看,从以斯金纳为代表的行为主义意义论以后,意义理论的研究主要围绕着意义的使用理论、意义的真值条件理论和意向主义意义理论

---

① 王路:《走进分析哲学》,北京:生活·读书·新知三联书店1999年版,第94页。

② 前五种请参阅陈嘉映:《语言哲学》,北京:北京大学出版社2003年版,第48—55页。后三种意义理论下文专有阐述。

③ 〔英〕芬利森:《哈贝马斯》,邵志军译,南京:译林出版社2010年版,第30页。

来展开。① 哈贝马斯的意义理论就是在批判吸收上述三种意义的基础之上而形成的。"从格里斯、本内特到希福的意向主义语义学认为,只有言语者在特定情境中所表达出来的内容才具有基础意义;从弗雷格、早期维特根斯坦到达米特的形式语义学则从命题的真实性前提出发;晚期维特根斯坦所开创的意义使用理论则追溯到语言表达实现其实际功能的一般互动语境。"②

一、意义的意向主义论

格莱斯(H.P.Grice,1913—1988)③是意义的意向主义理论的典型代表,其理论最早萌芽于1957年他在《哲学评论》上发表的《意义》一文。④ 格莱斯首先区分了两种不同类型的意义,即自然意义与非自然意义。⑤ 为此,格莱斯举了两个例子:(1) Those spots mean (meant) measles. (2) Those three rings on the bell (of the bus) mean that the "bus is full". 依据格莱斯的观点,例(1)"那些红斑意味着麻疹"表达的是一种自然意义(natural sense),因为这个句子中的红斑与麻疹之间是一种自然关系,前者是后者的自然迹象。自然意义就是自然地指向或显示出某种事物,被指的事态与被传递的意义之间只存在自然联系。例(2)"(公共汽车的)三声铃响意味着公共汽车已经客满"表达的是一种非自然意义(nonnatural sense),因为三声铃响与客满之间没有必然的物质性或实体性的联系,在乘客不满的情况下铃声一样可以响起。所以,非自然意义表示的是与说话人或与交际者相关的意义。格莱斯区分两种不同意义的目的是为了强调只

---

① Chomsky, "A Review of B.F. Skinner's 'Verbal Behavior'", in *Language*, 1959,35(1): pp.26-58.
② 〔德〕哈贝马斯:《后形而上学思想》,曹卫东、付德根译,南京:译林出版社2001年版,第91页。
③ 又译作格赖斯。《后形而上学》中译为格里斯,这是一种比较小众的译法。
④ Grice, "Meaning", in *The Philosophical Review*, 1957, 66(3): pp.377-388.
⑤ Grice, "Meaning", in *The Philosophical Review*, 1957, 66(3): p.378.

有非自然意义才涉及交往行为，因为只有它才是一种可以有交往行为者参与的沟通意义。

按照格莱斯的逻辑，X 本身的意义与 A 欲通过 X 表达的意图有关，只要弄清说话人的意图，就可以明了说话人意义并进而明了句子和话语的意义，言语交往能否成功取决于交往意图是否被意识到。简言之，说话人意图也就等于说话人意义。因此，格莱斯意义的意向主义论完全不同于传统的意义的指称论。一直以来，在意义的指称论视域内，言语意义被定义为脱离语境的说话人使用的单词和句子的含义，句子意义依靠单纯的解码就能获得。而意义的意向主义论与此不同，成功的交往不仅仅决定于语言符号的接受，更取决于对交往意图的辨别。听话者不是仅仅被动接受某种思想，他想要理解说话人的意义，就必须能够识别说话者的意图并作出相应的反应。

哈贝马斯对意向主义语义学①的批判在于：首先，意向主义语义学依然囿于意识哲学范式。哈贝马斯的意识哲学就是指认识论哲学。因为言语者作为目的性行为主体存在于世界之上，外在世界是由事物和事件构成的，行为主体从因果关系角度干涉世界的内部进程，干涉的对象不仅仅是外在世界，而且包括外在于自己的行为主体。其次，绝对的主体性。依据哈贝马斯的看法，意向主义语义学的核心在于，"实际内容绝不会受到所说内容的左右。S 所表达的'X'的意义内容，只能用 S 在特定语境中通过表达'X'所表现出来的意图加以解释"②。通过意图就可以完全掌握意义，其原因在于言说者的"绝对的主体性"。这种绝对的主体性表现在言说者能够赋予对象任何一种名称，并且可以随意赋予符号以意义。这明显也是哈贝马斯着力主张否弃的意识哲学痕迹。最后，语言工具论。意向主义语义学将语言仅仅视为一种传达言说者意向的工具，它只能从有目的的

---

① 哈贝马斯将意义的意向主义论称为"意向主义语义学"。
② 〔德〕哈贝马斯：《后形而上学思想》，曹卫东、付德根译，南京：译林出版社 2001 年版，第 92 页。

语言运用者的意图中获得意义,而语言本身并不具有自主性。哈贝马斯明确反对这种工具论,主张中介论,并且认为语言具有内在结构的独立自主性。意向主义语义学给予哈贝马斯的启示就是语言表达与真诚性之间的有机联系。

二、意义的真值条件论[①]

意义的真值条件论是指将语句的意义归结为语句的成真条件。不可否认,意义的真值条件论与意义的证实主义论[②]在意义解释的过程中所采纳的方法是一致的,即都以某种方式将意义与语句所呈现的事态联系起来。但是,两者的具体内容又是不同的。意义的证实主义论侧重以可观察到的、能够被证实的语句的真实情况来阐释意义,而意义的真值条件论则着眼于以语句的成真条件来阐释意义。

意义的真值条件论萌芽于语言分析哲学创始人弗雷格(Gottlob Frege, 1848—1925)。他在其著名的《论涵义和所指》一文中首次对名称的涵义和所指做出了区分[③],并把语句视为一种复杂名称,其所指是语句的值,其涵义则取决于语句的成真条件。[④] 维特根斯坦(Ludwig Wittgenstein, 1889—1951)在《逻辑哲学论》中也有相同表述:"理解一个命题就意味

---

① 哈贝马斯将意义的真值条件论(The truth-conditional theory of meaning)称为形式语义学(Formal semantics)。哈贝马斯对哲学史及哲学理论的概括总有一个自己的理解和称谓,与我们通行的称呼总是存在一定差异,但基本内容都是一致的。为了便于理解,我们在谱系学追溯的时候依然沿用通行的称谓。在进入哈贝马斯的话语体系的时候,我们再采用他的称谓。但是,大家要谨记这种称谓差异,否则便会跌入哈贝马斯理论的层层迷雾之中。

② 详细内容参阅陈嘉映:《语言哲学》,北京:北京大学出版社2003年版,第55页。

③ 〔德〕弗雷格:《论涵义和所指》,见〔美〕A.P.马蒂尼奇:《语言哲学》,牟博等译,北京:商务印书馆1998年版,第375—399页。

④ 〔德〕弗雷格:《论涵义和所指》,见〔美〕A.P.马蒂尼奇:《语言哲学》,牟博等译,北京:商务印书馆1998年版,第381页。

着知道当其为真时实际情况是什么样的。"① 逻辑实证主义的代表人物卡尔纳普（Carnap，1891—1970）也曾表达过类似看法。② 而真正对意义的真值条件论进行纲领性阐述的还是美国著名哲学家戴维森（Donald Davidson，1917—2003）。他在其代表作《真与意义》③ 一文中提出了意义理论的"戴维森纲领"。

这一纲领的核心是如下这个句子：（T）s 是真的当且仅当 p。这个句子也被称为"T 语句"。T 语句的直接来源是塔尔斯基（A. Tarski，1902—1983）④ 的真之语义学。它的原初表达是：（Tr）x 是真的当且仅当 p。Tr 的有效性依赖于塔尔斯基提出的"T 约定"。根据这个约定，p 是一个句子，x 是这个句子的名字。x 和 p 虽然都是元语言层面的东西，却有根本性的区别。戴维森则利用塔尔斯基的这一成果，把真这一概念作为自明的初始概念，围绕这一概念提出对意义的解释。⑤ 戴维森的 T 语句是一个等值式，核心概念是等值符号左边的"真"。通过真这个概念，等值符号左边的 s 与右边的 p 联系起来，表现出一种关系。

---

① 〔奥〕维特根斯坦：《逻辑哲学论》，韩林合译，北京：商务印书馆 2013 年版，第 34 页。

② 〔美〕卡尔纳普：《可检验性和意义》，见《逻辑经验主义》（上卷），洪谦译，北京：商务印书馆 1982 年版，第 69—81 页。

③ 〔美〕戴维森：《真理、意义、行动与事件》，牟博译，北京：商务印书馆 1993 年版。

④ 塔尔斯基（Alfred Tarski，1902—1983），波兰裔美国逻辑学家、语言学家和哲学家。1924 年在华沙大学获数学博士学位，1939 年移居美国。代表作是 1933 年发表的《形式化语言中真这个概念》。该文不仅开创了现代逻辑的语义学研究，奠定了他在逻辑学和语言学中的重要地位，还是塔尔斯基用语义分析方法解决哲学问题的重要成果，他关于真理的定义在语言哲学中产生了很大的影响，从而也奠定了他在语言哲学中的地位。

⑤ 〔美〕戴维森：《真理、意义、行动与事件》，牟博译，北京：商务印书馆 1993 年版，第 151—152 页。

达米特（Michael Dummett，1925—2011）① 在批判借鉴戴维森意义理论的基础上回答了"说一个句子的意义就在于它的真之条件，这意味着什么"② 的问题，进而提出了自己的意义理论观。达米特认为，"戴维森纲领"是一种纯粹静态的形式化的语义真理论，完全没有涉及真的认识问题。达米特认为，从语义分析入手说明真值必须渗透说话者的意向因素，而戴维森方案的主要缺陷在于仅从纯粹物理实在入手决定语句的真值，消除了人的参与，忽视了言语者的言语意图，即用语言表达什么以及如何表达等问题，从而忽视了人对真的理解要求和人在真值判断中的作用和地位，同时也没有涉及真对人的价值问题。

达米特的意义理论由以下三个部分构成：指称、涵义和力量。"指称理论与涵义理论一起形成了意义理论的一个部分；另一部分即补充部分，

---

① 笔者在 2012 年元旦的前夜写到涉及达米特教授的内容时，突闻这位为世界全景展示了"分析哲学起源"的弗雷格研究专家已于 2011 年 12 月 27 日去世，享年 86 岁。他对哲学的发展做出了不可磨灭的贡献，让我们对此表示最崇高的敬意，对他的逝去表示最深切的怀念。达米特（Michael Dummett，1925—2011），著名哲学家、英国牛津大学教授、世界知名的弗雷格研究专家，20 世纪分析哲学的重要代表人物之一。他提出的以语言哲学为第一哲学的分析哲学纲领对于哲学发展有着深远的影响。主要著作有：《弗雷格的语言哲学》（1973）、《弗雷格哲学的解释》（1981）、《分析哲学的起源》（1987）、《形而上学的逻辑基础》（1991）、《弗雷格的教学哲学》（1991）等。

② 〔英〕达米特：《什么是意义理论?》（II），鲁旭东译，载《哲学译丛》，1998 年第 5 期，第 54—69 页。英文原本参阅 Dummet, "What is a theory of meaning?"(II), in G.Evans, J.McDowell, *Truth and Meaning*, Oxford：Oxford University Press, 1976, pp.68-69. 同时，该文收入 *The seas of Language*，详细内容请参阅：Dummett, *The seas of language*, Oxford：Clarendon press, 1993, pp.34-93.

就是力量理论。"① 有学者将其称为"达米特框架"②。对于这个"达米特框架",达米特自己的阐述十分清晰与明确:

"一个以真这个概念作为其核心概念的意义理论是由两个部分组成的。理论的核心将是一个真之理论,它是对语言中句子的真之条件的一种归纳说明。这个核心最好应称之为'指称理论',因为它的一些定理陈述了一个给定句子为真或一个特定的说话者在某个特定时间对他的表达为真的那些条件,而支配着个体词的公理把一些适当的指称指定给这些词。围绕着这个指称理论的是一个外壳,形成涵义理论:它将把一个说话者的特别的实际能力与这个理论特定的命题联系在一起,以此说明,人们可以认为说话者关于指称理论的任何一部分的知识体现在哪里。指称理论与涵义理论一起形成了意义理论的一个部分;另一部分即补充部分,就是力量理论。力量理论将说明一个句子在表达中可能具有的各种类型的常规意义,亦即说明这样的表达可能产生的各种言语行为,例如作出断定,下达命令,提出请求,等等。这种说明将把这个句子的真之条件看作给定的:对于每一类的语言行为,它将提供一致的说明,以解释通过表达任意一个假定已知其真之条件的句子可能会产生的那类行为。只有在这种背景下,说知道一个句子的意义就是知道它为真的条件才有意义。"③

通过上述引文可知,力量理论确立由指称理论和涵义理论所指定语句的意义与说这种语言的具体实践之间的联系。如果指称理论确立了给定意

---

① 〔英〕达米特:《什么是意义理论?》(Ⅱ),鲁旭东译,载《哲学译丛》,1998年第5期,第57页。英文原本参阅 Dummet,"What is a theory of meaning?"(Ⅱ), in G.Evans, J.McDowell, *Truth and Meaning*, Oxford: Oxford University Press, 1976, p.74.

② 王路:《意义理论》,载《哲学研究》,2006年第10期,第53—61页。

③ 〔英〕达米特:《什么是意义理论?》(Ⅱ),鲁旭东译,载《哲学译丛》,1998年第5期,第54—69页。英文原本参阅 Dummet,"What is a theory of meaning?"(Ⅱ), in G. Evans, J. McDowell. in *Truth and Meaning*, Oxford: Oxford University Press, 1976, pp.74-75.

义理论的核心概念是真，那么这个理论将阐明每个语句在什么条件下为真；如果这个核心概念是证实，那么它将阐明每个语句在什么条件下被证实。语言中有无穷多的语句，这个理论对每个语句都要做出这样的说明。方法是为每个具有起码意义的语句的构成部分（每一个词）指定一种指称，这种指派采取任何需要的形式，以便使任何语句构成部分的指称可以共同确定核心概念在语句中的应用。因此，当核心概念是真这个概念时，一个一元谓词的所指物就是一个对象集，当核心概念是证实这个概念时，它可以使人们认识到，对于任一给定的对象来说，将最终证明这个谓词适用于这个对象。涵义理论所阐明的是，一个说话者具有关于指称理论的知识包含着什么意义。如果指称理论采取一种真之理论的形式，那么每当一个T语句的公理呈现出某种自明的形式时，就不能展示出说话者关于T语句的隐含知识体。

哈贝马斯对意义的真值条件论（形式语义学）的批判在于它只注重研究语句本身，即语言表达的语法形式，没有充分考虑语言主体的意图和观念对语言主体理解语句的深刻影响。① 这种意义理论无法体现言语者与听者之间的语用学关系。"它（形式语义学）所注重的是语言表达的语法形式，赋予语言一种独立的地位，使语言不受言语主体的意图和观念的影响。相对于语言本身的规则系统而言，言语实践和理解语言的心理学都是次要的。意义理论的对象主要是语言表达，而不是从交往过程中能够看出来的言语者与听众之间的语用学关系。"② 但是，形式语义学将意义与有效性联系起来的观点被哈贝马斯吸纳到了形式语用学之中，特别是真实性要求。"真值语义学提出了这样一个观点：一个命题的意义是由其真实性条

---

① 其实哈贝马斯的这个观点有些绝对，达米特就明确表示过语言理解要考虑认识主体的言语意图，只是他还在哈贝马斯所言的意识哲学范畴内思考这个问题，而没有从交往理性角度切入而已。

② 〔德〕哈贝马斯：《后形而上学思想》，曹卫东、付德根译，南京：译林出版社2001年版，第95—96页。

件决定的。这个就揭示了语言表达的意义与由此建构起来的命题的有效性之间的内在联系，而且首先是在语言表现事态层面上。"①

三、意义的使用论

后期维特根斯坦提出了意义的使用论，这是他的重大贡献之一。这一思想影响深远，以至于有人将其称为"现代哲学最为重要的成就之一"②。维特根斯坦的思想在其后期发生了较大变化，他不仅批判了自己在前期阶段所坚持的意义的真值条件论和意义的指称论（图像意义论），而且从一种全新的视角提出了意义的使用论。

"使用"或"用法"是维特根斯坦后期哲学语义观中的核心概念。维特根斯坦在《哲学研究》第43节中断言："在大多数使用了意义一词的情况下——尽管不是全部——我们可以这样解释：一个词的意义就是它在语言中的用法。"③ 这种语言的使用依据不同的目的具有不同的用途，其意义就在于它的具体用途。后期维特根斯坦的这种思想具有明显的工具论倾向。因此，他提醒我们，"想一想工具箱中的工具：有锤子、钳子、锯子、螺丝刀、尺子、胶水锅、钉子还有螺丝。——字词的功能就像这些工具的功能，各不相同"④。维特根斯坦之所以将语词视为工具，就在于语词作为符号本身并没有价值，它的意义是在它们的使用过程中被赋予的。每个符号"就其本身而言都是死的。是什么赋予了它以生命呢——它的生命在于

---

① 〔德〕哈贝马斯：《交往行为理论（第一卷）：行为合理性与社会合理化》，曹卫东译，南京：译林出版社2001年版，第264页。

② 徐友渔：《哥白尼式"的革命——哲学中的语言转向》，上海：上海三联书店1994年版，第86页。

③ 〔奥〕维特根斯坦：《哲学研究》，李步楼译，北京：商务印书馆1996年版，第31页。

④ 〔奥〕维特根斯坦：《哲学研究》，李步楼译，北京：商务印书馆1996年版，第12页。

它的使用"①。

此外,意义的使用论与语言游戏说有着紧密联系。"语言游戏"是指由语言和行动(即与语言交织在一起的那些行动)所组成的整体。其用意在于突出语言的述说乃是一种活动或是生活形式的一个组成部分。如果语词和语句脱离语言游戏这种生活形式,那么它的意义也就无从谈起。易言之,想要真正理解语词的"意义即使用"的真谛,就必须了解"语言游戏"学说。

意义的使用论的优点众多,但也存在一定的局限性。首先,在有些情况下,人们也许知道如何使用某些词语,却不懂得这些词语的意义。其次,语言哲学的基本任务之一就是要对语言使用者的语言能力从理论上做出系统的阐释。最后,用马克思主义辩证唯物论的观点加以审视,意义的使用论将意义仅仅归结为用法,一味坚持语词的意义即为语词的使用,而将语词本身固有的字面意义以及作为意义重要组成部分的语言表达式与其指称对象之关系等意义要素完全置之度外,这样的意义理论毋庸置疑地存在着片面性。

哈贝马斯认为,意义的使用论主要"强调语言与表现和复现生活方式的互动实践之间的内在联系"②,而忽视了"语言的工具特征"。语言表达与世界的关系被言说者和听众之间的关系所掩盖。因此,这种意义理论也是存在瑕疵的。哈贝马斯从中吸取的是意义的使用论所展现的语言所建立的言说者和听者之间的关系。

---

① 〔奥〕维特根斯坦:《哲学研究》,李步楼译,北京:商务印书馆1996年版,第193页。

② 〔德〕哈贝马斯:《后形而上学思想》,曹卫东、付德根译,南京:译林出版社2001年版,第97页。

第二节　四种意义理论批判

哈贝马斯语用意义理论是在批判吸收四种意义理论①（意向主义语义学、形式语义学、意义应用理论和言语行为理论）② 的基础之上形成的。

首先，对意向主义语义学的批判。在哈贝马斯看来，意向主义语义学在本质上将语言视为一种工具，言语者把他所创造出来的符号及符号群用作向对方表明自己信念和意图的工具。作为呈现主体的个人所面对的是一个由事物和事件构成的世界。同时，作为有目的的行为主体在这个世界中依然具有自主性，他们从因果关系的角度干涉世界内部的进程。依据同样的视角，目的性行为主体在世界中遇到的都是和他一样的以达成一定目的为取向的主体存在，他们都以单向认知的方式认识外在世界，也把外在于自己的其他主体作为客体来对待。虽然目的性行为主体将语言作为与他者互动的中介，但他们只是把语言作为一种达到某种特定目的的工具。以语言为工具达到影响他者或表达自我的目的才是他们的根本诉求，至于交往互动本身只不过处于次要的地位。③

意向主义语义学的言说主体所面对的是一个哈贝马斯所言的"客观世界"，言说者作为一个以因果方式认识客观世界的认知主体存在。言说主体和世界之间是一种单向的独白的认识关系，这是一种人与物的关系，而

---

① 三种意义理论的代表人物及其具体内容前文已有详细说明，此处不再赘述。

② 哈贝马斯对哲学史及哲学理论的概括总有一个自己的理解和称谓，与我们通行的称呼总是存在一定差异，但基本内容都是一致的。他将意向主义意义理论、意义的真值条件理论和意义的使用理论分别称为意向主义语义学、形式语义学和意义应用理论。

③ 〔德〕哈贝马斯：《后形而上学思想》，曹卫东、付德根译，南京：译林出版社2001年版，第92页。

不是一种人与人的关系，即这是一种主体性关系而不是主体间性关系。意向主义语义学依然困于主客二分的意识哲学的藩篱之内，无法正确回答意义理论的核心问题。说得具体一些，意向主义语义学可作如下说明：言说者 S 打算通过在特定的语境中说出"x"，以便在听众 H 那里产生效果 r，这里"x"并不具有规范内容。但在特定的语境中，H 能够领会 S 所赋予"x"的意义。依据格莱斯的观点，言语者希望获得的效果在于让听众通过表达"x"，进而领会言语者的意图，并且把言语者的意图至少是部分地接受下来，当作他思考言语者 S 的实际意图的理由，或当作在言语者 S 的实际意图的激发下从事具体行为的理由。效果 r 是由"x"创造出来的，并且是由 S 在 H 身上激发出来的。所以，这是一种特定的意见或完成特定行为的意图。

哈贝马斯认为，意向主义语义学上述解释策略的核心在于，实际内容绝不会受到所说内容的左右。要理解 S 所运用的表达"x"的意义，就只能通过理解 S 在特定语境中通过表达"x"所想达成的特定意图。主导这种解释策略的直觉是，语言的应用只是目的行为主体的普遍自主性的一种特殊标志。这种自主性在面对语言媒介时具体表现为，我们能够赋予对象任何一种名称，并且可以随便赋予符号以意义。由此，哈贝马斯认为，意向主义语义学的局限性在于没有看到语言在其内在结构上具有自主性，语言的意义源自语言自身的内在结构，而不是来自有目的的行为主体的意图。目的行为主体之间的互动中介只包括策略性地使用符号进行推论，不能带来严格意义上的主体间性知识。①

其次，对形式语义学的批判。在哈贝马斯看来，形式语义学的基本立场是，断言命题的意义就是它所复现的事态，这个命题只有在表达事态存在的时候才是正确的。只要知道了这个命题的真实性条件，也就理解了这

---

① 上述"对意向主义语义学的批判"的核心内容来自对哈贝马斯相关阐述的编辑整理。详细内容请参阅〔德〕哈贝马斯：《后形而上学思想》，曹卫东、付德根译，南京：译林出版社 2001 年版，第 92—100 页。

个命题的意义。断言命题的真实性条件是对它的意义的解释，正如维特根斯坦所言："理解一个命题，也就意味着了解了事实，如果这个命题是真实的。"① 哈贝马斯认为，形式语义学意义理论既有贡献也有局限性。它的贡献在于革新了长期以来占统治地位的陈旧的指称语义学。根据指称语义学，语言与现实直接的关系同名称与对象之间的关系是一致的。所指（意义）和能指（符号）之间的关系，应当根据符号（充满意义的符号）与符指（指称的对象）之间的关系来加以理解。这种符号学的基本观念与意识哲学的认识对象理论是一致的。

在哈贝马斯看来，指称语义学的局限性在于根据"代表一个对象"的个别性模式来理解整个命题与其中所表现的事态之间的关系。换言之，指称语义学错误地将个别等同于一般，将特殊性等同于普遍性。形式语义学的贡献在于弥补了指称语义学的这个漏洞，局限性在于它特别注重语言表达的语法形式，赋予语言一种独立的地位，使语言不受言语主体的意图和观念的影响。相对于语言本身的规则系统而言，语言实践和理解语言的心理学都是次要的。换句话说，它所研究的对象主要是语言表达，而不是从交往过程中能够看出来的言语者与听众之间的语用学关系。能否正确地运用和准确地理解一种表达，关键不在于言语者的意图或者语言使用者们所共同认可的惯例，而在于表达自身的形式特征和生成规则。简言之，形式语义学意义理论将意义从行为理论的语境中分离了出来，并且保持为严格

---

① 因为这句话对于真值条件意义理论十分关键，所以对其翻译进行一些对比：（1）英文版翻译为："To understand a proposition means to know what is the case if it is true." 详细内容请参阅 *Tractatus* 的 4.024 小节：Wittgenstein, *Tractatus*, D.F. Pears, B.F.McGuinness(trans.), London：Routledge & Kegan Paul, 1974, p.25. （2）文中翻译请参阅〔德〕哈贝马斯：《后形而上学思想》，曹卫东、付德根译，南京：译林出版社 2001 年版，第 95 页。（3）商务印书馆版本翻译为："理解一个命题就意味着知道当其为真时实际情况是什么样的。"详细内容请参阅〔奥〕维特根斯坦：《逻辑哲学论》，韩林合译，北京：商务印书馆 2013 年版，第 34 页。通过上述对比，笔者认为，还是文中的翻译较为贴切易懂，因而采纳此种译法。

意义上的语言分析。①

另外,哈贝马斯在其他地方还将形式语义学的缺陷概括为三种"抽象"错误②:语义主义抽象、认知主义抽象和客观主义抽象。语义主义抽象是指该理论将对意义的分析仅仅限定于对语句的分析,完全不涉及影响语句使用的语用规则;认知主义抽象说的是所有的意义都可以归结为话语的命题内容,将意义间接归结为断言语句的意义;客观主义抽象指的是对语句成真条件的说明纯粹是从语义的角度展开的,没有关涉言说者或听者所能掌握的关于语句成真条件的知识。

再次,对意义应用理论③的批判。意义应用理论以后期维特根斯坦为代表。依照哈贝马斯的理解,该理论的核心观点是,一个语词的意义不在于它的表现功能而在于它在语言中的用法。具体说来,语言媒介不仅仅是用来描述或断定事实的,更重要的是,它既用于命令和解谜,也用于说笑、致谢、诅咒、问候以及祈祷等。语言的表现功能在用法的多样性中丧失了其特权地位。维特根斯坦的"语言游戏"是相互联系的语言表达和非语言表达行为所构成的总体。构成行为和言语行为语境的是主体间所共享的生活方式的先验和谐,以及对于受制度和习俗制约的共同实践的先验理解。学习掌握一门语言,或者学习如何领会某种语言中的表达,要求我们适应一种生活方式,这种生活方式先验地决定了各种目的和行为如何遣词造句。

意义应用理论并不强调语言的工具属性,而是强调语言与表现和复现生活方式的互动实践之间的内在联系。人们之间不是从意向主义的角度,

---

① 上述"对形式语义学的批判"的核心内容来自对哈贝马斯相关阐述的编辑整理。详细内容请参阅〔德〕哈贝马斯:《后形而上学思想》,曹卫东、付德根译,南京:译林出版社 2001 年版,第 93—95 页。

② Habermas,"A Reply", Axel Honneth, Hans Joas, *Communicative Action*, Massachusetts, Cambridge: The MIT Press, 1991: pp.214-264, here p.234.

③ 又译为"意义使用理论"。

根据言语者的视角来阐释这些关系，而是把他们解释为对先验约定的实践的反映。语言游戏的语法揭示了生活世界当中的背景知识，这种知识不仅是语言多元功能的基础，而且为主体所共享。①

最后，对言语行为理论的批判。哈贝马斯"考察第四种理论，即言语行为理论能否取代它们"，答案是否定的。言语行为理论的开山鼻祖奥斯汀依据维特根斯坦的理论进一步研究了语言是如何与生活方式中的互动实践联系起来的。奥斯汀在"言语行为理论方面迈出的第一步"② 是把真值语义学和语言游戏语用学结合起来。他坚持一种二元论的观点：以言行事行为和以言表意行为是完全对立的：一方面，以言表意行为用于表现事态；另一方面，以言行事行为并不具有什么命题内容，甚至没有任何意义。以言行事行为所表达的并不是意义，而是一种特殊的力量，一种具有承诺特征的约束力量。

简单对比如下：以言行事行为——完成行为式命题——力量——成功/失败；以言表意行为——断言命题——意义——真实/错误。哈贝马斯认为奥斯汀的二元论是有问题的，原因在于"Mp"表明我们一次性完成了两种行为，只有通过分析才能把这两种行为区别开来。完成行为式命题和断言命题一样，也有一种明显的意义。记述式言语行为和其他言语行为一样，也表现出了以言行事和陈述的双重结构。奥斯汀将真实性仅仅作为衡量记述式言语行为是否有效的标准也是成问题的。塞尔在言语行为的有效性方面，也只承认真值语义学已经描述出来的的确具有普遍有效性的那些要求。要避免上述问题的办法不是像塞尔那样通过重塑言语行为理论的

---

① 上述"对意义应用理论的批判"的核心内容来自对哈贝马斯相关阐述的编辑整理。详细内容请参阅〔德〕哈贝马斯：《后形而上学思想》，曹卫东、付德根译，南京：译林出版社 2001 年版，第 95—97 页。

② 〔德〕哈贝马斯：《后形而上学思想》，曹卫东、付德根译，南京：译林出版社 2001 年版，第 103 页。

真值语义学,而是用相应的有效性要求来分析毕勒所提出的语言功能。①

第三节 语用意义理论的具体内容

"意义理论的基本问题是:理解语言表达的意义究竟意味着什么。"②针对意义理论的这个核心问题,不同的意义理论流派给予了各自不同的回答:意向主义意义理论认为,说话人意图也就等于说话人意义;意义的真值条件理论将语句的意义归结为语句的成真条件;意义的使用理论坚持"意义即为用法"。哈贝马斯给出的答案是:"理解一种表达,也就意味着懂得如何运用这种表达,来与某人就某事达成共识。"③ 如何达成这种共识?"可以批判检验的有效性要求为此提供了保证。"④ 所谓批判检验,是指"援引各种理由来证明言语行为的有效性"⑤。简言之,哈贝马斯语用意义理论认为,理解一个表达就是理解这个表达所提出的有效性要求。⑥⑦

---

① 上述"对言语行为理论的批判"的核心内容来自对哈贝马斯相关阐述的编辑整理。详细内容请参阅〔德〕哈贝马斯:《后形而上学思想》,曹卫东、付德根译,南京:译林出版社 2001 年版,第 103—108 页。

② 〔德〕哈贝马斯:《后形而上学思想》,曹卫东、付德根译,南京:译林出版社 2001 年版,第 64 页。类似的表达还有:"意义理论应该回答如下问题:理解一种完善的符号表达的意义,究竟意味着什么?"同上书,第 90 页。

③ 〔德〕哈贝马斯:《后形而上学思想》,曹卫东、付德根译,南京:译林出版社 2001 年版,第 69 页。

④ 〔德〕哈贝马斯:《后形而上学思想》,曹卫东、付德根译,南京:译林出版社 2001 年版,第 69 页。

⑤ 〔德〕哈贝马斯:《后形而上学思想》,曹卫东、付德根译,南京:译林出版社 2001 年版,第 69 页。

⑥ Maeve Cooke, *Language and Reason: A Study of Habermas's Pragmatics*, Massachusetts, Cambridge: The MIT Press, 1994, p.95.

⑦ 哈贝马斯有效性要求理论包括:真实性、真诚性和正确性。

具体说来，哈贝马斯解决意义理论的切入点是语言的语用功能，即关注的重点是语言能做什么，而非语言说了什么。上述"三种著名的意义理论命题都只是从语言核心发射出去的三条意义射线中的一条出发，而且只根据一种语言功能来解释所有的意义"①。为了克服这种片面性，哈贝马斯将语言功能图示理论②与言语行为理论相结合，形成了自己独具特色的意义理论。

语用意义理论认为，任何真诚的言语行为都提出了三个不同的有效性要求：真实性、真诚性和正确性。这三种有效性要求是必须被提出来的，否则人们之间就无法沟通。如果我们不预设我们说的话是真实的、真诚的和正确的，并且把这些信息传递给别人，我们就无法让别人理解我们，也无法说出任何有意义的话来。

需要说明的是，在交往行为中，虽然言说者的言语行为必须提出全部的三个有效性要求，但根据言语行为类型的不同（比如是断言、是请求还是声明），只有一种有效性要求被听者主题化。言语的意见取决于这三个有效性要求，而言说者为达成共识而提供的理由则是有效性要求的基础。要理解言语行为的意义，人们必须思考并接受或否定可以被恰当地援引来证明其正当性的理由。"如果我们认识到，是什么使得一个言语行为能够被接受下来，那么，我们也就理解了这个言语行为。"③ 是什么使得言语行为成为我们可以接受的？这就是证明有效性要求的理由，有效性要求也有承诺或者提供合理理由的内在义务。

在哈贝马斯看来，后形而上学的"意义"不是由言说者同外在世界的联系决定的，而是由言说者与听者之间的关系决定的，即意义本质上是主

---

① 〔德〕哈贝马斯：《后形而上学思想》，曹卫东、付德根译，南京：译林出版社2001年版，第65页。

② 毕勒语言功能图式理论认为，语言记号S同时具有三种功能：符号（symbol）功能、症状（symptom）功能和信号（signal）功能。

③ 〔德〕哈贝马斯：《交往行为理论（第一卷）：行为合理性与社会合理化》，曹卫东译，南京：译林出版社2001年版，第284页。

体间性的，而不是客观性的。理由也是公共的、主体间共享的。"共享的意义取决于共享的理由。"① 例如，"这是荸荠"这个表达，它提出的是真实性要求。如果听者没有见过"荸荠"而质疑（荸荠是什么?），言说者就可以提出证实表达真实性的理由（拿出荸荠这种东西）。经过这样一个提出理由证实有效性要求，听者采取肯定/否定立场的论证过程，言说者和听者能够就某一表达达成了共识，听者也就理解了表达的意义。

---

① 〔英〕芬利森：《哈贝马斯》，邵志军译，南京：译林出版社 2010 年版，第 34 页。

第五章　真理共识论

"真理"一词在西方哲学中的涵义与在我国传统哲学中的涵义并不完全相同。在后者的语境中，真理是指关于某一问题的正确而系统的理论，即一类真命题或由一系列真命题组成的体系，而在前者的语境中，真理是指其值为真的命题或语句。也有人提出"真理"一词的多意性，例如爱因斯坦所言，"'真理'这个词的意义随着我们所讲的是经验事实，是数学命题，还是科学理论，而各不相同"①。我们是在哲学的意义上使用"真理"概念的。20世纪"语言转向"之后，真理理论在现代西方哲学语境内呈现出两种完全不同的发展路向：一种体现在部分哲学家利用语言转向所带来的新的分析范式，对传统的真理问题进行重新解释和论证，试图为老问题赋予新形式，使其更具有可信性；另一种体现在部分哲学家受语言哲学思潮和后现代思潮的影响，在批判传统真理论的基础上形成了截然不同的新真理观。哈贝马斯的真理共识论就是后一种路向的典型代表，他以批判传统真理理论为出发点，以形式语用学为理论依据，形成了独具特色的真理共识论。

---

① 转引自林定夷：《关于实在论的困惑与思考》，广州：中山大学出版社2016年版，第62页。

第一节 真理共识论的思想谱系

从总体上说，围绕真理问题形成了唯物主义和唯心主义、唯名论和实在论、经验主义和理性主义等复杂的争论，也形成了许许多多的真理理论。① 有的学者将真理论概括为四种类型②：真理的符合说、有效说、融洽说和一致说；有的学者将真理论区分为五种类型③：真理符合论、真理贯通论、真理实用论、真理语义论和真理多余论；还有学者将其总结为六种类型④：真理符合论、真理语义论、反实在论真理观、真理融贯论、真理冗余论和真理行动论。从哈贝马斯真理理论的思想谱系角度来说，要重点探讨真理符合论、真理融贯论和真理实用论。

一、真理符合论

亚里士多德是第一个给真理下符合论定义的哲学家。"每一事物之真理与各事物之实是必相符合。"⑤ 在黑格尔《哲学史讲演录》中，真理的通常定义是："真理是观念和对象的符合。"⑥ 由此可见，符合论是从命题

---

① 王锡伟：《真理新论》，北京：人民出版社2009年版，第1页。
② 金岳霖：《金岳霖文集》第3卷，兰州：甘肃人民出版社1995年版，第783—791页。
③ 涂纪亮：《英美语言哲学概论》，北京：人民出版社1988年版，第230—289页。
④ 徐友渔：《"哥白尼式"的革命——哲学中的语言转向》，上海：上海三联书店1994年版，第286—381页。
⑤ 〔古希腊〕亚里士多德：《形而上学》，吴寿彭译，北京：商务印书馆1959年版，第33页。
⑥ 〔德〕黑格尔：《哲学史讲演录》第2卷，贺麟、王太庆译，北京：商务印书馆1959年版，第301页。

与客观事实的关系上来定义真理的。符合论者认为，命题的真假取决于是否符合事实，符合事实即为真理。也就是说，如果认识或真理与它所表达的对象相符合，就是真理。真理符合论与真理融贯论和真理实用论相比较，"这个理论最不同于其他理论的地方在于，它认为事实是客观的，完全不依赖于关于它们的理论。真理的获得是被动的，似乎是由对象强迫予认识者的"①。真理符合论作为一种最古老的真理论形式，具有源远流长的历史。从亚里士多德初步形成至今已经持续了两千多年，其间经历了古典时期、近代时期和现代时期三个阶段。

古典时期。亚里士多德是古典真理符合论的典型代表。他明确提道："凡以不是为是、是为不是者，这就是假的；凡以实为实、以假为假者，这就是真的。"② 由上可知，亚里士多德为真理符合论提出了两个基本前提：第一，人的知觉之外存在着一个独立于知觉的作为客体而存在的物理世界，它们与知觉主体相对应。主体和客体的存在是符合论的先决条件。第二，人的知觉能够把握和认识客体。如果人的认识达不到客体，也就不存在主体的认识与客体是否符合的问题。

近代时期。洛克和贝克莱是近代真理符合论的典型代表。洛克把真理看作代表观念的"各种符号"之间的契合。"在我看来，所谓真理，顾名思义讲来，不是别的，只是按照实在事物的契合与否，而进行各种标记的分合。在这里所谓各种标记的分合，也就是我们以另一名称称之为命题的。因此，真理是属于命题的。"③ 贝克莱也是从符合论的角度提出真理问题，并且他的逻辑简洁而明快：可感觉的东西都是可以直接知觉的；而直

---

① 陈亚军：《实用主义：从皮尔士到布兰顿》，南京：江苏人民出版社 2019 年版，第 67 页。

② 〔古希腊〕亚里士多德：《形而上学》，吴寿彭译，北京：商务印书馆 1959 年版，第 79 页。

③ 〔英〕洛克：《人类理解论》，关文运译，北京：商务印书馆 1959 年版，第 566 页。

接知觉的东西就是观念,而这些观念只存于心中。① 贝克莱的真理论是针对洛克"图像说"中所存在的矛盾而发展起来的。贝克莱发现洛克哲学中存在着物体与观念的对立、第一性观念与第二性观念的对立。而在他看来,这种区分实际上是不存在的。就人的感官作用而言,只能感觉到属性,却感觉不到实体,任何我们称之为物理对象的东西,都不过是我们的某种知觉观念。

现代时期。罗素和维特根斯坦是现代真理符合论的典型代表。罗素的基本立场是,真理是命题或信念的性质,命题或信念的真根源于它们与外在事实的符合或对应。"真理的性质完全有赖于信念对于外界事物的关系。"② 换言之,罗素认为,命题与外在世界具有相同的结构。维特根斯坦在《逻辑哲学论》中提出著名的图像说,他认为命题是实在的图像,而图像本身是看不出真假的,所以,要看出图像的真假就必须把图像与实在进行对比。"仅仅从一幅图像本身我们无法认出它是真的还是假的……它之为真的或者假的,这点取决于它的意义与实际是一致的还是不一致的。"③

关于真理符合论所遇到的困境,主要有如下几种总结。有人概括了三个方面的理论疑难④:一是符合的含义到底是什么?二是认识内容与之符合的"实在"的含义是什么?三是真理符合论必然与没绝缘。还有人总结了另外三个方面⑤:一是没有包含分析性的真理;二是不能解释否定性命题如何为真;三是包含一个解释学循环。"符合论目前遇到的最大困难大概与各种实证主义、分析哲学的有关研究有关。不少分析哲学家认为传统

---

① 曾志:《真理符合论的历史与理论》,载《北京大学学报(哲学社会科学版)》,2000年第37(6)期,第53—61页。

② 〔英〕罗素:《哲学问题》,何兆武译,北京:商务印书馆2007年版,第102页。

③ 〔奥〕维特根斯坦:《逻辑哲学论》,韩林合译,北京:商务印书馆2013年版,第15页。

④ 王锡伟:《真理新论》,北京:人民出版社2009年版,第41—45页。

⑤ 陈嘉映:《语言哲学》,北京:北京大学出版社2003年版,第60页。

符合论对什么符合什么，符合又是什么，如何符合或者符合的证明、证实等没有一个准确清楚的说明。"① 根据芭芭拉·福尔特纳（Barbara Fultner）的阐述，哈贝马斯从《真理理论》开始就明确反对真理符合论，直到《真理与辩护》一书的出版，他说得更加明确。②

哈贝马斯提出，按照真理符合论的观点，能够被我们经验到的对象世界的结构源自我们的思维结构，也就是说，世界要服从于我们的思维结构。但问题在于，我们并不知道世界本身和我们思维结构之间存在多大程度的本体论意义上的符合。"通过我们思维而展露给我们的世界可能是被选择和扭曲之后的世界。"③ 更为重要的一点是，我们从未确定，先验建构的对于我们来说是客观的那个世界是普遍的和必要的。由此出现了这样一个悖论：我们的主观性确保着可能的经验知识的客观性。④

二、真理融贯论

真理融贯论的基本立场是，真理表现为一组命题之间的融贯关系或相容关系。也就是说，一个命题的真理性取决于它是否与该命题系统中的其他命题相一致。"命题的真假并不是由它与独立存在的事实之间的关系所决定的，而更是由它与其他命题的关系决定的。"⑤ 真理融贯论与哲学家的整体世界观相联系。他们认为，世界是一个不可分割的整体，其中的每一

---

① 郭继海：《真理符合论的困难及其解决》，北京：中国社会科学出版社2003年版，第2页。

② Habermas, *Truth and Justification*, B. Fultner (trans.), Massachusetts, Cambridge: The MIT Press, 2003, p.xv.

③ Habermas, *Truth and Justification*, B. Fultner (trans.), Massachusetts, Cambridge: The MIT Press, 2003, p.18.

④ Habermas, *Truth and Justification*, B. Fultner (trans.), Massachusetts, Cambridge: The MIT Press, 2003, p.19.

⑤ 陈亚军：《实用主义：从皮尔士到布兰顿》，南京：江苏人民出版社2019年版，第67页。

个部分和整体中的任何部分都有关系。因此，反映这个整体的内在性质的真理也是一个整体。不存在孤立的真理，每个陈述是否为真，其唯一的标准就是看它是否与其他陈述一致。

在近代，笛卡尔是真理融贯论的首倡者。他所持的理性真理的标准是所谓观念自身的"清楚明白"。按照笛卡尔的观点："凡是我们极清楚、极明白地设想到的东西都是真的。"① 问题是如何才能说明这种被认为是清楚、明白的观念必然与客观存在相符合？笛卡尔的解决方式是："凡是真的显然都是某种东西，真理和存在是一回事情。"② 笛卡尔的"存在"是指上帝，他希望借助上帝来说明真理与存在的统一。在他看来，上帝创造观念这种实体和创造广延这种实体时使用的是同一种规律，因此，在思想或心灵中发生的事与在自然或存在中发生的事乃是一致的。

斯宾诺莎也是真理融贯论的支持者。他认为，只有"恰当的观念"才能称之为"真观念"。他所谓的"恰当的观念"，是指与对象完全隔离的观念，即它的存在不是以存在着的事物为依据，而是以观念自身的特性为依据。换句话说，一个观念之为"真观念"，不是因为它符合于它的对象，而是因为它本来就是一个真观念。只有首先肯定一个观念是真观念，才能肯定这个观念符合于它的对象。③ 由此可见，斯宾诺莎将真观念看作真理的标准。"除了真观念之外，还有什么更明白、更确定的东西足以作为真理的标准呢？正如光明显示其自身并显示黑暗，所以真理既是真理自身的标准，又是错误的标准。"④

---

① 北京大学哲学系：《16—18 世纪西欧各国哲学》，北京：商务印书馆 1975 年版，第 146 页。

② 北京大学哲学系：《16—18 世纪西欧各国哲学》，北京：商务印书馆 1975 年版，第 174 页。

③ 上述有关斯宾诺莎的阐释参见曾志：《西方知识论哲学中的真理融贯论》，载《社会科学辑刊》，2005 年第 1 期，第 4—9 页。

④ 〔荷兰〕斯宾诺莎：《伦理学》，贺麟译，北京：商务印书馆 1958 年版，第 76 页。

第五章　真理共识论

黑格尔的真理融贯论表现在他对理性知识的高度评价上。在他看来，人的认识要经历感性认识阶段、知性认识阶段和理性认识阶段。其中，理性认识阶段包括"消极理性阶段"和"积极理性阶段"。在前一阶段中，思维认识到概念之间不是彼此分离、相互隔绝的，而是相互联系、相互转化的；在后一阶段中，思维进一步认识到对立双方因内在联系必然转化为自己的反面，同时又把反面看成对正面的深入规定，从而达到把握概念的对立统一。因此，认识是从片面的、抽象的认识上升到全面的、具体的认识的过程，这也是"绝对精神"自我认识的过程。可以看出，在认识的这三个阶段中，黑格尔最崇尚的是理性认识阶段，他强调概念之间的相互联系和相互转化，强调概念的对立统一。[1]

一般来说，真理融贯论的困境在于，虽然它能解释形式真理，但并不能解释经验真理。经验真理是以综合命题为依据的，它不仅要合乎命题的语言条件和逻辑条件，还必须以命题描述的事实为最终的基础和根据。还需指出的是，它是真理的必要条件，却不是充分条件。哈贝马斯指出，依据真理融贯论的观点，一个命题的真理性似乎只能通过与其他获得认可的命题相融合来确定，但这种说法是不充分的，因为"一个仅仅通过一系列的理由而产生的连贯性，并不能解释为什么即使是得到最彻底辩护的断言也会被证明是错误的"[2]。由此，我们面临着这样的两难境地：为了让我们相信一个命题的真实性，我们只能使用任由摆布的辩护理由，但是我们所使用的真理断言，已经在绝对意义上超越了所有可能的辩护理由。哈贝马斯认为，这种两难困境是真理融贯论的症结所在。

---

[1] 上述有关黑格尔的阐释参见涂纪亮：《英美语言哲学概论》，北京：人民出版社1988年版，第246页。

[2] Habermas, *Truth and Justification*, B. Fultner (trans.), Massachusetts, Cambridge: The MIT Press, 2003, p.250.

三、真理实用论

真理实用论是由美国实用主义者皮尔士、詹姆士和杜威以不同方式主张的一种真理论。"真理和成功行动的这种关联是'美国实用主义者'的口号。"① 他们的基本论点在于，主张通过探寻由一信念为真所造成的差别去探究真理，也就是说在其使用环境中考察起作用的真观念。

一般说来，詹姆士的理论被视为真理实用论的标准版本。"在詹姆士众多的哲学遗产中，最引人注目也最引起争议的是他关于真理的阐述。"② 詹姆士以实用主义为基础，将真理与效用等同起来。他认为，一个观念的真理性和这个观念的实际效用是完全一致的，由此提出"真理就是有用"的口号。他为此观点进行了如下论证。观念是对象的名称或符号，由观念构成的判断只是名称或符号之间的一种联系。由于观念也是经验，因此，名称或符号之间的联系也是经验的联系。真理也是经验之间的一种联系，然而并非所有的经验联系都是真理，只有当某种经验联系能对人有用，使人达到预期的目的和效果时，这种经验联系才是真理。观念的效果只是相对而言，说观念的真理性在于它有用或有效，就是指它能符合人的需要、满足人的欲望。"'它是有用的，因为它是真的'；或者说：'它是真的，因为它是有用的。'这两句话的意思是一样的；也就是说，这里有一个观念实现了，而且能被证实了。'真'是任何开始证实过程的观念的名称。'有用'是它在经验里完成了的作用的名称。除非真的观念在一开始就是这样有用，真的观念绝不会就作为真的观念被挑选出来，它绝不会成为一个类名，更不会成为一个引起价值意义的名称。"③

---

① 〔英〕西蒙·布莱克本：《真理》，李主斌译，北京：生活·读书·新知三联书店1921年版，第31页。

② 陈亚军：《实用主义：从皮尔士到布兰顿》，南京：江苏人民出版社2019年版，第67页。

③ 〔美〕詹姆士：《实用主义》，陈羽纶、孙瑞禾译，北京：商务印书馆1979年版，第104—105页。

需要指出的是，詹姆士的这段话经常受到误解，认为他将有用和真理的性质简单地混为一谈，其实这是无知的表现，是没有了解上下文而断章取义的结果。这是詹姆士谈论"额外真理"时说的一段话，要结合上下文进行总体理解，而不是自行剪裁，望文生义。① 詹姆士除了试图把效用与可证实性相联系之外，还认为真理就是那些好的、有用的和方便得到的信念。真理在人的思维方式中是便利的，就像正确在人的行动方式中是便利的一样。

真理实用论的困境在于，假的观念也能有效用，却仍然是假的，而且我们应该为真理本身而不是为它所造成的后果去追求真理。

第二节 真理共识论的演变过程

哈贝马斯通过与当今众多世界级思想家的理论论战来博采众长，进而不断修正和发展自己的理论体系，他的真理共识论思想也同样呈现出一幅逐步嬗变且不断完善的理论图景。

总体上看，真理的共识取向是哈贝马斯真理论的基本坐标和核心要义，但是它也存在着前后期的不同变化。20 世纪 60 年代是哈贝马斯真理共识论的准备阶段，他开始逐步关注真理问题，致力于在兴趣基础上的知识角度说明真理问题，提出了基础陈述的理性共识的主张；70 年代至 90 年代，哈贝马斯依据自己的话语理论探讨真理观，将真理研究模式由经验观察为前提的认识论模式，转变为以言语诉说为中心的认识模式；随着哈贝马斯对于质疑者们的批判回应与理论修正，20 世纪末以来，哈贝马斯为自己的真理观补充了实在论的维度，提出了实用主义真理观。

详细说来，具体表现为如下三个发展阶段。

---

① 陈亚军：《实用主义：从皮尔士到布兰顿》，南京：江苏人民出版社 2019 年版，第 72 页。

第一阶段，真理共识论的准备阶段（1960—1970）。《分析的科学哲学和辩证法》（1963）[①] 一文的发表，表明哈贝马斯加入了阿多诺和波普尔之间的"实证主义争论"[②]。在这场关于方法论的论争中，哈贝马斯的真理观初露端倪。哈贝马斯通过对基本陈述与事态之间的相互关系的讨论，不仅实现了对波普尔的内在批判，而且勾勒了一个科学真（scientific truth）或有效性的概念。他认为，只要科学家们具有共同的研究目的，他们之间就能够对由观察角色所形成的基本陈述达成一致意见。在《认识与兴趣》（1968）和论文集《作为"意识形态"的技术与科学》（1968）中，哈贝马斯致力于从建立在兴趣基础上的知识角度说明真理问题，进而系统发展如下观点：只要能够共享一个更根本的前理论前提，就能够形成关于基础陈述的理性共识。

具体说来，在《认识与兴趣》的"后记"中，哈贝马斯"以认识兴趣为基础，建构了共识性的真理观"[③]，基本思路是区分认识的客观性和真理性。为了说明这个区分，哈贝马斯首先区分了认识对象的构成问题和有效性问题，用他自己的语言就是"经验陈述的范畴内涵和有效性要求内涵"[④]。为了区分二者，他首先区分了"物与事件"和"事实"。"物与事件"指的是我们在现实世界中要处理或经历的某些东西，是物理性的物质

[①] Habermas, "Analytische Wissenschaftstheorie und Dialektik", in M. Horkheimer, Zeugnisse. Theodor W, *Adorno zum sechzigsten Geburtstag*, Frankfurt：Europ&auml Verlagsanstalt，1963：473-501. 转引自：Alessandro Ferrara, "A Critique of Habermas's Consensus Theory of Truth", in *Philosophy Social Criticism*, 1987, (13): 39-67.

[②] 关于这场"实证主义争论"的详细内容请参阅 David Frisby, "The Popper-Adorno controversy：The methodological dispute in German sociology", in *Philosophy of the Social Sciences*, 1972, (2): pp.105-119.

[③] 李淑梅、马俊峰：《哈贝马斯以兴趣为导向的认识论》，北京：中国社会科学出版社 2007 年版，第 329 页。

[④]〔德〕哈贝马斯：《认识与兴趣》，郭官义、李黎译，上海：学林出版社 1999 年版，第 315 页。

范畴;"事实"并不属于物质范畴,不是实在论视角下的对象的存在,而属于语言哲学范畴,指的是我们在语言陈述或语言命题中对得到辩护的被肯定之物所做的描述的内容,以语言符号的方式表现出来。

范畴内涵,也就是对象的构成,指的是现实世界中存在着的"物与事件",是客观存在着的物质对象的真实性,"在范畴的内涵中,始终反映了我们赖以了解世界上某种东西——物或事件,人或其表现——的方面"①。范畴内涵的真假的检验标准是"物与事件"本身的客观性,也就是它是不是在客观上真的存在,存在即真,否则为假。有效性要求内涵,指向并不是物质对象而是经验陈述的"事实",是命题内容的真实性。命题内容的真假与否的标准,并不是对象是否存在,而是命题陈述本身是否得到辩护,如果得到辩护并被人认可则为真,否则为假。"一种陈述在内涵上可以是真的或者假的,内涵的真假不在于经验的客观性的条件,而在于用论据论证可批评的有效性要求的可能性。"②

由此可见,经验的客观性并不等同于陈述的真实性。以经验的客观性论证真理内涵的做法主要来自真理符合论,但是这种实在论视角下的所谓的"客观性"概念却无法自足,实际上这种经验表达是纯粹的主观的东西,而且是私人主观的东西。与此相反,按照哈贝马斯的观点,经验的客观性就在于主体间性并被人们所共有,也就是实现主体间的共识。如何达成共识,则需要对成问题的有效性要求进行对话性论证与辩护,论证获得认可则为共识结果,真理得到实现与确证。"真理,作为包含在肯定中的有效性要求的根据,不同于经验的客观性,它不表现在后果受到监督的活动中,而只表现在富有成效的论证中。"③

---

① 〔德〕哈贝马斯:《认识与兴趣》,郭官义、李黎译,上海:学林出版社1999年版,第316页。

② 〔德〕哈贝马斯:《认识与兴趣》,郭官义、李黎译,上海:学林出版社1999年版,第315页。

③ 〔德〕哈贝马斯:《认识与兴趣》,郭官义、李黎译,上海:学林出版社1999年版,第319页。

在论文集《作为"意识形态"的技术与科学》中,哈贝马斯也同样阐述了他的共识真理观。"当技术规则和战略的有效性取决于经验上是真实的,或者分析上是正确的命题的有效性时,社会规范的有效性则是在对意图的相互理解的主体间性中建立起来的,而且是通过义务得到普遍承认来保证的。"① 也就是说,社会规范的有效性是通过主体间的普遍承认实现的。需要注意的是,从《劳动和相互作用》② 一文开始,哈贝马斯已经逐步由认识论和哲学人类学转向关于社会理论的研究。在这篇文章中,哈贝马斯不仅重建了黑格尔的"精神"概念,而且突出了语言和相互作用的主体间性。在《作为"意识形态"的技术与科学》③ 一文中,哈贝马斯更是明确将劳动和相互作用视为社会行为的两种基本类型:目的理性行为和交往行为。

第二阶段,真理共识论的话语理论阶段(1970—1999)。这个阶段是哈贝马斯从话语理论角度阐发真理共识论的重要时期,理论的具体内容与论证过程都是在这个阶段完成的。一般而言,大家普遍将《真理论》(1973)④ 和《论社会互动的语用学》⑤ 作为哈贝马斯真理共识论建构的主要文献。"在《真理论》中,哈贝马斯创造了惨遭非议的'真理共识论'这个术语……直到20世纪90年代中末期,哈贝马斯自己确实一直支持他后来所谓的真理的'话语'概念,根据这种概念,真理是理想的得到保证

---

① 〔德〕哈贝马斯:《作为"意识形态"的技术与科学》,李黎、郭官义译,上海:学林出版社1999年版,第49页。

② 〔德〕哈贝马斯:《作为"意识形态"的技术与科学》,李黎、郭官义译,上海:学林出版社1999年版,第3—34页。

③ 〔德〕哈贝马斯:《作为"意识形态"的技术与科学》,李黎、郭官义译,上海:学林出版社1999年版,第38-83页。

④ Habermas, "Wahrheitstheorien", in Walter Schulz, Helmut Fahrenbach (eds.), *Wirklichkeit und Reflexion*. Pfüllingen: Neske, 1973, pp.211-265.

⑤ Habermas, *On the Pragmatics of Social Interaction*, Barbara Fultner (trans.), Cambridge: Polity Press, 2001.

的断言。"①

但是，也有人指出，要高度重视《交往能力理论的准备性考察》对于梳理哈贝马斯真理共识论的基本纲领的更重要的意义，因为《真理论》的主要内容其实是对《交往能力理论的准备性考察》的进一步展开。② 在《真理论》一文中，哈贝马斯围绕着三个核心论题对真理概念进行了系统论述。第一个论题是，真理的意义要在记述式言语行为的语用学的关联中得到阐明。第二个论题是，哈贝马斯区分了话语和行动，行动指的是一种与行为相关联的交换信息的经验现象，而话语指的则是以论证为标志的交往形式，在其中人们把成为问题的有效性主张当作主题，并且就这些主张的合法性做出探究。第三个论题是，哈贝马斯在批判真理符合论的过程中阐述了作为真理的有效性要求如何通过论证予以兑现。换言之，哈贝马斯认为，一个真理主张只有通过论证才能得到兑现，才能称之为真理。

相反，在真理符合论的意义上，一个在经验中有对象对应的主张还远不是一个有理由的主张，至多只能算作私人的意见或主张。"作为一种有效性主张的真理，只有通过'说'才是可能的，而后者是一种只能在多个不同的主体之间才能进行的、公共的活动，从而在原则上就与任何对丁确定性的私人体验区别开来。"③

由此可见，近代认识论哲学的核心路径之一就在于，本体论意义上的真理概念向认识论意义上的概念转移，哈贝马斯也同样受到康德先验哲学的启发，从建构一个具有基础规范效力的真理概念出发，提出真理就是一种有效性要求，当我们进行言语陈述的时候就涉及命题的真假问题，真理

---

① Habermas, *Truth and Justification*, B. Fultner (trans.), Massachusetts, Cambridge: The MIT Press, 2003, p.xvi.

② 黄美笛、王浩斌：《"真理"何以在先验与经验之间？——哈贝马斯"真理共识论"建构的逻辑进路解读》，载《浙江学刊》，2021 年第 6 期，第 115—122 页。

③ 南星：《哈贝马斯论真理与证成》，载《世界哲学》，2020 年第 5 期，第 89—100 页。

问题只能在言语行为的有效性要求的论辩与兑现的过程中得到阐明。但是，哈贝马斯面临的问题是，有效性要求的兑现总是受到主体所处的一定历史和文化情境的限制，由此导致真理的兑现论证陷入了循环的怪圈。为了克服多样复杂的现实语境的羁绊，他提出了自己的"理想的言语情境"理论，较好地解决了这个问题。

在与当代其他思想家的对话中，哈贝马斯的这种理想情境的先验预设受到了诸多批评，主要体现在理想的言语情境问题和真理的证实问题。一方面，理想的言语情境问题。由于概念本身经常受到误解，哈贝马斯在后续理论中不再使用理想的言语情境这个概念。但是，他并没有放弃"理想的言语情境"的论证方式，只是变换了名称并进行了部分修补。在《什么是普遍语用学》（1976）中，哈贝马斯将这种理想性设计改称为"可能理解的普遍条件或交往的一般预设"①。在《对话伦理学》（1983）中，则称其为"论证的预设"②，并说明了论证的预设和理想的言语情境之间的对应与承接关系，并为理想的言语情境进行了辩护。"这就是为什么我一度将论证预设视为理想的言语情境的典型特征的原因……早些时候我关于理想的言语情境的分析，现在对我来说仍然是正确的。"③ 但是，论证的预设的具体内容已经有了新的表达。在《在事实与规范之间》（1992）中，哈贝马斯将这种"思想实验"称为"理想的交往共同体"④，并进行了具体说明。值得注意的是，哈贝马斯也表示过对这个术语的不满，认为它太

---

① Habermas, *Communication and the Evolution of Society*, Thomas McCarthy (trans.), Cambridge: Polity Press, 1984, p.1.

② Habermas, *Moral Consciousness and Communicative Action*, Shierry Weber Nicholsen, (trans), Massachusetts, Cambridge: The MIT Press, 1999, p.88.

③ Habermas, *Moral Consciousness and Communicative Action*, Shierry Weber Nicholsen(trans.), Massachusetts, Cambridge: The MIT Press, 1999, p.88.

④ 〔德〕哈贝马斯：《在事实与规范之间》，童世骏译，北京：生活·读书·新知三联书店2003年版，第77页。

过于"具体化"①。另一方面,真理的证实问题。对于这个问题,哈贝马斯在为《认识与兴趣》所写的《后记》②(1973)和《回答我的批评者》③中给予了回应。哈贝马斯主要通过区分经验的客观性和断言的真理性来回复批判者。

第三阶段,真理共识论的实用主义阶段(20世纪末以来)。由于真理共识论的话语阶段的主张受到了诸多批评,特别是"理想的言说情境"或曰"理想化条件"受到的批评更为激烈,哈贝马斯也部分同意大家的批评意见并对自己的真理理论进行了修正,尤其是对自己真理论的实在论维度进行了补充。这种修订借助了实用主义的理论资源,从而开始了哈贝马斯真理共识论的实用主义阶段。"为了回应批评,哈贝马斯从此放弃了这种对真理的认知概念。"④哈贝马斯自己也明确说过:"这些反对意见促使我对理性可接受性的话语概念进行了修改,这是通过将其与一个实用主义构思性的、非认识论的真理概念联系起来的方式进行的。"⑤

这一转变主要体现在《真理与辩护》(1999年)一书之中。"《真理与辩护》最主要的改变是,哈贝马斯提出了这样一个论点,即实在论问题的解决只能通过考察主体之间的'水平'交际关系,以及通过行动与世界建立联系的主体的'垂直'关系。换句话说,想要建立实在论,我们不仅需

---

① Habermas, *Autonomy and Solidarity: Interviews with Jürgen Habermas*, Peter Dews(ed.), London: Verso, 1992, p.161.

② [德]哈贝马斯:《认识与兴趣》,郭官义、李黎译,上海:学林出版社1999年版,第303—346页。

③ Habermas, "A reply to my critics", in John Thompson, David Held(eds.), Habermas, *Critical Debates*, Massachusetts, Cambridge: The MIT Press, 1982, pp.219-283.

④ Habermas, *Truth and Justification*, B. Fultner(trans.), Massachusetts, Cambridge: The MIT Press, 2003, p.xvi.

⑤ Habermas, *Truth and Justification*, B. Fultner(trans.), Massachusetts, Cambridge: The MIT Press, 2003, p.38.

要交往理论，而且需要行动和学习理论，该理论所指向的客观世界在实践中得到认可。"① 这种变化同时也体现在《交往的语用学》② 的部分文章之中。此时的哈贝马斯通过"双面真理"概念来回应大家的批评以及修正自己的理论主张。所谓"双面真理"概念，就是指真理不仅要通过话语的可接受性予以辩护，而且要与面向生活世界的行动辩护相联系。"真理既存在于行动领域之中，也存在于话语的领域之中。在一种情况下，真理保持在行动的体系中：行动中的引导行动的确定性规范就是真理；但在另一种情况下，引导行动的确定性规范并不是真理，因为一旦丧失它的确定性，就没有人还会把它当作真理来接受，真理就只能在话语中来重建。"③ 当然，提出"双面真理"概念并不表示哈贝马斯回到了"符合论"的老路之上，而是表示他开辟了实用主义真理观的新路。具体内容后边会详细阐述，这里不再赘述。

第三节 真理共识论的基本内涵

虽然早在古希腊的"苏格拉底和折中主义逻辑学中便包含了真理共识论的萌芽"④，近代以来的以彭加勒为代表的约定论、以皮尔士为代表的共识论和由洛伦岑与卡姆拉所开创的爱尔兰根学派也是真理共识论的早期代表，但是，"在当代西方哲学家中，哈贝马斯大概是对真理的共识论进行

---

① Axel Seemann, "Lifeworld, Discourse, and Realism", in *Philosophy & Social Criticism*, 2004, 30(4): pp.503-514.

② Habermas, *On the Pragmatics of Communication*, Maeve Cooke(eds.), Massachusetts, Cambridge: The MIT Press, 1998.

③ 刘钢：《真理的话语理论基础：从达米特、布兰顿到哈贝马斯》，北京：人民出版社 2015 年版，第 512—513 页。

④ 〔德〕霍尔斯特：《哈贝马斯传》，章国锋译，上海：东方出版中心 2000 年版，第 77 页。

了最系统论证的人了"①。如前所述，哈贝马斯的真理理论并不是一蹴而就、一次成型的，也是经历了曲折和变化，主要表现为先后相继的"话语的真理共识论"和"实用主义的真理共识论"两个版本。

关于哈贝马斯真理理论的演化，部分学者提出他在前期主张"真理共识论"，遭遇众多批判意见之后，后期就放弃"共识论"而转向了"实用主义真理论"，这是一种断裂式的根本性转折，简直可以说是另起炉灶了。这种观点虽然流传较广但着实值得商榷，其实哈贝马斯并没有放弃真理的"共识论"辩护，只是在"共识论"的基础上增加了"实用主义"的要素，从而形成了"双面真理"概念。

首先，看一下"话语的真理共识论"阶段的基本主张。

虽然从《知识与人类兴趣》开始，哈贝马斯就一直致力于形成一种真理理论，但是，与他早期的立场相比，哈贝马斯后期已经不再从兴趣的结构角度说明真理问题，而是从有效性要求的话语兑现层面进行论证。② 依据哈贝马斯真理共识论的观点，真实是指人际间语言交往中的一种"有效性要求"，即与记述式言语行为相联系的真实性要求；真理是指对这一要求的话语兑现，这种话语兑现指的是话语主体通过言语论辩而达成的共识。命题之为真的条件是所有其他人的潜在的同意，真理和真实的检验标准并不是如真理符合论所言的客观性，而是它的主体间性。"当某个命题

---

① 童世骏：《批判与实践：论哈贝马斯的批判理论》，北京：生活·读书·新知三联书店 2007 年版，第 109 页。童世骏：《论真理的认可问题》，载《学术月刊》，2000 年第 2 期，第 19—24 页。

② 意大利罗马第二大学政治哲学教授，意大利政治哲学学会前主席 A. 费拉雷（Alessandro Ferrara）也对哈贝马斯真理共识论进行了阶段性划分。他将其划分为四个阶段：第一阶段（1963—1965）；第二阶段（1965—1968）；第三阶段（1969—1973）；第四阶段（1974—）。详细内容请参阅 Alessandro Ferrara, "A critique of Habermas's Consensus Theory of Truth", in *Philosophy Social Criticism*, 1987, (13): 39-67.

是真的，它就永远并且对所有人而不仅是对我们是真的。"① 真理建立在对真实性要求的论辩（argument）与兑现（redemption）的基础之上。所以，哈贝马斯写道："我能够将某一谓词归于某一对象，当且仅当与我进行对话的所有人也都将这个同一谓词归于同一对象。为了区分真命题和假命题，我必须依靠别人的判断，即所有与我进行对话者的判断（包括反事实意义上的所有我有可能遇到的对话伙伴，假如我的生活历史和人类历史一样长的话）。命题的真值条件是所有他者的可能同意。"②

具体说来，真理共识论包括三个基本命题③：

命题一：我们所说的真理，是指那种与断定性言语活动相联系的有效性要求。一个陈述在如下情况下是真的：我们使用句子来断定那个陈述的言语活动的有效性主张得到了辩护。

命题二：真理作为一种负担而出现，只是因为在行动情境中被朴素地认可的有效性主张成了问题。因此，在商谈中——那些假设性的有效性主张是在商谈中加以审查的——对陈述的真理性所作的表示并不是冗余的东西。

命题三：在行动情境中，命题提供有关经验对象的信息；在商谈中，关于事实的陈述被列入讨论。因此，真理问题之提出，与其说是针对世界之内对应于同行动相关的认知的东西，不如说是针对那些成为与经验相分离、摆脱了行动之负担的商谈之焦点的事实。决定某事实是否确有其事

---

① 〔德〕哈贝马斯：《对话伦理学与真理的问题》，沈清楷译，北京：中国人民大学出版社2005年版，第51页。

② Habermas, *On the Pragmatics of Social Interaction*, Barbara Fultner (trans.), Cambridge: Polity Press, 2001, p.89.

③ Habermas, *Vorstudien und Ergänzungen zur Theorie des kommunikativen Handelns*, Suhrkamp: Frankfurt am Main, 1995, pp.135-136. 转引自童世骏：《批判与实践：论哈贝马斯的批判理论》，北京：生活·读书·新知三联书店2007年版，第109—110页。亦可参阅童世骏：《论真理的认可问题》，载《学术月刊》，2000年第2期，第19—24页。

的，不是经验的证据，而是论辩的过程。真理的观念，只有参照对有效性主张的商谈式兑现，才有可能加以说明。

结合上述三个命题，我们可以对哈贝马斯真理共识论作以下几点解释：一是本体论前提。真理共识论所面向的是一个"客观世界"①，通过真实性命题予以呈现。此时哈贝马斯所言的"客观世界"观点，并非真理符合论意义上的实在论立场，而是他为真实性要求所设定的一个条件。"记述式言语行为的有效性要求，即真实性……依靠两个条件。第一，它必须以经验为基础，即陈述不能与经验相冲突。"② 也就是说，只有在客观世界里才存在真理问题，在主观世界和社会世界并不存在真理问题或真假问题。此外，哈贝马斯认为，"断言本身并不与事物或事件相关（它们在知觉活动中是以一种主观确定性而被把握的），而是与事态相关，而且，如果其确有所指的话那么它们就是与事实相关"③。"事态"指的是"被肯定之物"的命题内容，而"事实"是对"被肯定之物"所作陈述的内容。真实性所指涉的就是事态在世界中的实际存在。换言之，真实性所指向的是客观世界中的事实或事态。

二是把真理视为"有效性要求"意味着什么？从真理符合论的缺陷可知，真理不是陈述本身的一种属性（或所处的关系），而是断定该陈述的

---

① 哈贝马斯区分了"生活世界"和"世界"两个概念：生活世界是文化、社会和个性结构的统一；世界是客观世界、社会世界和主观世界的统一。其中，客观世界指实际存在的事态世界，也就是人之外的物理世界，通过真实性命题予以呈现。详细内容请参阅〔德〕哈贝马斯：《交往行为理论（第一卷）：行为合理性与社会合理化》，曹卫东译，南京：译林出版社 2001 年版，第 83—94 页；Habermas, *The Theory of Communicative Action* (Vol. II), Thomas McCarthy (trans.), Boston: Beacon Press, 1987, pp.125-126.

② Habermas, *On the Pragmatics of Social Interaction*, Barbara Fultner (trans.), Cambridge: Polity Press, 2001, p.89.

③ 〔德〕弗兰克：《理解的界限》，先刚译，北京：华夏出版社 2003 年版，第 81—82 页。

言语活动的属性；退一步讲，即使仍然把真理作为陈述的属性，它也不直接同陈述的对象相关，而是同断定该陈述的言语活动相关，是断定该陈述的主体向其他主体提出的一种要求，要求他们认可、承认他对这个陈述的断定的有效性。

三是如何兑现有效性要求（真实性），从而形成理性共识？要回答这个问题，首先需要明确：第一，真实性要求在什么情况下才要求得到兑现？依据哈贝马斯的观点，真实性要求是作为一种"背景共识"暗含于记述式言语行为之中。在日常的行为情境中，记述式言语行为一般都可以正常进行，真实性要求并不显现。因为他们的陈述的有效性并没有成为一个问题，所以也不涉及兑现问题。只有在记述式言语行为出现问题的时候，即记述式言语行为的有效性要求受到质疑的时候，有效性要求兑现的问题才浮出水面。真实性要求如何受到质疑？其典型表现形式如下①，我们会问："你说的是这个事情吗？""他们为什么是那样的而不是这样的？"

第二，真实性要求如何得到兑现？当真实性要求受到质疑的时候，言语行为主体通过提供理由（reasons）来证实所说的话语，在话语交谈中回答质疑，兑现真实性要求。从而由交往行为（或互动）层次过渡到对话层次②，这是一种元交往（metacommunication）形式，是关于交往的交往。哈贝马斯认为，言语者通过提供理由的方式回应上述对真实性要求的质疑，如果听者接受了言语者提供的理由并认同了言语者的话语，真实性要求得到了兑现，双方达成共识，即言语者所言为真。反之，言语者所言为

---

① Habermas, *On the Pragmatics of Social Interaction*, Barbara Fultner (trans.), Cambridge: Polity Press, 2001, p.90.

② 按照哈贝马斯交往行为理论的划分，人际间的交往存在两个层次：一是交往行为（或互动）层次；二是对话层次。在交往行为层次中，所发生的是具体的交往行为，存在着多样化的具体的信息互动，任何日常的互动行为都属于这个层次。在对话层次中，所发生的并不是具体的多样化的信息互动，而是论证受到质疑的三个有效性要求（真实性、正确性和真诚性），任何具体的交往行为过渡到对话层次都是对三个有效性要求的论证，这个层次具有抽象性。

假。对于受到质疑的真实性,我们通过提供经验断言的形式予以回答。可以用哈贝马斯的例证来说明真实性要求的兑现问题。教授在课堂上向一位学生发出了要求:"请您给我拿一杯水。"① 这个学生质疑教授言说的真实性:"不,最近的水管都很远,我根本无法在下课之前赶回来。"也就是说,根本就不存在教授所说的这个事实(能够在规定时间内取水)。话语的命题成分不真实。教授要证明自己所言为真,必须能够列举理由回应质疑。他可以说:"隔壁新安了一个水管,2分钟就可以回来。"也就是说,存在教授所说的这个事实(能够在规定时间内取水),话语的命题成分是真实的。

第三,如何保证所达成的共识是理性共识而不是虚假共识。通过学生和教授之间的论证兑现程序,他们之间可能达成了一种共识。但是,共识也分真假,即存在理性共识和虚假共识。如何使达成的共识是理性的而不是虚假的?哈贝马斯认为,"只有理想的言说情境的期望才能保证事实上达成的任何依附于它的共识都是一种理性共识"②。理想的言说情境是一个确保所达成的共识是理性共识或真共识的一个基本装置,这种装置类似于罗尔斯的原初状态理论③,也具有某种反事实(counterfactual)的倾向。理想的言说情境的主要作用就是排除对话参与者之间进行交流时的任何障碍,这种障碍不仅包括来自外部情境的偶然影响,而且包括由交往结构自身所产生的约束功能,"如果交往既没有受到外在的偶然力量的阻碍,更重要的,也没有受到交往结构本身的强制,那么,我将这种言语情境称为

---

① 〔德〕哈贝马斯:《交往行为理论(第一卷):行为合理性与社会合理化》,曹卫东译,南京:译林出版社2001年版,第292页。

② Habermas, *On the Pragmatics of Social Interaction*, Barbara Fultner(trans.), Cambridge: Polity Press, 2001, p.97.

③ 关于罗尔斯的原初状态理论,可参阅贾中海:《社会价值的分配正义——罗尔斯自由主义政治哲学批判》,北京:中国社会科学出版社2011年版,第一章《罗尔斯的原初契约论及其哲学方法论意义》;刘志丹:《正义的起点——罗尔斯"原初状态"理论研究》,长春:吉林大学,2009年。

理想的言语情境"①。排除了所有的交往障碍，即排除了所有的系统扭曲的交往以后，交往所唯一能够依靠的就是典型的"更好论证"的非强制性力量，这种力量保障了交往共识的理性化特征，即所得共识是理性共识。哈贝马斯认为，在理想的言说情境之下，可能的参与者们在选择和施行言语行为时拥有均等的机会，这样就可以避免产生交往结构自身的强制，不仅对话角色要普遍互换，而且承担这些角色的机会也是均等的，即施行言语行为的机会是均等的。

前面说的是"话语的真理共识论"阶段的基本主张，现在进入哈贝马斯对自己真理理论的修正阶段，他的基本主张可以称之为"实用主义的真理共识论"。

哈贝马斯为什么要对自己的真理理论进行修正呢？原因其实比较简单，就是他提出的"话语的真理共识论"存在瑕疵，受到了多方的质疑。在回应这些质疑的过程中，哈贝马斯对自己的真理理论进行了局部调整，提出了"双面真理"概念，意在为自己的真理理论增加实在论的维度，这是哈贝马斯的最大的修正之处。如前所述，所谓"双面真理"概念，就是指真理不仅要通过话语的可接受性予以辩护，而且要与面向生活世界的行动辩护相联系。

语言学转向之后，我们被剥夺了直接解释真值条件的可能性，似乎我们只能依靠更好的论证理由来达成共识，以论证真理的有效性和可能性。哈贝马斯的"话语的真理共识论"也是这种观点的主要代表之一。但是，对哈贝马斯的这种观点一直存在着反对声音。批评者们认为，真理理论的实用主义转向之后，确实有充分理由将"真理"与"合理的可接受性"联系起来，但哈贝马斯在真理理论中设置的"理想的言说情境"或"理想的证明条件"却是存在问题的，他与阿佩尔的"理想的交往共同体"和普特南的"理想的认知条件"相类似，都存在过于理想化的弊病，根本问题正

---

① Habermas, *On the Pragmatics of Social Interaction*, Barbara Fultner (trans.), Cambridge: Polity Press, 2001, p.97.

在于这样的理想化的证明条件是没有可能实现的。这种反对意见的着眼点主要有两个方面：一方面针对的是"理想的言说情境"存在的概念方面的问题；另一方面针对的是，它并不能实现它所要达到的目标，因为它要么使真理与得到辩护的断言命题越来越远，要么就是它还不够理想、不够彻底。

哈贝马斯在回应这些批评意见的时候承认："直到不久以前，我还试图用理想的可辩护性解释真理。后来我明白了，这种同化是不可能运作的。因此，我重新检视了我所依据的并非错误而是不完善的真理的话语概念。追求真理的话语的建构导向合理的接受性，并不是真理。尽管我们易犯错的心灵除了这种接受性之外，不能追求其他什么别的，但我们还是不应该把这种可接受性与真理混淆起来。"① 此外，他还说过："语言并不能（完全）决定我们对世界能了解什么，或者世界对我们来说是什么。相反，我们从经验中学习，这种经验知识可以引导我们修正我们所使用的术语的含义。"② 这就是说，哈贝马斯要为自己的真理理论补上实在论的缺憾。"在客观真理的有效性论辩中，情况正好相反，在这种真理概念中，我们根本无法放弃一种实在论的承诺，即我们不得不承认，有关客观真理的陈述总是指向一个独立的外部（形式的）世界。"③

为了说明双面真理的"话语性"和"实在性"，哈贝马斯将其与生活世界概念联系起来。何谓生活世界，在形式语用学部分已经阐述明确了，此处就不再过多详述，只是简单论及它的基本内涵。作为哈贝马斯的思想体系中占有重要地位的概念，它的基本内涵就是言说者和倾听者相遇的先验场所，他们共同的言论关涉的客观世界、社会世界和主观世界。借助于

---

① 〔德〕哈贝马斯：《对话伦理学与真理的问题》，沈清楷译，北京：中国人民大学出版社2005年版，第51—52页。

② Habermas, *Truth and Justification*, B. Fultner (trans.), Massachusetts, Cambridge: The MIT Press, 2003, p.xvi-xiv.

③ 刘钢：《真理的话语理论基础：从达米特、布兰顿到哈贝马斯》，北京：人民出版社2015年版，第511页。

生活世界概念,哈贝马斯意在表明话语和行动都根植于此,都以此为依托和背景,真理首先奠基于生活世界特别是客观世界中,客观性和真理之间的联系并不是毫不相干的,真理必然指向一个独立存在的外部世界,而且这个外部世界对于我们是同一的。"在生活世界中,无论使用何种语言或概念,认知指向的都是同一个客观世界。"①

---

① 刘钢:《真理的话语理论基础:从达米特、布兰顿到哈贝马斯》,北京:人民出版社2015年版,第516页。

第六章 批判解释学

法兰克福学派始终致力于对社会的批判性分析,从而揭露人类社会遭受统治和压抑的生存现状,重建自由合理的现代社会。哈贝马斯的最终追求也在于此。贯穿哈贝马斯批判理论始终的批判解释学的方法论就鲜明地体现了这一终极目的。与语用意义理论和真理共识论相比,它和形式语用学在表面上的直接关联性较少,具有相对的独立性。但它是形式语用学得以形成的重要的内在逻辑要素,是从整体上把握哈贝马斯思想的关键线索之一。因此,对批判反思的解释学的形成过程和基本要义的探索也就显得格外重要。

第一节 解释学与批判解释学的概念

解释学(Hermeneutics)① 一词最早源于古希腊神话中的众神使者赫尔

---

① 关于 hermeneutics,国内一般有四种译法:释义学、诠释学、阐释学和解释学。详细内容请参阅黄颂杰:《现代西方哲学词典》,上海:上海辞书出版社2007年版,第22—23页。在涉及哈贝马斯英文原著的翻译过程中,本节统一采纳"解释学"的译法,以避免用词的混乱。需要说明的是,在中文资料的引用中,本节并不改变所引资料的翻译方式。因此,需要注意这种不同译法的意义一致性。

墨斯（Hermes）之名。传说他是上帝的信使，给人间传达上帝的消息和指令。他不仅传达上帝的旨意，还负责将上帝的指令翻译成人间的语言并解释神谕，使其明晰而易于人们理解。那么，何为解释学？简单说来，"解释学是一门关于理解与解释的学科"①。具体来讲，解释学是理解、解释（含翻译）和应用这三要素的统一体。所谓统一是指它们三者互不分离，没有前后之别，既不是先有理解而后有解释，也不是理解在前而应用在后。解释就是理解，应用也是理解，理解的本质就是解释和应用。②

从阶段性角度回顾解释学的发展过程，大体可以将其分为三个时期：一是古典时期。这一时期主要是以古典的神学解释学与法学解释学为主要代表。神学解释学以圣经为解释学对象，而法学解释学则以罗马法为解释学对象。此时的解释学是作为一种教育手段而出现的，它要求人们对权威解释结果的认同。例如，神学解释学是传达诸神的意志，人们必须承认这种意志是真理并绝对服从，且要付诸实施并加以应用；法学解释学也具有这种绝对承认、绝对服从并付诸实施的规范性职能。二是近代时期。这一时期主要是以施莱尔马赫（Friedrich Schleiermacher）和狄尔泰（Wilhelm Dilthey）为代表的近代的解释学。这一时期坚持所有人文社会科学研究都应该以解释学为方法论（一般方法），这样就能获得关于人类社会的科学知识，强调人文社会科学与自然科学有同样的严密性、科学性。三是现代时期。这一时期主要是以伽达默尔（Hans-Georg Gadamer）为代表的哲学解释学。与此同时，解释学也实现了三次重大转向③：第一次是从特殊解释学到普遍解释学的转向。施莱尔马赫是这次转向的先锋人物，他"把诠

---

① 洪汉鼎：《理解与解释：诠释学经典文选》，北京：东方出版社2001年版，编者引言，第19页。
② 洪汉鼎：《理解与解释：诠释学经典文选》，北京：东方出版社2001年版，编者引言，第7页。
③ 洪汉鼎：《理解与解释：诠释学经典文选》，北京：东方出版社2001年版，编者引言，第25—27页。

释学从独断论的教条中解放出来,使之成为一种解释规则体系的普遍解释学"①。第二次是从方法论解释学到本体论解释学的转向。此次转向的代表人物是伽达默尔,他在海德格尔的启发之下,实现了解释学从方法论到本体论的转变。"诠释学不再被认为是对深藏于文本里的作者心理意向的探究,而是被规定对文本所展示的存在世界的阐释。"② 第三次是从单纯作为本体论哲学的诠释学到作为实践哲学的诠释学的转向。这次转向的目的在于为解释学中增添实践维度,从而恢复亚里士多德提倡的"实践智慧"观念。

在此基础上,哈贝马斯提出了自己的批判解释学。哈贝马斯的批判解释学并不是对上述各种解释学的简单复述,而是实现了自己在解释学领域的新突破。这种新突破主要体现在哈贝马斯为解释学注入了批判精神和反思意识。如上所言,伽达默尔将解释学从单纯的文本分析的方法论转换为人类存在的本体论,从而实现解释学的华丽转身。但哈贝马斯认为,将解释学局限于本体论的做法一方面会导致解释学自身的变质,成为意识形态控制的工具,从而削弱解释学所内含的批判意识。换言之,哈贝马斯要还原解释学在意识形态批判和语言批判层面可能具有的方法论效用,从而为我们展示出一个充满了批判精神和反思意识的全新的解释学。哈贝马斯以批判反思精神补充解释模式的做法,目的就是使解释学成为帮助人类借助反思摆脱现行统治、追求合理生活的规范方法。

---

① 洪汉鼎:《理解与解释:诠释学经典文选》,北京:东方出版社 2001 年版,编者引言,第 26 页。
② 洪汉鼎:《理解与解释:诠释学经典文选》,北京:东方出版社 2001 年版,编者引言,第 26 页。

第二节 批判解释学的思想谱系

关于批判理论的方法论选取问题，哈贝马斯从两个方面给予了详细分析。一方面，哈贝马斯对通行于自然科学领域的实证主义方法论在社会科学领域的肆虐进行了深刻批判。在他看来，实证主义社会理论不加反思地将经验化的研究模式代入社会研究中，从而忽略了对现实中人类遭受奴役和压制状况的揭示。另一方面，哈贝马斯对关涉人类行动动机的解释学（Hermeneutics）方法论进行了细致考察，并认为解释学方法才是适合于批判理论的恰当方法论模式。

具体说来，在前一方面，哈贝马斯将阿贝尔（T. Abel）和莫里斯（Charles Morris）作为实证主义经验分析模式的典型予以批判。① 在后一方面，哈贝马斯依次考察了各种理解社会学（interpretive sociology）的解释学方法的优点和缺陷。这些方法主要包括现象学社会学的解释方法（阿尔弗雷德·舒茨）、语言哲学的解释方法（维特根斯坦和温奇）以及哲学解释学的解释方法（伽达默尔）。② 虽然哈贝马斯在提出批判解释学的征途上提及了如此之多的思想源泉，但最重要的理论源泉还是源自伽达默尔的哲学解释学。哈贝马斯的批判解释学是在与伽达默尔的系列论战中才得以形成的，哲学解释学成为批判解释学的可靠起点。伽达默尔的哲学解释学是哈贝马斯的批判解释学的最重要谱系。

伽达默尔（Hans-Georg Gadamer，1900—2002）的哲学解释学是在胡塞尔现象学，尤其是海德格尔的存在主义的影响下，在批判狄尔泰等人的

---

① Habermas, *On the Logic of the Social Sciences*, Shierry Weber Nicholsen, Jerry A.Stark(trans.), Massachusetts, Cambridge: The MIT Press, 1988, pp.53-74.

② Habermas, *On the Logic of the Social Sciences*, Shierry Weber Nicholsen, Jerry A. Stark(trans.), Massachusetts, Cambridge: The MIT Press, 1988, pp.87-170.

传统解释学基础上建立和发展起来的。"胡塞尔曾使之成为我们义务的现象学描述的意识，狄尔泰曾用以放置一切哲学研究的历史视界广度，以及特别是由于海德格尔在几十年前的推动而引起的这两股力量的结合，指明了作者①想用以衡量的标准，这种标准尽管在阐述上还有着一切不完善性，但作者仍希望看到它没有保留地被加以应用。"② 在梳理哲学解释学基本内容之前，首先要对其性质进行界定。众所周知，施莱尔马赫和狄尔泰把解释学从一般性的方法和技巧提高到哲学认识论和方法论高度，而海德格尔则在其存在论基础上，把理解和解释作为此在的存在方式，赋予解释学以本体论性质。伽达默尔把海德格尔的本体论思想加以系统发展，形成了作为本体论的哲学解释学。具体说来，哲学解释学认为，理解是人类一切活动得以可能的基本条件，理解是人类本身的根本存在方式。"我认为海德格尔对人类此在（Dasein）的时间性分析已经令人信服地表明，理解不属于主体的行为方式，而是此在本身的存在方式。本书中的'解释学'概念正是在这个意义上使用的。它标志着此在的根本运动性，这种运动性构成此在的有限性和历史性，因而也包括此在的全部世界经验。既不随心所欲，也不片面夸大，而是事情的本性使得理解运动成为无所不包和无所不至。"③

要进一步深刻领会哲学解释学的深层次含义，必须从以下几个方面入手：

第一，理解的基本特征：历史性。历史性是哲学解释学的基本特征。伽达默尔想要表达的基本观点，都是从历史性这个基本特征中生发出来的。伽达默尔哲学解释学的所有观点，最终都可以归结为对历史性的理

---

① 指伽达默尔自己。
② 〔德〕伽达默尔：《真理与方法》（上卷），洪汉鼎译，上海：上海译文出版社1992年版，导言，第21—22页。
③ 〔德〕伽达默尔：《真理与方法》（上卷），洪汉鼎译，上海：上海译文出版社1992年版，第二版序言，第6页。

解。一般说来，历史是指从过去、现在到未来的时间上的延续性，人的历史性是指个体生命在时间上所经历的自我生成的历史过程。依据伽达默尔的看法，"历史性是人类生存的基本事实，人总是历史地存在着，因而有其无法消除的历史特殊性和历史局限性。无论是认识主体或对象，都内在地嵌于历史性之中，真正的理解不是去克服历史的局限，而是去正确地评价和适应它"①。简言之，历史性是人的一种存在方式，任何作为主体的人都无法摆脱或超越这种历史性。具有历史性的主体所进行的理解也必然具有历史性的特征。

伽达默尔的"效果历史"概念最能体现理解的历史性这个观点。所谓效果历史，是指这样一种意识："真正的历史对象根本就不是对象，而是自己和他者的统一体；或者是一种关系，在这关系中同时存在着历史的实在以及历史理解的实在。一种名副其实的诠释学必须在理解本身中显示历史的实在性。因此，我就把所需要的这样一种东西称为'效果历史'。理解按其本性乃是一种效果历史事件。"② 效果历史意识是解释者在解释过程中蕴藏的一种意识。在它的驱动之下，理解的历史对象不再是一个具体的他者，而是作为解释者的自我与他者之间的关系，或者如伽达默尔所说，是一种统一体。总之，历史性是理解的基本特征，通过它可以导出哲学解释学的全部特征。"效果历史意识……具有一种'原则'的地位，实际上，它的全部解释学都可以从这个原则中推导出来。"③

第二，理解的前提：前见。理解的历史性包括三个因素④：一是在理

---

① 王岳川：《后现代主义文化研究》，北京：北京大学出版社1992年版，第37—38页。

② 〔德〕伽达默尔：《真理与方法》（上卷），洪汉鼎译，上海：上海译文出版社1992年版，第384—385页。

③ 〔加拿大〕让·格朗丹：《哲学解释学导论》，何卫平译，北京：商务印书馆2009年版，第181页。

④ 王岳川：《后现代主义文化研究》，北京：北京大学出版社1992年版，第38页。

解之前已存在的社会历史因素；二是理解对象的意义构成；三是由社会实践决定的价值观。依据伽达默尔的观点，上述理解的历史性构成了我们的前见①。前见观点显然来自海德格尔的"先结构"观点。在海德格尔那里，解释者的先结构就是理解和解释的条件。以施莱尔马赫和狄尔泰为代表的客观主义解释学认为，解释的任务是重建文本当时的历史情境，以便获得客观的历史真实。而要做到这一点，解释者必须克服上述偏见（前见）的干扰。然而，伽达默尔并不同意这种观点。

虽然他也承认"一切理解都必然包含某种前见"②，前见是解释者进行理解不可避免的前提和条件，但他认为前见并不一定就是理解的障碍，因为前见包括能够促进理解的正确前见（合法的前见）和企图歪曲理解的错误偏见。其中，正确前见或合法前见是我们进行理解的前提和出发点。"'前见'（Vorurteil）其实并不意味着一种错误的判断。它的概念包含它可以具有肯定和否定的价值。"③ 所以，伽达默尔恢复了在启蒙运动中被笼统贬斥的前见的合法地位，从而可以坚持合理的前见，克服不合理的前见。"如果我们想正确地对待人类的有限的历史的存在方式，那么我们就必须为前见概念根本恢复名誉，并承认有合理的前见存在。"④ 进而言之，"解释者无须丢弃他内心已有的前见解而直接地接触本文，而是只要明确地考察他内心所有的前见解的正当性"⑤。

伽达默尔在为前见正名的同时，也对权威进行了辩护。在他看来，权

---

① 又译为"偏见"或"成见"。
② 〔德〕伽达默尔：《真理与方法》（上卷），洪汉鼎译，上海：上海译文出版社1992年版，第347页。
③ 〔德〕伽达默尔：《真理与方法》（上卷），洪汉鼎译，上海：上海译文出版社1992年版，第347页。
④ 〔德〕伽达默尔：《真理与方法》（上卷），洪汉鼎译，上海：上海译文出版社1992年版，第355页。
⑤ 〔德〕伽达默尔：《真理与方法》（上卷），洪汉鼎译，上海：上海译文出版社1992年版，第343—344页。

威并不一定就阻碍理解,它也可能是真理的源泉。"如果权威的威望取代了我们自身的判断,那么权威事实上就是一种偏见的源泉。但是,这并不排除权威也是一种真理源泉的可能。"① 有人也许会提出这样的反对意见:权威可能源自盲目的服从。伽达默尔虽然也承认这种情况的存在,但他认为这并不是权威的本质。"人的权威最终不是基于某种服从或抛弃理性的行动,而是基于某种承认和认可的行动——即承认和认可他人在判断和见解方面超出自己,因而他的判断领先,即他的判断与我们自己的判断具有优先性……权威依赖于承认,因而依赖于一种理性本身的行动,理性知觉到它自己的局限性,因而承认他人具有更好的见解。"② 正是从这个角度出发,伽达默尔认为,权威并不一味地都是偏颇和错误的。历史中至少有某些权威是在理性的筛选之下才"获得了支配性力量"。

第三,理解的本质:视域融合。人们进行解释必然涉及"视域"概念。伽达默尔认为,"视域就是看见的区域,这个区域囊括和包容了从某个立足点上所能看到的一切"③。它对于活动于其中的人来说总是不断变化的。说得简单一点,"视域其实就是我们活动于其中并且与我们一起活动的东西"④。视域由何构成?答案是"前见构成了某个现在的视域"⑤。由前见或传统所构成的视域的变化就是"视域融合"。它指解释者现在的视域与对象所包含的过去的或者说传统的视域融合一起,从而为解释者产生

---

① 〔德〕伽达默尔:《真理与方法》(上卷),洪汉鼎译,上海:上海译文出版社1992年版,第358页。
② 〔德〕伽达默尔:《真理与方法》(上卷),洪汉鼎译,上海:上海译文出版社1992年版,第358页。
③ 〔德〕伽达默尔:《真理与方法》(上卷),洪汉鼎译,上海:上海译文出版社1992年版,第388页。
④ 〔德〕伽达默尔:《真理与方法》(上卷),洪汉鼎译,上海:上海译文出版社1992年版,第390页。
⑤ 〔德〕伽达默尔:《真理与方法》(上卷),洪汉鼎译,上海:上海译文出版社1992年版,第392页。

一个新的视域,即解释者将获得一个包含自己的前见在内的新的观念。由此可见,这样一种视域融合其实就是一个理解的过程,理解的本质就体现在视域融合之中。"理解其实总是这样一些被误认为是独自存在的视域的融合过程。……在传统的支配下,这样一种融合过程是经常出现的,因为旧的东西和新的东西在这里总是不断地结合成某种更富有生气的有效的东西,而一般来说这两者彼此之间无须有明确的区别关系。"①

这种视域融合包含了两个不同的维度:一是垂直维度。视域融合反映的是不同时代的对话者展开对话的过程,它克服了历史的差异。二是水平维度。视域融合实现的是地理或文化差异间的补足。正是在这种双重融入中,理解的双方实现了对自己视域的更新,同时也促进了历史传统的发展。

第四,理解的方式:问答。伽达默尔认为,解释学实现理解的具体方式是一种问答结构,而这种结构是内在于理解过程之中的。"诠释学现象本身也包含了谈话的原始性质和问答的结构。"② 这种问答结构是一种双向互动结构。一方面,传承下来的文本向解释者提出问题并要求回答。"某个传承下来的义本成为解释的对象,这已经意味着该文本对解释者提出了一个问题。所以,解释经常包含着与提给我们的问题的本质关联。理解一个本文,就是理解这个问题。"③ 另一方面,解释者同时也向本文提出问题并要求回答。"对我们讲述什么的流传物———本文、作品、形迹———本身提出了一个问题,并因而使我们的意见处于开放状态。为了回答这个向我们提出的问题,我们这些被问的人就必须着手去提出问题。我们试图重构流传物好像是其回答的问题。但是,如果我们在提问上没有超出流传

---

① 〔德〕伽达默尔:《真理与方法》(上卷),洪汉鼎译,上海:上海译文出版社1992年版,第393页。
② 〔德〕伽达默尔:《真理与方法》(上卷),洪汉鼎译,上海:上海译文出版社1992年版,第475—476页。
③ 〔德〕伽达默尔:《真理与方法》(上卷),洪汉鼎译,上海:上海译文出版社1992年版,第475—476页。

物所呈现给我们的历史视域,我们就根本不能这样做。重构本文应是其回答的问题,这一做法本身是在某种提问过程中进行的,通过这种提问我们寻求流传物向我们提出的问题的回答。"① 理解中谈话的实质是解释者的视域与流传物的视域的相互融合。这样,解释者所获得的新的视域就超出了流传物所呈现的历史视域。伽达默尔把理解比喻为谈话方式,意在强调解释者在理解中的参与和建构作用,谈话总是双方的,是共同建构的。

第三节 批判解释学的理论内容

第一,批判解释学的灵魂:批判与反思意识

与早期法兰克福学派的批判理论家相对,哈贝马斯将社会批判理论推向了理论的巅峰,直至今日在世界范围内取得丰硕成果。其原因在很大程度上要归功于作为批判解释学内在灵魂的批判与反思意识。从最早的公共领域理论的建构,到转型时期普遍语用学的提出,乃至具有巅峰意义的交往行为理论的出现,都少不得以批判反思的解释意识作为方法的支撑。我们知道,哈贝马斯的批判理论是具有明显实践意义和规范价值的社会理论,它的核心目标是对社会中的意识形态统治状况展开批判反思,为建构合理社会提供理论支撑。

所以,哈贝马斯认为,首要职责在于对社会行为进行批判性解释的社会理论,并不能满足于对传统解释学的利用,即传统的理解方法现在已经无法满足批判理论的基本需求。批判理论所要采取的解释方法应该是一种带有深刻的批判反思意识的解释学方法。失去批判向度的解释方法,可以成为任何其他社会理论的核心方法,但并不适用于哈贝马斯的批判理论。所以,批判解释学之所以可以独树一帜,很重要的一点就是将自身设定为

---

① 〔德〕伽达默尔:《真理与方法》(上卷),洪汉鼎译,上海:上海译文出版社1992年版,第480页。

意识形态批判的方法模式，而非致力于单纯的意义理解，从而实现了解释学历史上的一次重大革新，将解释的解放力量充分释放出来。

批判解释学对批判反思向度的强调，与哈贝马斯所处的科学时代和承袭的批判哲学传统密不可分。一方面，工具理性盛行的科学时代。哈贝马斯处于一个自然科学技术蓬勃发展的时代。在这样一个时代里，不仅自然世界成为人类借助科学操控与掌握的客观对象，成为人们理性实践的第一个场所，而且人类社会也被科学技术所裹挟，社会的发展和政治的进步等人类生活的方方面面都依赖于经验实证主义手段的度量。简言之，工具理性已经完全使生活世界殖民化。这个问题唯有依靠批判性的反思方式才能得以解决。

另一方面，欧陆理性批判的哲学传统。"反思的这种经验，是18世纪德国唯心主义留给我们的永恒遗产。"[1] 哈贝马斯是在康德、黑格尔等人的理性批判的传统熏陶下成长起来的，他相信在这个意识形态统治肆虐的时代，借助先辈们发掘出的反思意识，人们依旧可以获得完善、可靠的理性概念，从而实现建构合理社会的美好愿望。即便工具理性的盛行为人类带来数不尽的创伤，哈贝马斯依旧是一位坚定的理性主义者。于是，我们看到了以反思批判为核心的批判解释方法，以及该方法对片面发展的理性的拯救。与伽达默尔的观点比较来看，伽达默尔面对被理性踩蹦的现实社会，希望重新拥抱传统，而哈贝马斯则在他的批判解释学中注入了怀疑精神。批判解释学不仅是对传统的反叛，更是对批判反思精神的阐扬。

第二，批判解释学的本质：方法意识

众所周知，伽达默尔对将解释学降低为方法论的做法表示质疑，认为理解作为人类存在的基本方式，不能够从方法角度得到考察。哈贝马斯则完全持相反的态度。他认为，无论是对批判理论基础的探寻，还是对现实社会意识形态统治的批判，抑或是对合理社会的建构，都不能离开批判解

---

[1] Habermas, *On the Logic of the Social Sciences*, Shierry Weber Nicholsen, Jerry A. Stark (trans.), Massachusetts, Cambridge：The MIT Press, 1988, p.170.

释的方法意识。批判解释学只能作为方法论原则出现在批判理论之中，而不能以本体论的形式存在。再者，伽达默尔哲学解释学本身也是不能完全脱离方法论的。"'真理'和'方法'的对立，似乎不应该是伽达默尔错误地和抽象地把解释学的经验同整个方法论的认识加以对立。'真理'和'方法'的对立，本来就是解释学的基础；即使问题可能涉及把人文科学从科学领域中全部排除出去，行为科学也似乎避免不了把经验分析的处理方法同解释学的处理方法联系起来的做法。解释学使反对经验科学的普遍方法论的绝对主义（即使这种绝对主义在实践上是富有成效的）成为合法化的那种要求，也脱离不开整个方法论。"[①]

龚群先生也同意哈贝马斯的观点，"即便是诠释学反对经验科学的普遍方法论的绝对主义的那种要素，也与整个方法论相关。……从抽象意义上看，哲学诠释学对存在及其特性的揭示，本身就是一种方法论，一种有别于科学方法的人文科学或精神科学的方法论，一种有关于'理解'的方法论"[②]。伽达默尔的"视域融合"就是解释学的方法论原则，只不过它不像自然科学或实证主义所说的那样，是一种为最终的"真理"服务的辅助性方法论原则，它自身就具有一种根本性意义。实际上，由哈贝马斯提出的、在哲学解释学基础上生发出的、意在借助意识形态批判建构合理社会的批判解释学也正是沿着这个思路将自己判定为一种方法论原则的。

第三，批判解释学的目的：应用意识

虽然哈贝马斯批判解释学的应用意识承袭于伽达默尔的应用传统，但哈贝马斯并不是简单地照抄照搬，而是进行了细致修正。这种修正表现在以下两个方面：

一方面，应用必须以反思为背景。哈贝马斯赞成伽达默尔所主张的应

---

① 〔德〕哈贝马斯：《评伽达默尔的〈真理与方法〉一书》，郭官义译，载《哲学译丛》，1968年第3期，第71—74页。

② 龚群：《哲学诠释学的方法论问题》，载《哲学动态》，2001年第2期，第42—45页。

用与真理裁决的不可分割性。所以，与哲学解释学相类似，批判解释学作为一种带有规范意义的解释方法，也要对社会现实做出价值判断，提出真理要求。与伽达默尔不同的是，哈贝马斯认为，必须为"应用"原则构造一个反思背景，否则这种应用很容易被隐藏在社会深处，甚至被潜藏于个人内心的意识形态破坏。因此，批判解释学的应用性首先表现在它要通过批判和反思方法考察社会现象，建构合理社会。

另一方面，批判解释与因果解释相结合。哈贝马斯之前的解释学理论在面对解释与因果说明时，都以非此即彼的独断态度坚决地站在解释一侧，认为只有解释模式才能适应社会科学的研究活动。而哈贝马斯在对精神分析理论的考察中获得了不同的立场。一种致力于社会研究与批判的社会理论，必然要同时接纳批判解释与因果分析两种方法模式。批判解释学在解释社会行为的经验性因果规律时，因果分析方法和解释方法是交替使用的。当然，解释模式在其中占据了核心位置。哈贝马斯批判解释学的应用意识也体现在它所具有的鲜明的实践取向之上。

在哈贝马斯看来，在他之前的诸多哲学巨匠，虽然建构起辉煌华丽的形而上学体系，但独独抛弃了最为关键的实践意向。因此，在批判理论与批判解释学的建构过程中，哈贝马斯将亚里士多德的实践精神发挥到了极致。批判解释学不仅仅是解释的、批判的、反思的，而且是实践的，具有现实的价值目的。它要诊断社会症状，提供诊治方案。融合实践智慧于其中的解释学，不应当仅仅满足于对社会的解释性理解，而且要在批判意识的指引之下直指理想社会的建构。批判解释学借助自身独特的应用技艺及实践精神，实现了向亚里士多德实践智慧的回归。总而言之，批判解释方法是一种集解释性、批判反思性与实践应用性为一体的社会批判方法。

第七章 马克思主义语言哲学思想

从马克思主义浩如烟海的鸿篇巨制中正确梳理并提取出马克思主义语言哲学的相关理论，必须从马克思主义的基本原理、观点、立场和方法出发。非以此为基础的任何马克思主义语言哲学思想的整理都将是空中楼阁。这一理论前提就是马克思主义的实践观点。它是马克思主义理论首要的、基本的理论观点，是人类的基本存在方式，奠定了人与自然、人与社会、人与自身和谐统一的基础。马克思主义的全部理论皆发端于此。

根据马克思主义的上述基本立场，本章分为两大部分：第一部分阐述马克思主义首要的、基本的观点——实践观点。对实践观点的阐释从两个方面展开：一是实践观点的基本内容，二是实践观点的重要地位。第二部分详细梳理马克思主义语言哲学思想的基本内容。马克思主义语言哲学思想主要由三个部分组成，即马克思主义语言理论、马克思主义真理理论和马克思主义解释学理论。

第一节 实践观点是马克思主义首要的基本的观点

一、实践观点的基本内容

对马克思主义实践观点基本内容的阐述从两个方面入手，一是从动态角度考察实践观点在马克思主义经典著作中的历史演进脉络，二是从静态角度概括马克思主义实践观点的具体含义。

一方面，实践观点的历史演进脉络。实践观点最早萌芽于马克思的《博士论文》。马克思在分析比较德谟克利特和伊壁鸠鲁的认识论的时候，就把实践蕴涵在认识之中。"一个本身自由的理论精神变成实践的力量，并且作为一种意志走出阿门塞斯的阴影王国，转而面向那存在于理论精神之外的世俗的现实，——这是一条心理学的规律。"①

在《1844年经济学哲学手稿》中，马克思首次阐述了实践范畴和自己的实践观思想。尽管此时马克思对实践范畴和实践原则的论述还不是十分系统，但这是实践概念最初、最重要和最本质的表述。马克思指出，"实践的人的活动即劳动的异化行为"②，"通过实践改造（原文为"创造"）对象世界，即改造无机界，人证明自己是有意识的类存在物"③，从而揭示了人的本质力量的对象化活动是实践的本质所在。在被恩格斯称之为"新世界观的天才萌芽"的《关于费尔巴哈的提纲》中，马克思更为深入地探讨了实践概念。马克思通过对旧唯物主义包括费尔巴哈的唯物主义的批判，第一次提出了作为马克思主义首要的、基本的观点的实践观点。"从前的一切唯物主义（包括费尔巴哈的唯物主义）的主要缺点是：对对象、现实、感性，只是从客体的或者直观的形式去理解，而不是把它们当作感性的人的活动，当作实践去理解，不是从主体方面去理解。因此，和唯物主义相反，能动的方面却被唯心主义抽象地发展了，当然，唯心主义是不知道真正现实的、感性的活动本身的。"④

在《关于费尔巴哈的提纲》中，马克思将实践概念定位为现实的人的对象性活动，从有生命的个人方面去理解实践，用实践和现实代替了传统

---

① 《马克思恩格斯全集》第40卷，北京：人民出版社1982年版，第258页。
② 《马克思恩格斯选集》第1卷，北京：人民出版社2012年版，第54页。
③ 《马克思恩格斯选集》第1卷，北京：人民出版社2012年版，第56页。
④ 《马克思恩格斯选集》第1卷，北京：人民出版社2012年版，第133页。

哲学的理论和意识概念。由此，马克思批判了亚里士多德以来西方传统哲学的"解释世界"的倾向。"哲学家们只是用不同的方式解释世界，问题在于改变世界。"① 在《德意志意识形态》中，马克思进一步贯彻了《关于费尔巴哈的提纲》中提出的实践活动即作为主体的人的主体性的感性对象性活动这一基本思想，并以此为基础，重新阐述了实践与理论、生活与意识的关系，论述了作为现实的人的历史的唯物主义学说。

马克思在《德意志意识形态》中继续批判费尔巴哈对感性世界的理解偏差问题。"费尔巴哈对感性世界的'理解'一方面仅仅局限于对这一世界的单纯的直观，另一方面仅仅局限于单纯的感觉。"② 依据马克思的观点，费尔巴哈应该把感性世界当作"人的感性活动，当作实践去理解，不是从主体方面去理解"③。在《德意志意识形态》中，马克思将实践活动称为"生活""物质实践""物质生产活动和物质交往活动""生活的生产"等，强调了"不是意识决定生活，而是生活决定意识"④。"人们为了能够'创造历史'，必须能够生活。但是为了生活，首先就需要吃喝住穿以及其他东西。因此，第一个历史活动就是生产满足这些需要的资料，即生产物质生活本身"⑤，且物质资料的生产活动是"一切人类生存的第一个前提，也就是一切历史的第一个前提"⑥。此外，马克思恩格斯还提到，"这种活动、这种连续不断的感性劳动和创造、这种生产，正是整个现存的感性世界的基础"⑦。简而言之，马克思以现实的人的能动的感性活动或感性的物质实践活动为切入点，在批判传统哲学的过程中逐步形成了自己的实践概念、实践范畴和实践观点。

---

① 《马克思恩格斯选集》第 1 卷，北京：人民出版社 2012 年版，第 140 页。
② 《马克思恩格斯选集》第 1 卷，北京：人民出版社 2012 年版，第 155 页。
③ 《马克思恩格斯选集》第 1 卷，北京：人民出版社 2012 年版，第 133 页。
④ 《马克思恩格斯选集》第 1 卷，北京：人民出版社 2012 年版，第 152 页。
⑤ 《马克思恩格斯选集》第 1 卷，北京：人民出版社 2012 年版，第 158 页。
⑥ 《马克思恩格斯选集》第 1 卷，北京：人民出版社 2012 年版，第 158 页。
⑦ 《马克思恩格斯选集》第 1 卷，北京：人民出版社 2012 年版，第 157 页。

另一方面，实践观点的具体含义。何为实践？依据马克思主义的基本立场，可以从最一般的意义上给予如下诠释：实践是指主体和客体之间能动而现实的双向对象化过程。对于这种概括可以从两个方面加以理解：首先，实践活动区别于动物的本能活动。活动是一个广义概念，它不仅包括人的活动和动物的活动，还涵盖自然界其他种种物质活动。其中，人的实践是一种具有特殊性的活动，它总是与人相联系，在这种特殊活动中，人一方面改造了外部世界，使之变成人的活动客体，同时也改造了人自身，人由此成为自身活动的主体。实践作为人所特有的存在和活动方式，包含了人类所特有的各种特征，如有意识、有目的、有计划的自主性，能动的创造性，与人的社会关系相联系的社会历史性，等等。简言之，实践是一种区别于动物本能活动的人类所特有的且具有自主性和创造性的社会活动。

其次，实践是一种双向互动改造的社会活动。如上所言，实践是主体具有自主性和创造性的社会活动，即实践是主体对客体的一种改造过程。在这个过程中，主体改变了客体的外部状态、结构或性质、信息状态、客体之间的关系等。与此同时，主体在这个改造客体的过程中，获得了对客体的知识、对客体的占有以及关于改造客体的经验和对新的客体改造的需要，这些收获都使主体的素质与能力得以提高。因此，实践的过程也是主体得以提升的一个过程。当主体通过实践活动改造客体，进而产生出一个不断满足他的需要的世界时，也就同时改变并因此而生产出他自身。总之，实践是一种主体改造客体，同时主体自身也得到改造的人类社会活动。此外，随着社会历史的发展，人类的实践活动越来越深入和拓展，主体和客体就越来越发展到一个新的水平。

二、实践观点的重要地位

通过前文的追溯，理解了什么是马克思主义的实践观点。但是，为什么说实践观点是马克思主义首要的、基本的观点，而不是其他观点？这样定位的原因在于，实践观点是理解全部马克思主义理论的根本出发点和立足点。以下三个方面可以说明。

首先，脱离实践观点就无法展现马克思主义理论的发展历史及其重要作用。作为最根本实践活动的生产活动，它的社会性和主体性也是历史地发展着的。当人刚刚脱离自然界时，人们的知识匮乏且工具简陋，他们与动物一样几乎完全受制于自然界。在农业社会的自然经济状态下，人们在各自相互隔离的土地上运用传统工艺进行小规模生产，人们的主体性和能动性依然十分有限。直到近代工业化社会创造了巨大生产力，人们才显示了与自然做斗争的强大的主体性力量，从而摆脱被历史命运任意摆布的处境。

马克思主义理论作为对现实的描述，正是对这种历史实践所展示的人的主体性的科学反映。若离开实践观所实现的这种历史发展，马克思主义理论本身也不能出现，更不能得到进一步的发展。毛泽东就曾以生产实践的发展来说明马克思主义的产生。"在很长的历史时期内，大家对于社会的历史只能限于片面的，这一方面是由于剥削阶级的偏见经常歪曲社会的历史，另一方面，则由于生产规模的狭小，限制了人们的眼界。人们能够对于社会历史的发展作全面的历史的了解，把对于社会的认识变成了科学，这只是到了伴随巨大生产力——大工业而出现近代无产阶级的时候，这就是马克思主义的科学。"①

其次，实践观点是贯穿全部马克思主义理论的核心要素。若想科学理解包括马克思主义哲学、政治经济学和科学社会主义在内的作为整体的马克思主义理论，没有实践观点是无论如何也做不到的。以解决哲学基本问题为例，辩证唯物主义和旧唯物主义都认为物质第一性、精神第二性，世界本质上是物质的。如果离开实践这个根本出发点，就不能区分辩证唯物主义和旧唯物主义。通过实践观点，我们知道旧唯物主义只是能够坚持唯

---

① 毛泽东：《毛泽东选集》第 1 卷，北京：人民出版社 1991 年版，第 283—284 页。

物主义的观点,却不能对这一正确答案做出具有说服力的论证,不能说明物质和精神的辩证关系,所以才将之称为"旧"唯物主义。只有马克思主义在实践观点的基础上,才对世界的物质统一性做出科学的说明。同理,马克思主义理论的其他组成部分也是如此。

再次,脱离实践观点就无法理解由人所构成的社会。社会是由从事社会实践活动的人构成的,社会实践的活动也是多种多样。推动社会前进,使社会从一种形态转化为另一种形态的力量是千百万人的社会实践活动,社会生活的全部内容就是连续交替、不断进行的社会实践。社会生活在本质上是实践的,随着实践的发展,社会的形式也发生了变化并进一步获得发展。生产实践是人类第一个历史活动,从此人和动物得以区分开来。没有生产实践为人们提供必需的物质生活资料,人们将无法维持生存,更谈不上社会的存在。不理解马克思主义的实践观点,就不能理解社会何以能够存在以及如何继续发展,乃至以后的社会发展走向。生产实践在社会发展中以及在人类历史发展中起着决定性作用。

最后,实践是检验一切真理的唯一标准。马克思主义的实践观点是指导人们认识世界和改造世界的锐利思想武器,"哲学家们只是用不同的方式解释世界,而问题在于改变世界"[1]。因此,马克思主义反对任何迷信和教条,也反对任何用迷信的教条的态度来对待它自身。它不将任何事物予以真理化,也从不把自己看成至善至美的绝对真理。判断一个事物是否具有真理性,马克思主义不求助于任何神秘的东西,而是主张通过实践进行检验,而且一切真理都要接受实践的考验,服从实践的检验。真理只能在实践中产生,也只能在实践中发展。实践是检验一切真理的唯一标准。

---

[1] 《马克思恩格斯选集》第 1 卷,北京:人民出版社 2012 年版,第 140 页。

第二节 马克思主义语言哲学思想的理论主张

毋庸讳言,马克思主义经典作家很少正面阐述自己的语言哲学思想,也没有明确提出自己关于语言哲学的系统理论。但是,在马克思主义的哲学、政治经济学和科学社会主义的相关理论中却包含着较为丰富的语言哲学内容,为我们提取马克思主义的语言哲学思想提供了坚实的理论依据。结合马克思主义经典作家的相关论述,马克思主义的语言哲学思想主要体现在以下几个方面。

一、马克思主义语言理论

马克思主义对语言的探寻不同于普通语言学只从语音、词汇和语法层面考察语言的形式结构,而是从哲学层面发掘语言的起源、本质和特征。

首先,语言的起源:劳动。

综观整个语言哲学发展史,关于语言起源的理论多种多样。其中,比较重要的主要有以下几种:语言的命名论、语言的模仿论、语言的感叹论和语言的交际论。虽然上述各家之言都对语言起源进行了各有侧重的说明,但是它们共同的局限性在于都是从语言的表象出发来阐释语言的起源,很难让人信服。与此不同的是,马克思主义哲学从语言的本质出发,论证了语言的劳动(实践)起源论,从而科学合理地揭示了语言的真正来源。"劳动创造语言"主要表现在以下两个方面:

一方面,劳动创造语言产生的客观条件。语言不可能从天而降、凭空产生,必须在一定的物质载体之上才能显现自身的存在。语言必须基于一定的客观条件才能产生,即语言产生的生理基础。那么,这些客观条件是如何出现的呢?马克思主义认为,劳动促成了作为产生语言的客观条件的生理基础的出现。没有这些物质载体的存在,语言无论如何也是不能产生的。

　　劳动为语言的产生准备了生理基础。语言的特征之一就是要以声音的形式予以传达，而传达声音必须要以与发声相关的生理器官的出现为前提，比如能够发声的肺、声带和喉头（区别于不能发声的动物的肺、声带和喉头）等。这些生理器官的逐步演化都源于劳动。对此，恩格斯在《劳动在从猿到人转变过程中的作用》①一文中给予了详细说明。"劳动创造了人本身"②明确了猿手演变成人手的动力来源，"手不仅是劳动的器官，它还是劳动的产物"③。说得具体一点，人手是这样演化而来的，"只是由于劳动，由于和日新月异的动作相适应，由于这样所引起的肌肉、韧带以及在更长时间内引起的骨胳的特别发展遗传下来，而且由于这些遗传下来的灵巧性以愈来愈新的方式运用于新的愈来愈复杂的动作，人的手才达到这样高度的完善"④。人手的独立导致了人类的直立行走，而直立行走不仅"完成了从猿转变到人的具有决定意义的一步"⑤，而且也促成了发声器官的形成。"如果猿猴总是用四只脚行走，如果它没有直起身子，那么它的后代（即人类）就不能自由地利用自己的肺和声带，因此也就不能说话，而这种情形就会根本阻滞人类意识的发展。"⑥ 手的发展并不是孤立的，"凡是有利于手的，也有利于手所服务的整个身体"⑦。也就是说，劳动也

---

　　① 《劳动在从猿到人转变过程中的作用》不仅是一篇历史唯物主义的重要文献，而且也是马克思主义语言哲学的重要文献。它对马克思主义语言哲学的形成和发展产生了重要的影响。恩格斯在该文中，不仅论述了人类的起源问题，还从历史唯物主义的基本原理出发，论述了语言的起源问题。
　　② 《马克思恩格斯全集》第 20 卷，北京：人民出版社 1971 年版，第 509 页。
　　③ 《马克思恩格斯全集》第 20 卷，北京：人民出版社 1971 年版，第 511 页。
　　④ 《马克思恩格斯全集》第 20 卷，北京：人民出版社 1971 年版，第 511 页。
　　⑤ 《马克思恩格斯全集》第 20 卷，北京：人民出版社 1971 年版，第 509 页。
　　⑥ 〔苏联〕斯大林：《斯大林全集》第 1 卷，北京：人民出版社 1953 年版，第 288 页。
　　⑦ 《马克思恩格斯全集》第 20 卷，北京：人民出版社 1971 年版，第 511 页。

推动了身体其他部位生理上的改变。其中就包括发音器官朝向说话这一方向所发生的改变。"猿类不发达的喉头，由于音调的抑扬顿挫的不断加多，缓慢地然而肯定地得到改造，而口部的器官也逐渐学会了发出一个个清晰的音节。"①

此外，语言的发展对语言的生理器官（大脑、感觉器官、听觉器官和发音器官等）也有反作用，主要表现在促使它们进一步发展，以便更好地为语言服务。"首先是劳动，然后是语言和劳动一起，成了两个最主要的推动力，在它们的影响下，猿的脑髓就逐渐地变成人的脑髓；后者和前者虽然十分相似，但是就大小和完善的程度来说，远远超过前者。在脑髓进一步发展的同时，它的最密切的工具，即感觉器官，也进一步发展起来了。正如语言的逐渐发展必然是和听觉器官的相应完善化同时进行的一样，脑髓的发展也完全是和所有感觉器官的完善化同时进行的。"②

另一方面，劳动创造语言产生的主观条件。语言产生的主观条件是指处于生产过程中的人对言说语言所具有的意识，即处于生产过程中的人已经意识到了非说点什么，否则生产过程难以持续。归根结底，语言产生的主观条件就是一种社会意识。依据马克思主义的基本原理，社会存在决定社会意识。所以，语言产生的主观条件只能由社会存在所决定，而语言产生之初最大的社会存在就是人的劳动。劳动何以能够创造语言产生的主观条件？答案是劳动使人对语言的主观需要成为可能。这种主观需要是在由劳动所形成的个人之间的交往过程中产生的。因此，马克思说："语言也和意识一样，只是由于需要，由于和他人交往的迫切需要才产生的。"③ 亦如恩格斯所言，这种个人之间由共同协作所形成的交往关系导致"正在形成中的人"到了"有些什么非说不可的地步了"。"劳动的发展必然促使社会成员更紧密地互相结合起来，因为它使互相帮助和共同协作的场

---

① 《马克思恩格斯全集》第 20 卷，北京：人民出版社 1971 年版，第 512 页。
② 《马克思恩格斯全集》第 20 卷，北京：人民出版社 1971 年版，第 513 页。
③ 《马克思恩格斯选集》第 1 卷，北京：人民出版社 2012 年版，第 161 页。

合增多了，并且使每个人都清楚地意识到这种共同协作的好处。一句话，这些正在形成中的人，已经到了彼此间有些什么非说不可的地步了。"①无论是马克思所言的"迫切需要"也好，还是恩格斯所指的"非说不可"也罢，都说明了语言产生的社会性。简言之，语言是社会产物，即语言和意识一样，"一开始就是社会的产物，而且只要人们存在着，它就仍然是这种产物"②。

其次，语言的本质：现实生活。

在马克思主义之前，关于语言本质的探讨，在语言哲学发展史上占据主导地位的一直是一种抽象的语言本体论。从古希腊，经由中世纪，再到近代西方哲学，这种抽象语言观留下了诸多哲学痕迹。例如，古希腊的智者把语言称为"逻各斯"，中世纪的神学家赋予《圣经》以原初地位，近代西方的胡塞尔、海德格尔和伽达默尔视"语言为存在之家"。上述所言的这种抽象语言本体论的关键缺陷在于脱离现实的生活世界来谈论语言、思想等意识活动。马克思认为，这是绝大多数唯心主义哲学家的通病，他们把思想和现实的关系倒置，从而导致语言变成了某种特殊的独立王国。马克思就是要将这种颠倒的世界回归本位，使语言重新回归于现实生活之中。"对哲学家们说来，从思想世界降到现实世界是最困难的任务之一。语言是思想的直接现实。正像哲学家们把思维变成一种独立的力量那样，他们也一定要把语言变成某种独立的特殊的王国。这就是哲学语言的秘密，在哲学语言里，思想通过词的形式具有自己本身的内容。从思想世界降到现实世界的问题，变成了从语言降到生活中的问题。"③

马克思通过什么将语言从思想世界降到现实世界？答案是实践。马克思从现实世界出发，认为语言并不是什么抽象的神秘东西，在其本质上是人们实际生活过程的产物。所以，马克思说道："语言是一种实践的、既

---

① 《马克思恩格斯全集》第 20 卷，北京：人民出版社 1971 年版，第 512 页。
② 《马克思恩格斯选集》第 1 卷，北京：人民出版社 2012 年版，第 161 页。
③ 《马克思恩格斯全集》第 3 卷，北京：人民出版社 1971 年版，第 525 页。

为别人存在因而也为我自身而存在的、现实的意识。"① "语言是思想的直接现实。"② 从以下两个层次可以界定马克思对语言本质的上述理解。一方面，语言是一种意识。这就说明语言不是某种现实存在着的、看得见、摸得着的感性存在体，例如桌子或喇叭。从普通语言学角度来看，语言是具有特殊形式结构的，以语音、语汇和语法结构作为其存在的方式的符号系统，它的最基本的功能是在声音和概念之间建立起一种联系。同时，语言也不是空洞的声音，更不是思想（意识）的外衣，而是思想（意识）的体现，即语言是用以表达意识（思想）的符号体系。很明显，这种符号形式结构并不等同于桌子或喇叭等感性存在体。与此相反，语言是作为思想而存在的。另一方面，语言是一种现实的意识。语言作为一种意识，反映的是已经自觉地认识到或反思到的实践过程中的客观事物，即语言反映具有客观（实践）性。

马克思从以下三个角度对语言的这种客观（实践）性进行了说明。第一，从精神和物质的关系出发，马克思明确了语言的物质（实践）性。"'精神'从一开始就很倒霉，受到物质的'纠缠'，物质在这里表现为振动着的空气层、声音，简言之，即语言。"③ 第二，从思维的物质本质性角度，马克思也阐明了语言来自客观的感性自然界（实践）。"思维本身的要素，思想的生命表现的要素，即语言，是感性的自然界。"④ "感性的自然界"就是强调语言是人类实践活动本质的反映和表现。第三，从意识和客观实在的关系也能体现出语言的客观（实践）性。马克思反对黑格尔所主张的意识决定物质的唯心主义观点，认为"思想、观念、意识的生产最初是直接与人们的物质活动，与人们的物质交往，与现实生活的语言交织在

---

① 《马克思恩格斯选集》第 1 卷，北京：人民出版社 2012 年版，第 161 页。
② 《马克思恩格斯全集》第 3 卷，北京：人民出版社 1971 年版，第 525 页。
③ 《马克思恩格斯选集》第 1 卷，北京：人民出版社 2012 年版，第 161 页。
④ 《马克思恩格斯全集》第 42 卷，北京：人民出版社 1979 年版，第 129 页。

一起的。人们的想象、思维、精神交往在这里还是人们物质行动的直接产物"①。也就是说,现实存在的物质关系和语言、思维、意识是决定和被决定的关系、被反映和反映的关系,没有被反映者就不会有反映。其原因在于,"意识在任何时候都只能是被意识到了的存在,而人们的存在就是他们的实际生活过程"②。此外,马克思的这句名言也表达了相同的思想,"观念的东西不外是移入人的头脑并在人的头脑中改造过的物质的东西而已"③。

再次,语言的特征:交往性、客观性、历史性。④

第一,语言的交往性。语言的交往性是指语言能够作为人与人之间进行交流思想并达成理解的工具。这也是语言最重要的特征。"语言是工具、武器,人们利用它来互相交际、交流思想,达到互相了解。"⑤ 语言是人们之间交流思想的最主要工具,其他交际工具(文字、旗语、手势、符号等)都是由语言衍生而来,都是以语言为基础的。"在这一方面,所谓手势语言的意义——由于它极端贫乏和有限——是小的不足道的。其实这不是语言,甚至不是能这样或那样代替有声语言的语言代用品,而是人们有时用来强调自己讲话中的某些地方的辅助手段,这个辅助手段在表现方法

---

① 《马克思恩格斯选集》第1卷,北京:人民出版社2012年版,第151页。
② 《马克思恩格斯选集》第1卷,北京:人民出版社2012年版,第151页。
③ 《马克思恩格斯选集》第2卷,北京:人民出版社2012年版,第93页。
④ 马克思主义经典作家一般都注重对最具有代表性的这三个语言特征的描述。当然,也有比较特殊的,斯大林就是一位。在《马克思主义和语言学问题》中,斯大林概括的语言的特征就达11种:发展性、稳固性、渐变性、非自然现象性、非个人现象性、社会性、非阶级性、客观性、全民性、民族性、直接的工具性。但是,由于他并不是一位语言哲学家,他所概括的语言的特征很多具有特殊性,不具有普适性和根本性。更有甚者,有的人从普通语言学角度,集合多部著作,认为语言至少有20种特性:任意性、民族性、稳固性、社会性、发展性、人类特有性、线条性、模糊性、全民性、非本能性,等等。
⑤ 〔苏联〕斯大林:《马克思主义与语言学问题》,北京:人民出版社1957年版,第20页。

上是极其有限的。"① 语言的交往性对社会具有十分重要的作用，它的存在是社会得以存在的前提。没有语言的交往性，社会生产就无法进行，社会也将不复存在。"思想交流是经常极端必要的，因为没有思想交流，便不可能使人们在与自然力的斗争中，在为生产必需的物质财富的斗争中调协其共同活动，便不可能在社会生产行为中获得成功，因此也就不可能有社会生产本身。可见没有全社会都懂得的语言，没有社会成员共同的语言，社会便会停止生产，便会崩溃，便会无法继续生存。在这个意义上说，语言就是交际的工具，同时也就是社会斗争和发展的工具。"②

第二，语言的客观性。语言的客观性是指语言所表达的意义和所反映内容具有客观性。如前文所言，语言是一种现实的意识，反映的是已经自觉地认识到或反思到的实践过程中的客观事物。因此，语言具有客观性。语言的这种客观性体现在以下三个方面：一是语言可以表现为振动着的空气层或声音，因而具有客观性；二是语言来自客观的感性自然界，因而具有客观性；三是作为意识的直接体现的语言具有客观性。

第三，语言的历史性。语言的历史性是指随着人们实践活动的不断发展，语言也日益丰富和完善。语言的这种历史性体现在以下两个方面：一方面，语言是特定阶段的实践活动的产物。在实践活动开始之初，语言也就随之产生。"语言是属于社会现象之列的，从有社会存在的时候起，就有语言存在。"③ 随着社会实践活动步入资本主义时代，描述人与物相颠倒的异化劳动、商品拜物教等概念语言也随之而来。异化劳动概念反映的是资本主义条件下工人劳动创造财富而又失去财富的事实，商品拜物教概念

---

① 〔苏联〕斯大林：《马克思主义与语言学问题》，北京：人民出版社 1957 年版，第 46 页。

② 〔苏联〕斯大林：《马克思主义与语言学问题》，北京：人民出版社 1957 年版，第 20—21 页。

③ 〔苏联〕斯大林：《马克思主义与语言学问题》，北京：人民出版社 1957 年版，第 20 页。

反映的是资本主义生产的目的和手段的颠倒,是人与物颠倒的反映。另一方面,语言随着人们实践活动的深入而不断发展。马克思主义认为,任何实践活动都是现实的人在既定的条件下所从事的活动,任何语言也只能是该历史时代活动的反映,现实的人的活动的历史性决定了语言的历史性。亦可言之,语言随着社会的发展而不断发展,社会历史的发展推动语言的发展。"语言是随着社会的产生而产生,随着社会的发展而发展的。语言也将是随着社会的死亡而死亡的。社会以外,无所谓语言。因此要了解某种语言及其发展的规律,只有密切联系社会发展的历史,密切联系创造这种语言,使用这种语言的人民的历史,去进行研究,才有可能。"①

二、马克思主义真理理论

传统的真理论是一种符合真理论、认知真理论或客观真理论。这种真理理论过于强调主观符合客观,即过于强调外部世界的"物性"和客观性,而忽视真理所体现的主观性和实践性,不能体现辩证唯物主义真理观的精神实质。从实践观点出发,马克思主义实现了真理观的革命性变革,提出了科学的实践真理观。"从前的一切唯物主义(包括费尔巴哈的唯物主义)的主要缺点是:对对象、现实、感性,只是从客体的或者直观的形式去理解,而不是把它们当作感性的人的活动,当作实践去理解,不是从主体方面去理解。"② 马克思主义的实践真理观深刻蕴含了真理的人性内容和实践本质,超越了传统的以物为本的符合真理论,构筑起以人为本的实践真理理论。深刻理解这一全新的真理理论,必须从以下两个方面入手:

---

① 〔苏联〕斯大林:《马克思主义与语言学问题》,北京:人民出版社1957年版,第20页。

② 《马克思恩格斯选集》第1卷,北京:人民出版社2012年版,第133页。

一方面，真理的理论形态和真理的实践形态。① 马克思主义实践真理论认为，真理同时以两种形态存在，即真理的理论形态和真理的实践形态。真理的理论形态是指通过人们的认识所揭示出来的、以理论形式（概念和判断以及它们的展开和联系）表达的精神性的、观念性的或主观性的真理；真理的实践形态是指在实践中自在自存的客观真理。实践形态的真理自在于人们的实践中，它本身就是客观存在着的事物、事件及其过程的现实状况。而在实践中显现出来的真理为人们以观念的方式来掌握，便成为理论形态的真理。

按照旧哲学的观点，真理属于认识论范畴，因此仅存在理论化的形态。马克思主义哲学认为，真理并不仅仅属于认识论的主观范畴，更重要的，真理是一个存在论、实践论的范畴。所以，真理不仅存在理论形态，而且存在实践形态。真理之所以存在这两种形态，原因在于马克思主义的实践观点。马克思主义认为，作为人的存在方式的实践是真理的源泉。就每个个体而言，实践都是有目的、有意识的自觉的活动，表现为主体目的的实现。就社会总体来看，实践作为人的存在方式，是一种客观的历史性进程，是自人类产生以来的无数个人实践的总和。从个人的角度看，实践具有主观性，但从作为个体实践总和的人类总体实践来看，它却是一个客观的历史过程，具有一种客观必然性。

---

① 也有学者认为，真理以三种形态存在：（1）真理的理论形态。作为认识活动的结果，真理以其对客观对象的观念逻辑再现而表现为一定的理论，因而以理论的形态存在着。（2）真理的社会形态。真理作为社会运动的因素，以其对时代精神的观念浓缩而表现为一定的社会事实，因而以社会的形态存在着。（3）真理的实践形态。作为实践活动的灵魂，真理以其对实践活动的观念规定而表现为一定的矛盾运动，因而以实践的形态存在着。真理的三种形态之间的关系是：没有理论形态，真理不成其为真理；没有社会形态，真理不会被社会承认和承接；没有实践形态，真理不可能得到确证、运用和发展。由此可见，真理的实践形态是真理存在和发展的必然形态。详细内容请参阅董玉整、董莉：《论真理的实践形态》，载《学术研究》，2000年第8期，第17—21页。

人类总体实践服务于人类生存和发展的总体目的，它不是按照某种理论或某种假说的安排而进行的，而是依照社会实践的客观历史过程不断进步的。人们要认识这个客观的历史过程，以便更好地促进人类社会的发展，就必须通过概念和范畴等理论形式予以抽象和概括，这个时候，真理的理论形态便产生了。此时，真理的实践形态在哪里？真理的实践形态就是真理的理论形态所描述的那个自在自存的客观实在或过程，它在真理的理论形态出现以前就已经在那里存在着了。

真理的理论形态源自真理的实践形态，前者是对后者的反映，即前者是后者在观念和逻辑上的提炼和表达，而后者是前者的客观实现。所以，从本质上和内容上说，真理的这两种存在形态是一致的。二者的一致性正如硬币的正反两面，无论是正面还是背面都是这枚硬币，只是表现的形式不同罢了。①

另一方面，真理的实践检验问题。马克思主义实践真理观认为，检验真理（无论是真理的实践形态，还是真理的理论形态）的最终标准和唯一标准只能是实践。正如马克思所言，"人的思维是否具有客观的真理性，这不是一个理论的问题，而是一个实践的问题。人应该在实践中证明自己思维的真理性，即自己思维的现实性和力量，自己思维的此岸性。关于离开实践的思维的现实性或非现实性的争论，是一个纯粹经院哲学的问题"②。此外，列宁也指出，"实践高于（理论的）认识，因为实践不仅有普遍性的优点，并且有直接的现实性的优点"③。由于真理的实践形态和真理的理论形态在内容上是一致的，因而二者的检验就是一回事，即二者的

---

① 但是我们必须看到，它们在表现形式上却具有明显的不同。真理的实践形态是客观存在的、不依赖于主体主观意识的存在状态，是具有存在论、实践论意味的概念，而真理的理论形态作为主体对主客体关系整体性内容的把握与接近，却是一个认识论范畴。简单地将二者相比较，前者是客观的、唯一的，而后者由于受主体、客体以及认识工具等多方面因素的制约，却是一个渐近的、不能一蹴而就的过程，在这一过程中，可能偏离甚至歪曲前者。

② 《马克思恩格斯选集》第1卷，北京：人民出版社2012年版，第134页。

③ 《列宁全集》第38卷，北京：人民出版社1959年版，第230页。

检验是同一个检验的不同过程。但二者在表现形式上又各不相同，因而其具体的检验方式也往往有所不同。虽然真理自在自存于实践中，或者说以其实践形态存在，但这是就人类无限的、总体性的实践来说的。具体到个人或某一具体社会共同体的实践来说，它却是个别的、特殊的、有局限性的，是受具体的历史条件所制约的。"从历史的观点来看，这件事也许有某种意义；我们只能在我们时代的条件下进行认识，而且这些条件达到什么程度，我们便认识到什么程度。"①

所以，这种个别化的真理的实践状态才具有合理或不合理、正确或不正确的问题，即存在真理的检验问题。它是否具有客观的真理性，需要不断在实践中加以判别和检验。判别和检验的标准只能是人类的总体性实践（含规定这一实践的人类生存和发展的终极目的）。个别的或特殊的实践只有符合人类总体性实践的要求，符合人类生存和发展的终极目的，才可能是合理的或正确的。反之，则是不合理的或不正确的，需要予以修正和调整。当然，这种判别和检验的过程也在实践过程之中，是实践活动自身的一个环节，而不在实践之外。

换言之，对于真理的实践形态的检验，是实践自己判别自己、自己检验自己的过程。由于真理的理论形态是真理的实践形态的反映，所以，对前者的判别和检验就在于看它是否与后者相符合。如果在实践过程中，理论形态的真理能够转化为改造世界的物质力量，证明自己思维的现实性和力量，那么，就说明它具有实践的真理性。反之，则说明其不具有实践的真理性。②

---

① 《马克思恩格斯全集》第 20 卷，北京：人民出版社 1971 年版，第 585 页。
② 也应该注意，由于实践检验本身也具有"不确定性"，因而，无论是对于真理的实践形态的检验，还是对于真理的理论形态的检验，都不是一蹴而就的，而往往表现为一个永无止境的过程。那种期望毕其功于一役的想法和做法，都是不实现的。也正因为如此，人们也就永远只能在实践中追求真理、实现真理，从真理的相对性走向真理的绝对性，而不能以真理的化身自居，不能"以真理的名义"发号施令。详细内容请参阅孙伟平：《论马克思主义哲学的实践真理观》，载《学术研究》，2005 年第 11 期，第 43—47 页。

三、马克思主义解释学理论

作为方法论的解释学，一直囿于是忠实于文本还是尊重作者的意图的争论。马克思主义解释学与此不同，开辟了解释学的第三条道路。马克思主义认为，前者对文本的过分强调完全是一种字面的语言游戏，后者对作者原意的过度倚重也只是思辨理性哲学的遗产。只有从实践观点出发，把文本作者所言还原于他据以所言、赖以立言的社会实践，才能正确审视和解释文本的基本意义。换言之，只有从观念赖以形成的实践出发去解释观念，从文本言说的对象着眼去考察对象的被言说，才能将逻辑的事物归结为事物的逻辑。由此，诞生了马克思主义实践解释学①。

一方面，社会实践是进行观念解释的根本出发点。由于社会存在决定社会意识，所以任何对观念（文本）进行解释的行为都必须以社会实践作为根本出发点。进而言之，人们在文本中表达出来的原理、原则、思维方式等观念要素都源自人们实际的物质生活创造，即源自社会实践。有什么样的物质生活实践才能生成相应的逻辑、范畴和观念。因此，那些"适应自己的物质生产水平而生产出社会关系的人，也生产出各种观念、范畴，即这些社会关系的抽象的、观念的表现"②。同样，在解释蒲鲁东《贫困

---

① 也有人将马克思主义的解释学归纳为三种表达形式：方法论解释学、本体论解释学和批判解释学。详细内容请参阅刘兴章、彭介忠：《领悟马克思的解释学哲学理论》，载《学习与探索》，2001年第2期，第10—17页。但是，我们并不同意上述结论。首先，主张方法论解释学、本体论解释学和批判解释学三者之间可以并存是有问题的；其次，他们的结论也是有待商榷的，我们看不出他们最终对马克思解释学的定位是什么；最后，他们没有看到马克思解释学的根本出发点是实践观点，而不是由实践衍生而来的人生哲学、现实生活和批评意识。所以，应该将马克思主义的解释学定位为实践解释学。

② 《马克思恩格斯全集》第27卷，北京：人民出版社1972年版，第484页。

的哲学》①的时候,马克思也依据实践观点具体说明了作为观念形态存在的权威原理和个人主义原理出现的原因,就在于它们所处的社会实践(生产方式)。"每个原理都有其出现的世纪。例如,权威原理出现在11世纪,个人主义原理出现在18世纪。……如果为了顾全原理和历史我们要进一步自问一下,为什么该原理出现在11世纪或者18世纪,而不出现在其他某一世纪,我们就必须要仔细研究一下:11世纪的人们是怎样的,18世纪的人们是怎样的,他们各自的需要、他们的生产力、生产方式以及生产中使用的原料是怎样的;最后,由这一切生存条件所产生的人与人之间的关系是怎样的。"②

概言之,马克思主义实践解释学总是把文本所表达出来的社会意识、思想原理和观念置于社会实践(生产方式)之中。"从物质生活的矛盾中,从社会生产力和生产关系之间的现存冲突中去解释。"③

另一方面,社会实践的差异导致理解的偏差。这种偏差体现在以下三个方面:

第一,解释者和原作者的不同实践境遇致使理解产生偏差。在分析18世纪德国哲学家将法国的社会主义和共产主义的文献错误地理解为纯粹意志的原因时,马克思认为是二者实践境遇的不同才导致这种偏差性的理解,即二者所处的不同实践条件和实践水平。"法国的社会主义和共产主义的文献是在居于统治地位的资产阶级压迫下产生的,并且是同这种统治作斗争的文字表现,这种文献被搬到德国的时候,那里的资产阶级才刚刚开始进行反对封建专制制度的斗争。"④ 但是,德国哲学家们在理解这些文献的时候却忘记了"在这种著作从法国搬到德国的时候,法国的生活条件

---

① 〔法〕蒲鲁东:《贫困的哲学》(上卷),余叔通、王雪华译,北京:商务印书馆2010年版。
② 《马克思恩格斯选集》第1卷,北京:人民出版社2012年版,第227页。
③ 《马克思恩格斯选集》第1卷,北京:人民出版社2012年版,第33页。
④ 《马克思恩格斯选集》第1卷,北京:人民出版社2012年版,第426页。

却没有同时搬过去。在德国的条件下，法国的文献完全失去了直接实践的意义，而只具有纯粹文献的形式"①。

第二，特殊的实践境遇是达成正确理解的重要途径。思辨哲学方法为什么在18世纪的德国成为主要的哲学方法？不同的人对此有迥异的理解和解释。马克思认为，要解释这种思辨的历史方法之所以存在的重要途径，就是考察它自身所处的特殊的实践境遇（实际生活状况）。只有认识到这些哲学家、法学家和政治家们的诸如职业、分工等特殊的生活状况的情况，才能合理理解他的存在。②"要说明这种曾经在德国占统治地位的历史方法，以及说明它为什么主要在德国占统治地位的原因，就必须从它与一切思想家的幻想，例如，与法学家、政治家（包括实际的国务活动家）的幻想的联系出发，必须从这些家伙的独断的玄想和曲解出发。而从他们的实际生活状况，他们的职业和分工出发，是很容易说明这些幻想、玄想和曲解的。"③

第三，社会实践是语境分析的重要前提。马克思认为，要理解为什么施米特总是从抽象的方面去理解法国那具有现实思想内容的政治文献，最重要的做法在于对其进行语境分析。而这种语境分析的重要前提就是社会实践。因此，马克思批评道："教书匠的思想在对这种经验的事实进行思

---

① 《马克思恩格斯选集》第1卷，北京：人民出版社2012年版，第426页。
② 但是，我应也该注意到，特定的社会实践水平和社会语境状态的结合，只是一般地、大致地规定着解释者对文本内容的取舍、理解和陈述的可能方式，而不能具体控制每一个细微的解释活动。解释者的解释实践及其思想方式和结论的最终形成，只有通过其所属语境对个人的具体实践及其物质、精神生活经验的激发和引导，亦通过由思想文化储备凝练成的集体无意识在主体生活中的复苏，促成个体经验语符化和概念化，进入社会思想关系，才在语境提供的某种理解和言说的可能性中变成现实，才在社会语境对个人理解的规定性中变成现实。详细内容请参阅胡潇：《"从实践出发来解释观念"——马克思解释学思想片论》，载《学术研究》，2000年第8期，第17—21页。
③ 《马克思恩格斯选集》第1卷，北京：人民出版社2012年版，第182—183页。

考时也是按照教书匠的方式而反思和琢磨的。"① 恩格斯对于马克思从社会实践角度分析观念（文本）的语境，进而达成对其的理解的观点也十分赞成，而且说得更加直接明了："我们当中的每一个人都或多或少地受着我们主要在其中活动的精神环境的影响。"② "一切理论观点，只有理解了每一个与之相应的时代的物质生活条件，并且从这些物质条件中被引申出来的时候，才能理解。"③

---

① 《马克思恩格斯全集》第3卷，北京：人民出版社1960年版，第297页。
② 《马克思恩格斯选集》第4卷，北京：人民出版社2012年版，第517页。
③ 《马克思恩格斯全集》第13卷，北京：人民出版社1962年版，第297页。

第八章 哈贝马斯语言哲学思想批判

作为"当今世界最具全球影响的哲学家和社会理论家"[①] 中的一员,哈贝马斯的理论不仅内容涉猎广泛,而且逻辑论证缜密,具有极强的说服力。但是,任何一种理论都有其不完善的一面,哈贝马斯也不例外。特别是他的带有乌托邦性质的理想性的理论旨趣招致广泛质疑,批判之声不绝于耳。本章依循批评视角对哈贝马斯的语言哲学进行深层次的批判性检视。批判视域主要基于两种完全不同的立场:一种是西方哲学立场;另一种是马克思主义哲学立场。

依照这两种批判立场,本章分为两大部分:第一部分阐述以梅芙·库克和约翰·B.汤普森为代表的西方学者对哈贝马斯语言哲学思想的批判。其中,梅芙·库克对哈贝马斯的批判以形式语用学(有效性要求理论)和语用意义理论为重点;约翰·B.汤普森对哈贝马斯的批判以深层解释学和真理共识论为重点。第二部分从马克思主义的批判立场深化对哈贝马斯语言哲学思想的理解。依据马克思主义的观点,哈贝马斯的语言哲学在以下三个方面存在瑕疵:一是生活世界理论方面,二是语言理论方面,三是真理理论和解释学理论方面。

[①] 童世骏:《批判与实践:论哈贝马斯的批判理论》,北京:生活·读书·新知三联书店2007年版,序言,第1页。

第一节 西方哲学视域下的批判

一、梅芙·库克的批判

梅芙·库克（Maeve Cooke）现为都柏林大学（UCD）哲学学院院长，爱尔兰皇家科学院（Royal Irish Academy）院士。库克教授的杰出贡献在于对法兰克福学派社会批判理论的深入研究，尤其以对哈贝马斯社会批判理论的批判性研究知名。她的研究主要体现在专著《语言与理性：哈贝马斯语用学研究》（*Language and Reason: A Study of Habermas's Pragmatics*）①和《重现善的社会》（*Re-presenting the Good Society*）②之中。同时，也包括她在《欧洲哲学杂志》（*European Journal of Philosophy*）③、《政治理论》（*Political Theory*）④、《哲学与社会批判》（*Philosophy and Social Criticism*）⑤等

---

① Maeve Cooke, *Language and Reason: A Study of Habermas's Pragmatics*, Massachusetts, Cambridge: The MIT Press, 1994.

② Maeve Cooke, *Re-presenting the Good Society*, Massachusetts, Cambridge: The MIT Press, 2006.

③ [1] Maeve Cooke, "Habermas and consensus", *European Journal of Philosophy*, 1993, 1(3): 247-267. [2] Maeve Cooke, "From Kant to Hegel: Robert Brandom's Pragmatic Philosophy of Language", *European Journal of Philosophy*, 2000(3): 322-355. [3] Maeve Cooke, "Meaning and Truth in Habermas's Pragmatics", *European Journal of Philosophy*, 2001, 9(3): 1-23.

④ Maeve Cooke, "Authenticity and Autonomy: Taylor, Habermas, and the Politics of Recognition", in *Political Theory*, 1997, 25(2): 260-290.

⑤ [1] Maeve Cooke, "Habermas, autonomy, and the identity of the self", in *Philosophy and Social Criticism*, 1993, 18(3): 269-291. [2] Maeve Cooke, "Redeeming redemption: The Utopian dimension of critical social theory", in *Philosophy and Social Criticism*, 2004, 30(4): 413-429. [3] Maeve Cooke, "Making the case for privacy rights", in *Philosophy and Social Criticism*, 2005, 31(1): 131-143.

国际权威期刊上所发表的文章。其中，库克对哈贝马斯语言哲学思想的批判性研究集中体现在《语言与理性：哈贝马斯语用学研究》一书之中。

在库克看来，"哈贝马斯主要还是一位社会理论家，一位带有批判意向的社会理论家"①。所以，哈贝马斯交往行为理论的核心在于交往行为在社会发展过程中所起的重要作用，即交往行为是社会整合和社会再生产的协调机制。这种协调机制体现在三个方面：文化再生产、社会整合和社会化。"哈贝马斯交往行为理论的关键性在于它表明交往行为是在文化再生产、社会整合和社会化领域内的一种社会（生活世界）整合和社会再生产的机制。"② 而要证明这个问题，哈贝马斯就离不开交织在一起的有效性要求理论和语用意义理论。③

因此，库克对哈贝马斯语言哲学思想的批判主要聚焦于这两个方面。一方面，对有效性要求理论的批判。如前文所述，哈贝马斯以有效性要求为依据，将言语行为划分为记述式、调节式和表现式三种类型。记述式言语行为的划分依据是真实性要求，表现式言语行为的划分依据是真诚性要求，调节式言语行为的划分依据是正确性要求。库克批判有效性要求理论的着眼点就在于有效性要求与这三种言语行为类型之间的依附关系。

第一，关于记述式言语行为。哈贝马斯将记述式言语行为与命题的真理性要求联系起来，并将记述式话语所包括的"断言""声称""通知""预测"等范畴限定为经验的或理论的真理性，这是记述式言语行为区别于其他类型言语行为的典型特征。库克虽然也赞同哈贝马斯的区分方法，但她并不认同哈贝马斯将记述式言语行为仅仅限定为上述几种形式的看法。这种看法可能会导致两个问题：一是它将导致道德有效性要求都被视

---

① Maeve Cooke, "Meaning and truth in Habermas's pragmatics", in *European Journal of Philosophy*, 2001, 9(3): 1-23, p.1.

② Maeve Cooke, *Language and Reason: A Study of Habermas's Pragmatics*, Massachusetts, Cambridge: The MIT Press, 1994, pp.51-52.

③ Maeve Cooke, *Language and Reason: A Study of Habermas's Pragmatics*, Massachusetts, Cambridge: The MIT Press, 1994, p.51.

为规范正确性要求；二是它忽略了与日常交往行为相联系的其他种类繁多的有效性要求。其中最重要的就是忽略了在日常语言使用中所提出的审美有效性要求。①

第二，关于表现式言语行为。库克认为，哈贝马斯以真诚性要求为根据划分出表现式言语行为，其理由是不充分的。"听者可以从言说者的真诚性角度出发，质疑话语的事实并不能作为将话语区分为表现式言语行为的充足理由。"② 库克通过一个哈贝马斯曾经举过的例子来说明这个问题。"外面正在下雨"，按照哈贝马斯的言语行为分类学，这个言语行为应该归属于记述式言语行为。但是，听者若想质疑这个话语，仍然可以从言说者的真诚性角度出发，如"你在撒谎"。换言之，听者的这种反应方式并不能达到将"外面正在下雨"划分为表现式言语行为的效果。事实上，任何特定的言语行为的划分都不能仅仅依靠单一的有效性要求，所以，库克说道："将听者的反应作为界定以言行事模式的唯一决定性因素的立场是十分荒谬的。"③ 哈贝马斯也认识到了这个问题，所以他主张每一个言语行为同时提出三个有效性要求。但是，哈贝马斯区分了"直接（direct）"有效性要求和"间接（indirect）"有效性要求，且在决定以言行事模式的时候，只有"直接"有效性要求才能起到决定作用。在区分言语行为的时候，哈贝马斯一开始就否定了将言语行为视为一个整体的做法。④

第三，关于调节式言语行为。哈贝马斯混淆了规范的有效性要求和规

---

① Maeve Cooke, *Language and Reason*: *A Study of Habermas's Pragmatics*, Massachusetts, Cambridge: The MIT Press, 1994, p.63.

② Maeve Cooke, *Language and Reason*: *A Study of Habermas's Pragmatics*, Massachusetts, Cambridge: The MIT Press, 1994, p.60.

③ Maeve Cooke, *Language and Reason*: *A Study of Habermas's Pragmatics*, Massachusetts, Cambridge: The MIT Press, 1994, p.60.

④ Maeve Cooke, *Language and Reason*: *A Study of Habermas's Pragmatics*, Massachusetts, Cambridge: The MIT Press, 1994, p.61.

范的正确性要求。① 库克将哈贝马斯规范的有效性要求也称为道德的有效性要求（moral validity claims）。哈贝马斯认为，规范的有效性要求是一个包括真实性、正确性和真诚性的系统体系。换言之，作为体系的规范的有效性要求包括规范的正确性要求，从逻辑学角度来说，二者不是并列关系，而是属种关系，规范的有效性要求是上位概念，规范的正确性要求是下位概念。库克不认同哈贝马斯的观点。她认为二者虽然不是并列关系，但它们也不是属种的包含关系，二者不仅具有各自不同的特征和义务，而且具有完全不同的功能。这些不同点主要表现如下：

（1）特征不同。库克认为，为了使道德效性要求能够获得所有人的普遍同意，哈贝马斯通过理想的言说情境这种假设手段将其理想化，使其超脱于特定个人的特定兴趣或特定行为的特定语境，即道德有效性要求摆脱了经验世界的束缚。非语境性是规范的有效性要求的典型特征。与道德的有效性要求的非语境性形成鲜明对比的是，规范的正确性总是与特定行为语境下的特定言语行为相联系，即语境性是规范的正确性要求的典型特征。② 所以，库克区分了规范的有效性要求和规范的正确性要求。"既然规范的正确性要求是特定行为语境下的特定言语行为的正确性要求，那么，这就表明我们将规范的正确性要求和道德的有效性要求区分开来至少是有一个充分理由的。"③

（2）义务不同。依照哈贝马斯的理论，调节式言语行为的终极目的就是在言说者和听者之间建立特定类型的主体间关系。这种关系的本质是什么？库克认为，就是一种义务关系，这种义务关系可以分为两个层面：一

---

① Maeve Cooke, *Language and Reason*: *A Study of Habermas's Pragmatics*, Massachusetts, Cambridge: The MIT Press, 1994, p.64.

② Maeve Cooke, *Language and Reason*: *A Study of Habermas's Pragmatics*, Massachusetts, Cambridge: The MIT Press, 1994, p.64.

③ Maeve Cooke, *Language and Reason*: *A Study of Habermas's Pragmatics*, Massachusetts, Cambridge: The MIT Press, 1994, p.64.

是道德层面,即言说者具有保证此种言语行为在特定语境下是正确性的义务,这是某种道德关系;二是理性层面,即言说者具有通过提供理由证实有效性要求的义务,这是某种理性关系。由此,库克区分了理性义务(rational obligations)和道德义务(moral obligations)①。理性义务是指与论证有效性要求相关的义务,是一种"言语行为的内在义务"②;道德义务是指与形成主体间关系相关的义务,是一种言语行为的外在义务。哈贝马斯仅仅考虑了理性义务而忽视了道德义务,可能导致两方面的不良后果③:一方面,它模糊了这样一个事实,即调节式言语行为建构了特定的道德关系。它依靠的是"行为本身",而不是言语行为的内在的规范的有效性要求,这是调节式言语行为概念的应有之意;另一方面,它可能导致我们错误地假定所有的规范的有效性要求都是调节式言语行为。

(3)功能不同。按照哈贝马斯的理论,一个交往行为是否能够取得成功,取决于听者对语言行为所提出的有效性要求所持的"肯定"或"否定"立场。当它受到质疑时,言说者有提供理由来证明这些有效性要求的义务(obligation),同样,听者也有提供理由来证明他之所以要采取"肯定"或"否定"立场的义务。规范的有效性要求的功能就是促使听者认可言语行为。但是,在调节式言语行为中,它的首要功能不是提出某种有效性要求,而是要构建某种特定类型的主体间关系。④

另一方面,对语用意义理论的批判。库克对哈贝马斯意义理论的批判是与上文对有效性要求理论的批判联系在一起的。她从两个角度对哈贝马

---

① Maeve Cooke, *Language and Reason: A Study of Habermas's Pragmatics*, Massachusetts, Cambridge: The MIT Press, 1994, p.66.
② Maeve Cooke, *Language and Reason: A Study of Habermas's Pragmatics*, Massachusetts, Cambridge: The MIT Press, 1994, p.65.
③ Maeve Cooke, *Language and Reason: A Study of Habermas's Pragmatics*, Massachusetts, Cambridge: The MIT Press, 1994, p.67.
④ Maeve Cooke, *Language and Reason: A Study of Habermas's Pragmatics*, Massachusetts, Cambridge: The MIT Press, 1994, p.66.

斯的语用意义理论提出了质疑。首先,"满足条件"概念的适用范围问题。库克认为,哈贝马斯的意义理论的核心要点在于"如果我们认识到,是什么使得一个言语行为能够被接受下来,那么,我们也就理解了这个言语行为"①。所以,"'可接受性条件(acceptability of conditions)'概念是哈贝马斯的语用意义说明的核心"②。所有的言语行为都是以此为基础,听者要想理解任何言语行为都必须以它为前提才能达到理解的目的。同时,可接受性条件又被哈贝马斯进一步区分为"满足条件(conditions of satisfaction)"和"有效性条件(conditions of validation)"。③

如何理解这两个条件的作用?哈贝马斯举了一个实例:"请你不要抽烟。"听者(吸烟者)如果想要理解这句话,就必须依据以上两个条件:(1)"满足条件"就是听者要知道在什么条件下才能实现言说者所要求达到的状况(停止吸烟);(2)有效性条件就是言说者能够证明他的要求是有效的,即言说者能够列举理由说明他有提出上述要求的权力(他是一个吸烟管理员)。依照库克的观点,哈贝马斯认为所有的言语行为都要提出有效性条件这一点是正确的。"所有的言语行为都要引起与有效性相关的义务"④,"知道满足这些义务意味着什么就等于知道'有效性条件'"⑤。但是,"满足条件"并不能适用于所有的言语行为。"满足条件"只能适用于调节式言语行为,而不能适用于记述式言语行为和表现式言语行为。原

---

① 〔德〕哈贝马斯:《交往行为理论(第一卷):行为合理性与社会合理化》,曹卫东译,南京:译林出版社 2001 年版,第 284 页。

② Maeve Cooke, *Language and Reason*: *A Study of Habermas's Pragmatics*, Massachusetts, Cambridge: The MIT Press, 1994, p.100.

③ Maeve Cooke, *Language and Reason*: *A Study of Habermas's Pragmatics*, Massachusetts, Cambridge: The MIT Press, 1994, p.101.

④ Maeve Cooke, *Language and Reason*: *A Study of Habermas's Pragmatics*, Massachusetts, Cambridge: The MIT Press, 1994, p.102.

⑤ Maeve Cooke, *Language and Reason*: *A Study of Habermas's Pragmatics*, Massachusetts, Cambridge: The MIT Press, 1994, pp.102–103.

因在于知道了有效性条件就已经知道了满足条件。对于记述式言语行为和表现式言语行为来说，满足条件已经暗含于有效性条件之中。库克举例予以说明："我预测假期会因为有雨而告吹。"① 听者要理解这个记述式言语行为就要知道它的"有效性条件"。这个条件就是"是否下雨"。听者知道言说者只有列举是否下雨这个理由才能说明这句话是否是真的。同时，这句话的"满足条件"是什么呢？很显然，它依然还是"是否下雨"。所以，在记述式言语行为和表现式言语行为中，满足条件已经暗含于有效性条件之中，并不像哈贝马斯所主张的那样两个条件同时存在。

其次，意义脱离语境问题。库克认为，"话语定位在语言表达之中。一般来说，理解一个话语就是理解一个在互动语境之中的言语行为"②。而哈贝马斯的语用意义理论却公然宣称话语的意义与语境无关，这是很难让人接受的，即使哈贝马斯对此进行了细致的论证。他将生活世界作为交往行为的背景知识，似乎与他的超越语境的意义理论相矛盾。③

关于库克对哈贝马斯有效性要求理论和语用意义理论的上述批判，笔者有部分异议。库克关于表现式言语行为和调节式言语行为的批判以及对语用意义理论的批判是具有启发性的，但她对记述式言语行为批判，特别是她关于哈贝马斯审美有效性要求的批判却有待商榷。哈贝马斯并非如库克所言，完全忽视了日常语言使用中的审美有效性要求。

恰恰相反，哈贝马斯对此问题进行过细致的思考。这种思考体现在如下两个方面：（1）哈贝马斯已经注意到了审美有效性要求的存在。哈贝马斯提出将自我表述行为与记述式言语行为和调节式言语行为合并考虑，对比了它们之间的区别，并将评价性表达置于可以批判检验的表达范围之

---

① Maeve Cooke, *Language and Reason: A Study of Habermas's Pragmatics*, Massachusetts, Cambridge: The MIT Press, 1994, p.102.

② Maeve Cooke, *Language and Reason: A Study of Habermas's Pragmatics*, Massachusetts, Cambridge: The MIT Press, 1994, p.122.

③ Maeve Cooke, *Language and Reason: A Study of Habermas's Pragmatics*, Massachusetts, Cambridge: The MIT Press, 1994, pp.127-130.

内，且多次论及艺术作品的审美形式及审美判断。① 最值得注意的是，哈贝马斯明确"将鉴赏力判断和可批判检验的有效性要求联系起来"②，并提出了审美—表现有效性（aesthetic-expressive validity）③ 和审美—实践合理性（aesthetic-practical rationality）④。(2) 哈贝马斯明确了审美有效性要求的地位。依照哈贝马斯的观点，审美有效性是确实存在的，但它不能与真实性、正确性和真诚性相并列而成为有效性要求体系内的独立一员。其原因有三：

第一，审美有效性不具有普遍性。只有在言语行为所提出的若干有效性要求赢得所有听者普遍同意的前提下，它才能达到协调行为的目的，从而"形成一种协调一致的人际关系"⑤，也就是说有效性要求具有普遍性。与此相反，作为一种具有一定主观色彩的价值评定，言说者作出某个审美判断时，并不一定能够得到所有理性听者的一致同意，即审美有效性不具有普遍性。"文化价值的出现和行为规范有所不同，它们不带有普遍性要求。……围绕着文化价值，形成了主体间相互承认的圈子，但这绝不意味着文化要求具有一种普遍性，或者说要求得到了普遍赞同。"⑥

第二，审美有效性不具有约束力。交往如想成功，言说者就要对受到质疑的有效性要求进行证实，其途径只能是通过提供理由进行证明，听者

---

① 〔德〕哈贝马斯：《交往行为理论（第一卷）：行为合理性与社会合理化》，曹卫东译，南京：译林出版社2001年版，第15—17页。

② Habermas, *On the Pragmatics of Communication*, Maeve Cooke(eds.), Massachusetts, Cambridge: The MIT Press, 1998, p.412.

③ 〔德〕哈贝马斯：《交往行为理论（第一卷）：行为合理性与社会合理化》，曹卫东译，南京：译林出版社2001年版，第326页。

④ Habermas, *On the Pragmatics of Communication*, Maeve Cooke (eds.), Massachusetts, Cambridge: The MIT Press, 1998, p.412.

⑤ 〔德〕哈贝马斯：《交往行为理论（第一卷）：行为合理性与社会合理化》，曹卫东译，南京：译林出版社2001年版，第283页。

⑥ 〔德〕哈贝马斯：《交往行为理论（第一卷）：行为合理性与社会合理化》，曹卫东译，南京：译林出版社2001年版，第20页。

也要提供理由证实他所要采取的肯定或否定立场。一旦理由充分，双方便达成遵守或施行一定行为期待的共识。言语行为的约束力源自有效性要求。审美表达本身并没有什么明晰的有效性要求，它只是对愿望和情感的展露，没有相应的规范定性，也没有对一定行为方式的期待。因此，审美有效性对于言说者和听者双方都不具有任何的约束力量。"这一点同样也适用于没有明确要求的表达，亦即评价性表达，这类表达既没有说出一种私人感情或个人欲求，也没有要求一种规范定性，也就是说，和一种一般的行为期待保持一致。"[①] 此外，"哈贝马斯认为，审美有效性要求并不能直接通过理性论证的方式加以检验，相反，它只能通过持续的论辩的方式予以解决，在这种论辩中，言说者表达了他们真诚或非真诚的主观意向"[②]。

第三，审美有效性不属于交往范围。交往行为的目的就在于协调不同的行为计划，即对主体间可批判检验的有效性要求的承认，只有与协调能力有关的语言使用模式才能被纳入交往行为理论之中。由此，哈贝马斯区分了三种不同的语言使用模式，即认知式语言使用[③]、互动式语言使用[④]和表现式语言使用[⑤]，三种不同的语言使用模式分别对应于三个不同的有效性要求。虽然审美式语言使用也可以独立成为一种语言使用模式，但它只是一种表达、展露世界的语言活动，并不是以达成理解为目的，从而形成人际关系的言语行为。因此，它也就不属于交往理论的考虑范围。

[①]〔德〕哈贝马斯：《交往行为理论（第一卷）：行为合理性与社会合理化》，曹卫东译，南京：译林出版社 2001 年版，第 16 页。

[②] Pieter Duvenage, *Habermas and Aesthetics: the Limits of Communicative Reason*, Cambridge: Polity Press, 2003, p.53.

[③] Habermas, *Communication and the Evolution of Society*, Thomas McCarthy (trans.), Cambridge: Polity Press, 1984, p.53.

[④] Habermas, *Communication and the Evolution of Society*, Thomas McCarthy (trans.), Cambridge: Polity Press, 1984, p.53.

[⑤] Habermas, *Communication and the Evolution of Society*, Thomas McCarthy (trans.), Cambridge: Polity Press, 1984, p.57.

二、约翰·B.汤普森的批判

约翰·B.汤普森（John B. Thompson）是剑桥大学社会学教授、社会学系主任，主要研究领域为当代社会政治理论以及媒体和文化社会学等。① 汤普森的著作等身，其中对哈贝马斯语言哲学思想的批判性研究主要体现在《批判解释学：保罗·利科与尤尔根·哈贝马斯思想研究》（*Critical Hermeneutics: a Study in the Thought of Paul Ricoeur and Jürgen Habermas*）② 之中。③ 约翰·B.汤普森对哈贝马斯语言哲学的批判性研究主要集中于两个方面：深层解释学和真理共识论。

一方面，对深层解释学（depth hermeneutics）④ 的批判。

汤普森首先肯定了哈贝马斯解释学的价值。"哈贝马斯的作品为社会科学方法论中的许多问题做出了重要贡献。其中之一就是关注解释和理解的关系。自从狄尔泰的著作问世以来，这个问题就一直是持续争论的主体。哈贝马斯对这场争论的主要贡献在于他将精神分析学的模式作为批判

---

① 汤普森教授的详细资料请参阅王杰、徐方赋：《"我的文化社会学视角"——约翰·B.汤普森访谈录》，载《文艺理论与批评》，2009年第5期，第38—47页。

② John B.Thompson, *Critical Hermeneutics: A Study in the Thought of Paul Ricoeur and Jürgen Habermas*, Cambridge: Cambridge University Press, 1981. 以下简记为《批判解释学》(*Critical Hermeneutics*)。

③ 需要注意的一点是，汤普森《批判解释学：保罗·利科与尤尔根·哈贝马斯思想研究》的书名中的"批判解释学（Critical Hermeneutics）"虽然与哈贝马斯的"批判解释学"称谓相同，但并不是专指哈贝马斯的解释学理论，而是作者在考察了维特根斯坦、利科和哈贝马斯的观点之后建构的一种新的社会科学观念。

④ 哈贝马斯的解释学理论也可称之为深层解释学（depth hermeneutics），"批判解释学"和"深层解释学"的内涵是完全一致的。"深层解释学"是哈贝马斯在总结弗洛伊德的精神分析理论时提到的一个概念，他说这种"深层解释学"其实就是"批判解释学'。汤普森在批判介绍哈贝马斯的解释学理论时，一直使用"深层解释学"这个称谓，因此，我们在引介汤普森的观点时也沿用这种提法。

理论的基础。"① 从深层解释学的产生角度来看,哈贝马斯通过对比狄尔泰和弗洛伊德的解释学理论发现,弗洛伊德的精神分析学完全可以被看作对这些不可理解的现象进行深层解释的理论。原因在于从神经病症状出发考察病因与从"特别无法理解的表述"出发解释文本具有相似性。同时,哈贝马斯也将这种不可理解性引申到由于被意识形态压制而产生的"系统扭曲的交往"之中,认为批判解释学作为一种解释方法同样适用于现实社会中的压制情状。② 哈贝马斯将这种解释学称作"深层"的,就在于它的解释对象并不是日常解释学的那些意义显而易见的文本,而是后来"特别不可理解的表述"的东西。

汤普森对深层解释学的批判着眼于以下方面:第一,"系统扭曲的交往"概念并不清晰。哈贝马斯为了定义系统扭曲的交往的范围,提出了三个标准:一是这种交往偏离了受到认可的语言传统的既定系统;二是这种交往表现为对行为模式的死板式重复;三是这种交往取消了不同交往水平的差别,以至于行为和表达式背离了它所说的。③ 汤普森认为,即使哈贝马斯为系统扭曲的交往设定了上述特征,他依然没有完全说清楚这个概念。因为他没有澄清系统扭曲的交往是和哪种事物或状态相比较而言的,而这一点是他必须要予以澄明的。他尝试将"戏剧理解"和语义学与传统解释学区分开来,这样做的逻辑结果应该是将系统扭曲的交往与日常生活的普通互动相比较,但他一直没有这样做。在汤普森看来,如果哈贝马斯将系统扭曲的交往视为衍生于纯交往行为模式,那么戏剧理解就不能从它的对象角度与语义学和传统解释学相区别,因为没有经验互动可能与纯交

---

① John B. Thompson, *Critical Hermeneutics*, Cambridge: Cambridge University Press, 1981, p.106.

② John B. Thompson, *Critical Hermeneutics*, Cambridge: Cambridge University Press, 1981, pp.105-107.

③ John B. Thompson, *Critical Hermeneutics*, Cambridge: Cambridge University Press, 1981, p.134.

往行为模式相符合。所以,汤普森认为,"批判理论的深层解释维度不应该从对象领域进行定义"①,"不应该从方法论结构角度进行定义"②。

第二,系统扭曲的交往并不能扩展到社会层面,即系统扭曲的交往并不能以意识形态的姿态出现。依照哈贝马斯的观点,"意识形态是系统扭曲交往的一种形式,这种系统扭曲的交往同时起着伪装和维护抑制一般兴趣的作用。正如精神分析学想要通过私有符号的戏剧理解消除行为症状一样,所以,批判理论寻求通过限制公共争论领域的意识形态的解释来消解权力系统"③。汤普森认为,哈贝马斯的上述主张存在三个问题:一是哈贝马斯没有阐明意识形态是如何与社会兴趣的合法化和受压抑相联系的。哈贝马斯承认意识形态和兴趣之间的联系,但他没有对兴趣概念进行详细说明,也没有说明意识形态是如何与他的行为理论相一致的。二是精神分析概念能否为意识形态提供说明也很难确定。三是成问题的符号和压抑力量之间的矛盾也难以得到解决。④

第三,哈贝马斯对意义范畴的说明暗含很多难以解决的难题,同时,他使概念客观化的做法也不是十分清晰。⑤

另一方面,对真理共识论的批判。

依照汤普森的理解,哈贝马斯的真理本身就是一个得到了辩护(justification)的有效性要求,这种辩护通过置身于理想的言说情境之中的参与

---

① John B. Thompson, *Critical Hermeneutics*, Cambridge: Cambridge University Press, 1981, p.134.

② John B. Thompson, *Critical Hermeneutics*, Cambridge: Cambridge University Press, 1981, p.134.

③ John B. Thompson, *Critical Hermeneutics*, Cambridge: Cambridge University Press, 1981, p.135.

④ John B. Thompson, *Critical Hermeneutics*, Cambridge: Cambridge University Press, 1981, p.135.

⑤ John B. Thompson, *Critical Hermeneutics*, Cambridge: Cambridge University Press, 1981, p.166.

者之间的共识（consensus）得到了确证。汤普森认为，通观哈贝马斯对真理共识理论的阐释，哈贝马斯对许多传统的真理理论的批判是相当引人注目的，但当细致分析构成哈贝马斯真理共识论之基础的论证（argument）程序的时候，他发现哈贝马斯的真理理论建立在很多具有疑点的基础之上。此外，哈贝马斯的论证程序在对话领域和与行为相关的经验领域之间划定了一条鸿沟，这条鸿沟对于发展完善的认识论是很有害的。① 为了说明他对哈贝马斯的质疑，汤普森对哈贝马斯真理观的论证程序进行了概括，主要包括四个方面②：

（1）真理指的是陈述（statements）的真或假，而不是语句或话语（sentences or utterances）的真或假。

（2）真理是一种与记述式言语行为有关的有效性要求：说某一陈述是真的等同于说这个陈述的断言得到了辩护。

（3）这个陈述的断言得到了辩护，当且仅当这个陈述在所有与言说者进行讨论的人之间都达成了理性共识（rational consensus）。

（4）理性共识是指在理想的言说情境（an ideal speech situation）条件下经过论辩而达成的共识。

汤普森依据上述总结，对哈贝马斯的真理共识论提出了如下批判：首先，对步骤（2）的批判。汤普森认为，哈贝马斯真理共识论的论证过程的关键之点在于第（2）步，这一点对于哈贝马斯来说是至关重要的，他的真理理论能否成立很大程度上取决于此。但是，也正是这一关键环节所存在的问题最大。这一环节的最大问题就在于"说某一陈述是真的等同于说这个陈述的断言得到了辩护"，这个说法绝对不是十分清

---

① John B. Thompson, *Critical Hermeneutics*, Cambridge：Cambridge University Press, 1981, p.198.

② John B. Thompson, *Critical Hermeneutics*, Cambridge：Cambridge University Press, 1981, p.198.

晰明了的。① 哈贝马斯从分析的角度，用"得到担保的断言（warranted assertion）"来说明他的真理理论。汤普森认为，如果真理确实意味着"得到担保的断言"，那么，当陈述本身是错的时候，再说真理是得到辩护的断言就没有意义了。汤普森的意思是，由于这个陈述本身就是错误的，即根本不存在陈述所描述的事态，你怎么论证这个陈述是否为真都没有任何意义了。

为了证明他的质疑，汤普森举了一个实例。一个人正在连续跺脚并且揉搓着他的脚，那么一个断言描述可以是"他很疼"。对于"他很疼"这个陈述，我们看到的情形已经为它进行了辩护，这个陈述为真，即他真的疼。虽然这个陈述得到了辩护，可以为真，但是"正在连续跺脚并且揉搓着他的脚"的人可能是由于高兴才表现出上述行为，"他很疼"这个陈述本身就是错误的。所以，无论你怎么证实陈述得到了辩护都是没有意义的，因为根本就没有这个事态的存在。因此，汤普森认为，得到辩护的断言和真理之间不相符的情况在这样一些陈述中更清晰，即对那些在未来有可能发生也有可能不发生的事件的陈述。以"明天会下雨"为例，一个人可以有很多理由来担保这个陈述的真理性，经过列举理由予以证实陈述的过程，这个"明天会下雨"的陈述也得到了辩护，因而可以为真。问题的关键不在于你为辩护陈述的真理性而拥有多少理由，而取决于明天真的发生什么。如果明天没有下雨，那么你昨天所形成的关于"明天会下雨"这个陈述的真理性共识就是错误的。

其次，对步骤（3）的批判。汤普森根据步骤（2）所存在的问题，提出了对步骤（3）的批评。从步骤（3）我们知道，哈贝马斯坚持对陈述的断言的辩护包括一种能力，即所有潜在的对话参与者之间达成理性共识的能力。但上述所言已经证实，真理并不等同于受到辩护的陈述的断言。无论步骤（3）能够建立起什么样的理论，它都不能是真理理论。总体来看，

---

① John B. Thompson, *Critical Hermeneutics*, Cambridge：Cambridge University Press, 1981, pp.198-199.

汤普森对哈贝马斯的上述责难主要依据在于他所言的"证实维度（evidential dimension）"①。他通过将有效性要求的话语兑现的条件和经验的客观性的条件区分开来，进而证明哈贝马斯削弱和模糊了二者的界限，特别是抽离了真理和经验的联系。"哈贝马斯既削弱了也模糊了真理性和与行为相关的经验语境的关系。"② 由此，汤普森批评道："如果没有对真理性的条件和经验的客观性的条件之间的相互关系的更加明晰和一致的说明，那么哈贝马斯对上述问题的分析就是十分不完善的。"③

最后，对步骤（4）的批判。依据汤普森的观点，理想的言说情境（an ideal speech situation）概念在哈贝马斯重塑批判理论的基础的过程中居于核心地位。因为它所设定的条件确保事实上所达成的共识是理性共识，从而说明哈贝马斯所设定的共识和真理之间的关系。同时，理想的言说情境也为规范性要求的理性兑现提供了框架，以及为意识形态批判提供了基础。④ 汤普森将理想的言说情境分解为以下七个方面：①交往过程意味着至少两个主体达成关于某个事态的共识是可能的；②达成某个共识意味着区分真的共识和假的共识是可能的；③某个真的共识仅仅是由更好论辩的力量所引致的共识；④当且仅当交往没有被内在和外在的强制阻碍的时候，更好论辩的力量才能占主导；⑤当且仅当所有前者的参与者都有同等的机会选择和运用言语行为的时候，交往就没有被内在强制所阻碍；⑥理想的言说情境是指所有参与者都有同等的机会选择和运用交往式、记述式、呈现式和调节式言语行为的情境；⑦因此，交往过程意味着理想的言

---

① John B. Thompson, *Critical Hermeneutics*, Cambridge：Cambridge University Press, 1981, p.186.

② John B. Thompson, *Critical Hermeneutics*, Cambridge：Cambridge University Press, 1981, p.199.

③ John B. Thompson, *Critical Hermeneutics*, Cambridge：Cambridge University Press, 1981, p.200.

④ John B. Thompson, *Critical Hermeneutics*, Cambridge：Cambridge University Press, 1981, p.201.

说情境的可能性。①

汤普森在分解理想的言说情境理论的基础上,对其提出了如下四点批评:一是哈贝马斯对理想的言说情境这个必要预设的论证是不可靠的,它可以为所有日常行为提供基础的论断也是存在疑问的;二是哈贝马斯对理想的言说情境如何履行它作为行为基础的角色的阐释还不是十分清晰;三是理想的言说情境所说的对称性并不是消除内在强制的充分条件;四是理想的言说情境的形式本质是否能够为历史上所存在的特殊的行为和交往提供批判标准也是存疑的。② 汤普森还详细论证了自己的这些质疑,这里不再详述。③

第二节 马克思主义视域下的批判

以梅芙·库克和约翰·B.汤普森为代表的西方学者对哈贝马斯语言哲学思想的上述批判可谓精细入微、丝丝入扣,使我们从反面加深了对哈贝马斯的理解。但是,由于他们的思想都孕育于共同的西方哲学传统之中,在哲学基本立场上具有同质性,在最根本的哲学追求上也有大体一致的同向性,所以他们对哈贝马斯的批判具有内部性、表象性和修补性的特征。为了进一步深化对哈贝马斯的批判性理解,笔者从一个完全不同的哲学视域予以检视,即从马克思主义的视角对哈贝马斯语言哲学思想的部分内容

---

① John B. Thompson, *Critical Hermeneutics*, Cambridge: Cambridge University Press, 1981, p.201.

② John B. Thompson, *Critical Hermeneutics*, Cambridge: Cambridge University Press, 1981, p.169.

③ 详细内容请参阅 John B. Thompson, *Critical Hermeneutics*, Cambridge: Cambridge University Press, 1981, pp.201-203.

进行更加深刻的批判性分析。①

一、对生活世界理论的批判

依照哈贝马斯生活世界理论，作为相互理解得以可能的必要要件，"生活世界"是超越三个世界（客观世界、社会世界和主观世界）之上的一个理想性范畴，具有统一性、共同性和神秘性特征。它是哈贝马斯从理论出发所进行的理想性理论设定，与真实的和世俗的感性生活世界之间没有对应关系，完全是一个先验的场所，一个"言说者和听者相遇的先验场所"②。它在本质上就是康德先验理性、先天综合判断与黑格尔绝对理念、绝对知识的现代翻版。③ 而马克思主义反对任何把生活世界"引向神秘主义的神秘东西"④，认为生活世界是现实的生活世界，是一个感性人的实践世界，即"全部社会生活在本质是实践的"⑤。这种"实践"指的就是感性人的感性创造活动，即社会生产。社会生产决定生活世界。如果没有生

---

① 从马克思主义的视角对哈贝马斯的批判反思（当然也暗含从马克思主义视角对任何理论的批判反思）只是众多反思视角中的一个，而不能将其理解为唯一深刻且唯一正确的一个，更不能视其为一种在先验设定马克思主义为绝对真理的前提下所进行的"放之四海而皆准"的独断式批判研究。易言之，对哈贝马斯语言哲学思想的批判，不是按照张一兵教授所批判的"目的论预设、线性进化和神性焦点模式"（张一兵：《马克思哲学的历史原像》，北京：人民出版社 2009 年版，序，第 4 页。）的内在隐性逻辑展开的，而是基于马克思主义的基本立场、观点和方法的一种可能性视角。

② Habermas, *The Theory of Communicative Action* (Vol. II), Thomas McCarthy (trans.), Boston: Beacon Press, 1987, p.126.

③ 陈忠：《哈贝马斯"生活世界理论"与马克思"全面生活理论"之比较》，载《江苏社会科学》，2005 年第 2 期，第 55—59 页。

④ 《马克思恩格斯选集》第 1 卷，北京：人民出版社 2012 年版，第 135—136 页。

⑤ 《马克思恩格斯选集》第 1 卷，北京：人民出版社 2012 年版，第 135—136 页。

产，没有人的创造，生活无以存在且无以发展，那么生活世界也就不可能存在。

同时，马克思主义所言的社会生产是一种全面的生产，包括物的生产、人自身的生产、生产方式的生产、社会关系的生产、观念和精神的生产等方面，正是生产的这种全面性确保了生活世界的广泛性和总体性。此外，生活世界和社会生产具有内在关联性，这主要表现在社会生产的创造促进生活世界的展开，而生活世界又成为进一步生产的条件。社会生产与生活世界的关系也就是本质与其自身实现的关系，两者互为条件与前提。所以，依照马克思主义的观点，生活世界是全面的、具体的和属人的感性世界，是感性人的感性实践过程及其结果，具有社会性、现实性、对象性和历史性。在本质与现实的对立统一中，生活世界不断向前推进。哈贝马斯所揭示的生活世界却具有先验性和抽象性等神秘主义特征，与马克思主义的生活世界的具体性、现实性和实践性存在本质区别。

二、对语言理论的批判

哈贝马斯对语言的看法深受胡塞尔、海德格尔和伽达默尔等人的影响。他们主张"语言为存在之家"，从而赋予语言以本体论地位。哈贝马斯虽然没有像他的前辈那样使用类似语言本体论的字眼，但他明确宣称"沟通是人类语言的终极目的"①。哈贝马斯语言哲学的具体内容也表明，哈贝马斯赋予了语言以先验地位。基于马克思主义的立场，哈贝马斯的语言观主要存在以下几个方面的问题：

第一，哈贝马斯没有对语言的起源和本质给予说明。哈贝马斯的全部理论皆建立在交往行为理论之上，而交往行为理论得以证成的基础在于他的语言哲学思想，所以语言对于哈贝马斯的社会批判至关重要。哈贝马斯赋予语言以如此重任，乃至人类社会的进化与继续发展都要依仗人际间的

---

① 〔德〕哈贝马斯：《交往行为理论（第一卷）：行为合理性与社会合理化》，曹卫东译，南京：译林出版社 2001 年版，第 275 页。

言语交往。但是,他只是从语言运用角度说明了语言是交往的中介,却没有说明语言的起源及其本质。如果不能正确说明语言的起源和本质,就无法确定哈贝马斯所言的具有主体间性的"言语"能否承担起确保人类社会继续进化的重任。与哈贝马斯不同的是,马克思主义明确说明了语言的起源和本质。就语言起源来说,马克思主义主张语言的实践起源论;就语言的本质来说,马克思主义认为语言并不是什么抽象的神秘东西,在其本质上是人们实际生活过程的产物,"语言是思想的直接现实"[1]。

第二,语言被哈贝马斯人为地抽象化、符号化和先验化。在哈贝马斯看来,对任何社会现象的解释与理解都离不开主体间的言语交往,一切皆由以符号形态出现的语言的相互作用模式所决定。哈贝马斯将语言完全抽象化、符号化和先验化了,从而割裂了语言与人类实际生活的内在联系。依据马克思主义的立场,一方面,任何语言都不能抽象化和符号化。无论是自然语言还是人工语言都是人类的语言,都绝不能和人的活动相分离。如果没有人,没有人的活动,绝不会有人类语言的存在。尽管鸟鸣也可以作为呼唤同伴的信号,但那是一种出于动物本能的消极行为,它与人类语言具有本质区别。这种区别就在于人类的语言含有丰富的思想内容,而动物的啼叫只是一种条件反射行为。另一方面,任何语言都不能先验化。从人类整个认识过程来看,语言本身并不是先验的东西,因而也没有先验的价值,正如马克思所言,"语言也和意识一样,只是由于需要,由于和他人交往的迫切需要才产生的"[2]。

第三,哈贝马斯过分迷信语言的功能。如前所述,哈贝马斯将语言交往作为解释一切社会现象的根本所在,从而奠定语言超越人类力量的本体论地位。马克思主义并不否认语言是人类思维的工具,是人类交往的最重要的手段,但将其作为社会得以存在和进化的根源就有迷信之嫌。实际上,不要说对推动整个社会的进化,就是在实现"交往行为"合理化层面

---

[1] 《马克思恩格斯全集》第3卷,北京:人民出版社2002年版,第525页。
[2] 《马克思恩格斯选集》第1卷,北京:人民出版社2012年版,第161页。

上，语言的作用也是十分有限的。此外，哈贝马斯为了能够实现交往行为合理化，还特意为语言交往设置了"理想的言说情境"这样一个理性化的交流平台。

从马克思主义的角度来看，"理想的言说情境"在以下两个方面禁不住推敲。一方面，理想的言说情境的形而上学性。理想的言说情境是哈贝马斯所设定的理想的对话前提，由于它难以在现实生活中实现，基本上就是一个逻辑的假设前提，从而具有形而上学的鲜明特征，而这正是以实践为根本出发点的马克思主义理论所坚决予以拒斥的。另外，哈贝马斯本人在这个问题上也存在自我矛盾性。哈贝马斯的总体立场是拒斥宗教和形而上学，但他对理想的言说情境的阐释却带有形而上学的浓重色彩。另一方面，理想的言说情境的明晰性。即使暂且承认理想的言说情境存在的可能性，哈贝马斯也没有将这个问题交代清楚。此外，理想的言说情境还存在许多需要继续追问的问题。例如，哈贝马斯是否交代清楚在理想的言说情境中可以运用何种形式的论证方式；在理想的对话中，对所有人的兴趣都给予同等的对待会不会产生功利主义原则等问题。

第四，言语行为理论的细节问题。首先，策略行为与交往行为的区分。不可否认，哈贝马斯将言语行为区分为以成功为取向的策略行为和以达成理解为取向的交往行为，对交往行为理论和社会的合理化具有十分重要的作用，但这种先验语用学的区分还是难以为继。在马克思主义看来，在无限复杂的现实行为语境下，很难对行为进行上述区分。许多言语行为都包含了策略，即使像"学术探讨"这样典型的以达成理解为取向的行为，依然难除策略的氤氲。由于哈贝马斯将策略行为视为交往行为的寄生形式，所以他将交往行为作为社会进化的首要研究对象而很少专题探讨策略行为，似乎策略行为并不是很重要。但从社会语言学的角度出发，策略行为才是社会交往的主要言语形式。其次，命令式言语行为。哈贝马斯将命令式言语行为也作为一个独立的言语行为类型予以阐述，这一点是存在问题的。他没有看到命令式言语行为所承载的权力要求，其实质上就是调节式言语行为所要求的规范正确性要求。所以,命令式言语行为并不能与其他言语行为具有同等的类型地位,而应该被划归到调节式言语行为之中,成为它的一个子系统。

三、对真理理论和解释学的批判

首先,对真理理论的批判。

依据哈贝马斯真理共识论的观点,真实是指人际间语言交往中的一种"有效性要求",即与记述式言语行为相联系的真实性要求;真理是指对这一要求的话语兑现,这种话语兑现指的是话语主体通过言语论辩而达成的共识。命题之为真的条件是所有其他人的潜在的同意,真理和真实的检验标准并不是如真理符合论所言的客观性,而是它的主体间性。真理建立在对真实性要求的论辩与兑现的基础之上。从马克思主义立场出发,哈贝马斯的真理观具有明显的主观主义色彩,具有哈贝马斯自己所拒斥的形而上学性,抹杀了真理与实践之间的相互联系。

哈贝马斯的真理观主要存在以下三个方面的不足:

第一,忽视了真理的实践性。依据马克思主义的实践真理观[①],任何真理都不能从主观主义角度去理解,而应该从客观主义角度去分析。马克思主义所言的客观主义就是指人的实践,即任何真理都要从人的实践角度去解释,只有实践才能给真理找到理想的家,从人的主体间性角度来分析真理的本质必然跌入神秘主义的窠臼。

第二,忽视了真理形态的双重性。在马克思主义视野内,真理同时以两种形态存在,即真理的理论形态和真理的实践形态,真理的理论形态是指通过人们的认识所揭示出来的、以理论形式存在的观念性的真理;真理的实践形态是指在实践中自在自存的客观真理,实践形态的真理自在于人们的实践中,它本身就是客观存在着的事物、事件及其过程的现实状况。

---

① 〔德〕哈贝马斯:《交往行为理论(第一卷):行为合理性与社会合理化》,曹卫东译,南京:译林出版社2001年版,第309页。

第八章　哈贝马斯语言哲学思想批判

哈贝马斯只是看到了真理的一种形态，即真理的理论形态，而忽视了真理的实践形态，这才是真理的关键所在。在两种真理形态之中，实践形态居于本质地位，理论形态居于表象地位，即真理的理论形态源自真理的实践形态，前者只是后者在思维层面的主观反映。

第三，忽视了真理标准的实践性。依据哈贝马斯的看法，检验真理的标准在于对真实性要求的论辩与兑现。如果有足够的理由能够说服所有的对话者同意言说者所主张的真理性，真理就得到了检验，反之，则真理被否定。为此哈贝马斯说道："我能够将某一谓词归于某一对象，当且仅当与我进行对话的所有人也都将这个同一谓词归于同一对象。为了区分真命题和假命题，我必须依靠别人的判断，即所有与我进行对话者的判断（包括反事实意义上的所有我有可能遇到的对话伙伴，假如我的生活历史和人类历史一样长的话）。命题的真值条件是所有他者的可能同意。"① 在马克思主义看来，这难以成立。检验真理（无论是真理的实践形态，还是真理的理论形态）的最终标准和唯一标准只能是实践。正如马克思所言，"人的思维是否具有客观的真理性，这不是一个理论的问题，而是一个实践的问题。人应该在实践中证明自己思维的真理性，即自己思维的现实性和力量，自己思维的此岸性"②。真理只能是在实践中被证明是真的东西，而不是所有人一致同意的观念状态。例如，外太空落入地球一块陨石，科学家们都认定它来自冥王星，但真实的情况未必如此，它也许来自我们还不知道的星球或永远无法知道的星球。

其次，对解释学理论的批判。

从哈贝马斯批判解释学的立场出发，他认为解释学的基本要义包括三个方面：（1）批判与反思意识是批判解释学的灵魂；（2）方法意识是批判解释学的本质；（3）应用意识是批判解释学的目的。马克思主义当然也赞

---

① Habermas, *On the Pragmatics of Social Interaction*, Barbara Fultner (trans.), Cambridge: Polity Press, 2001, p.89.

② 《马克思恩格斯选集》第 1 卷，北京：人民出版社 2012 年版，第 134 页。

成哈贝马斯将解释学的灵魂归结为批判与反思的意识,因为哈贝马斯的这种批判立场就根源于对马克思主义的继承,但哈贝马斯的解释学立场却偏离了马克思主义实践解释学的立场。

一方面,批判解释学偏离了实践立场。马克思主义认为,社会存在决定社会意识,任何对观念进行解释的行为都必须以社会实践作为根本出发点。进而言之,人们在文本中表达出来的原理、原则、思维方式等观念要素都源自人们实际的物质生活创造,即源自社会实践。有什么样的物质生活实践才能生成什么样的逻辑、范畴和观念。社会实践是进行观念解释的根本出发点。但是,哈贝马斯的批判解释学从来都不是从实践观点出发的,而是从批判意识的角度界定解释学的本质,它依然只是思辨哲学的遗产。

另一方面,批判解释学偏离了批判立场。批判解释学之所以要强调批判反思这个维度,原因是哈贝马斯所言的"工具理性盛行",工具理性就是指马克思主义的实践。他认为,在现时代不仅自然世界成为人们理性实践的一个场所,而且人类社会也难逃厄运,社会的发展和政治的进步等人类生活的方方面面都依赖于经验实证主义手段的度量。工具理性已经完全使生活世界殖民化。马克思主义认为,实践不仅不是使人类陷入危机的罪魁祸首,反而是人之为人的首要条件和人类生存的第一前提。由此,马克思说道:"人们为了能够'创造历史',必须能够生活。但是为了生活,首先就需要吃喝住穿以及其他东西。因此,第一个历史活动就是生产满足这些需要的资料,即生产物质生活本身。"① 这种物质资料的生产活动是"一切人类生存的第一个前提,也就是一切历史的第一个前提"②。马克思主义认为,解释学的批判意识不应该指向作为人类存在第一前提的实践,而应该指向导致人类社会受压抑受奴役的非人状态,通过意识形态的批判,达到全人类的全面解放。

---

① 《马克思恩格斯选集》第 1 卷,北京:人民出版社 2012 年版,第 158 页。
② 《马克思恩格斯选集》第 1 卷,北京:人民出版社 2012 年版,第 78 页。

结束语

众所周知，法兰克福学派的批判理论从建构之初，就秉承着一种救赎意识，其根本目的在于通过意识形态批判来揭示不合理的现代秩序，从而重构现实世界的合理性。作为法兰克福学派第二代领军人物，哈贝马斯的终极追求也在于此。他致力于通过有效的社会批判重构价值理性与工具理性的平衡，最终实现人类建构自由、公平的理性社会的乌托邦之梦。哈贝马斯的"乌托邦之梦"是何以可能的？他给出的答案是交往行为理论。进而问之，何者又是构建交往行为理论的前提条件？哈贝马斯给予的回答是形式语用学。由此，关于哈贝马斯语言哲学思想，学界一直存在一种流行观点：哈贝马斯语言哲学思想等同于形式语用学。换言之，哈贝马斯的语言哲学可以用形式语用学予以命名或替代。

本书写作的缘起就在于对现行的这种流行观点的质疑。不能简单地将哈贝马斯语言哲学思想等同于形式语用学。它应该由形式语用学、语用意义理论、真理共识论和批判解释学等四大要素构成。其原因有二：一是从语言哲学的外在组成要素来看，形式语用学的称谓不适合替代也不能全面涵盖哈贝马斯的语言哲学思想；二是从交往行为理论建构的内在逻辑来看，单一的形式语用学并不能承担起奠定交往行为理论地基的重任。为此，本书做了以下几项工作：

首先，划定语言哲学的论域。如果想界定哈贝马斯语言哲学思想的论域范围，必须先期划定语言哲学的论域范围。语言哲学作为现代西方哲学的一个思潮，有狭义和广义两种指称。狭义的语言哲学特指分析哲学传统的语言哲学；广义的语言哲学既包括英美分析哲学传统，又包括欧陆现象学—解释学哲学传统。哈贝马斯对语言哲学的吸纳源自英美和欧陆两大传统，因此，哈贝马斯的语言哲学思想应该划归于广义的语言哲学概念，这一点从哈贝马斯思想的谱系学中可以得到佐证。广义语言哲学的研究主题涵盖意义、用法、真理、句法逻辑、语言与思维、语言与实在等众多与语言有关的哲学问题。流行观点对哈贝马斯语言哲学思想的狭隘理解很大程度上源于狭义的语言哲学概念。

其次，详细阐释哈贝马斯语言哲学思想的四大构成要素。如前所述，哈贝马斯语言哲学思想包括形式语用学、语用意义理论、真理共识论和批判解释学等四要素。其中，对形式语用学的论述并没有遵循流行的宏观式的模糊型阐释模式，而是将其明确分解为五个组成部分：作为背景知识的生活世界，具有三重功能的言语行为，居于核心地位的有效性要求，承担行事职能的交往能力，充满理想设计的言说情境。其中，生活世界理论和交往能力理论是流行观点所未能明确引介和说明的部分，本书给予了细致考察。关于语用意义理论、真理共识论和批判解释学的阐述是本书更加独具特色的一笔。毋庸讳言，语用意义理论和真理共识论是暗含于形式语用学之中的，但也仅仅是"暗含"。笔者将其萃取并单列于哈贝马斯语言哲学思想的立体大厦之中，从而确立了哈贝马斯在意义理论和真理理论领域内的独树一帜的重要地位。这一做法也同样适用于哈贝马斯的批判解释学。

最后，从批判视角把握哈贝马斯的语言哲学思想。对任何思想的理解，从批判视角予以检视无疑都是一条通达其内在机理的重要路径。本书对哈贝马斯语言哲学的进一步理解也是依循这一路径。这种批判审视主要从以下两个角度切入：一是西方哲学的视角；二是马克思主义的视角。以梅芙·库克和约翰·B.汤普森为代表的西方学者的批判，让我们看到了哈贝马斯语言哲学思想在内在逻辑与论证方面，依然存在一些需要进一步改进的地方。依据马克思主义立场对其进行的前提性批判，更是从宏观角度暴露了哈贝马斯语言哲学思想立论基石的薄弱性。上述两个视域下的批判分析使我们从反面角度进一步深化了对哈贝马斯的理解。

  总之，将形式语用学等同于作为整体的哈贝马斯语言哲学思想的观点是存在问题的。二者之间不是一个同位阶的对等关系，而是一个不同位阶的包含关系，前者包含于后者之中。流行观点对哈贝马斯语言哲学思想的狭义理解将导致对哈贝马斯社会批判理论的理解偏差。同时，这种理解也无法解释哈贝马斯何以能够在诸多领域拓展他的思想，从而形成诸如话语伦理学、话语政治学、话语法哲学等众多独具特色的卓越思想。

后 记

哈贝马斯语言哲学思想的研究在学术界还属于起步阶段，本书为此研究领域贡献了自己的微薄力量。从基本目标来说，本书就是要将哈贝马斯语言哲学思想的研究推向深入，特别注意从哈贝马斯整体思想的宏观框架内阐述其语言哲学思想的基本内容、立场和观点，明晰哈贝马斯语言哲学在哈贝马斯社会批判理论中的地位、作用和意义，为更加全面地把握哈贝马斯的卓越思想增添点滴薪火。从核心观点角度来看，本书针对的是当前的一种流行观点，即哈贝马斯语言哲学思想等同于形式语用学，换言之，哈贝马斯的语言哲学可以用形式语用学予以命名或替代。我们认为这是有问题的，不能简单地将哈贝马斯语言哲学思想等同于形式语用学，它应该由形式语用学、语用意义理论、真理共识论和批判解释学等四大要素构成。从研究不足之处来看，本书主要是对文本研读的范围和深度依然不够，对哈贝马斯没有中译本的著作没能达到字斟句酌的程度，存在浅尝辄止的弊端，这也是我们后续努力的方向。

本书系笔者主持的教育部人文社会科学研究青年基金项目"哈贝马斯的语言哲学思想与历史唯物主义研究"（项目编号：16YJC740049）的最终成果，也是国家社会科学基金项目"西方马克思主义语言哲学思想研究"（项目编号：18BYY002）的阶段性成果。此项成果得益于多方的帮助与支持，在此深表感谢。首先，要感谢吉林大学博士生导师罗克全教授和贾中海教授，虽然我已经毕业多年，但他们作为我的授业恩师，依然持续给予学术支持与生活引导，为我的学术之帆竖起远航的灯塔。还要感谢辽宁石油化工大学的领导和同事，他们的无私帮助对于成果的顺利完成起到了不可忽视的作用。最应该重点感谢的人是我的妻子乔莉萍女士，她不仅承担了主要的家庭杂务以便我能专心写作，而且承担了本书第一章五万多字的写作内容，极大地减轻了我的压力。这里还要特别感谢中央编译出版社的相关编辑，为我解决了很多困惑与难题。

　　本书在写作过程中，借鉴和参考了国内外相关专家学者的学术成果，它们对本成果的完成具有举足轻重的启发效应，在此一并表示感谢。尽管我们竭尽所能地深入思考与细致校对，但由于力有不逮或疏忽大意，全书肯定还存有不少疏漏、缺点甚至错误，恳望各位专家批评指正、不吝赐教。

附录一

跨国家民主制：哈贝马斯欧洲一体化的政治乌托邦[①]

当地时间 2020 年 12 月 24 日，英国与欧盟经过长达四年半的谈判，终于在脱欧过渡期结束之前达成脱欧协议。[②] 至此，作为"欧洲和世界发展史上的一件划时代的大事"[③] 的英国脱欧暂时告一段落。在过去相当长的时期内，"欧洲一体化"的样板模式一直是持久和平、经济发展、社会政策、民主制度和民族融合等方面的"多重楷模"。但是，在遭受金融危机、主权债务危机、难民危机、恐怖主义危机，特别是肆虐全球的新冠疫情危机等"多重危机"的重创之后，疑欧主义、民粹主义和分离主义已经呈现星火燎原之势。英国脱欧就是这些"去欧洲一体化"思潮合乎逻辑的实践结果。英国脱欧之后的欧洲一体化将向何处去？对于这个问题的回答显然悲观情绪占了上风，部分极端悲观主义者如金融大鳄索罗斯等人甚至认为

[①] 本文发表于《德国研究》2021 年第 4 期。

[②] 高雅：《英国与欧盟达成脱欧协议》，载《中国外资》，2021 年第 1 期，第 38—39 页，这里第 38 页。

[③] 杨帆、杨柳：《英国脱欧的深层原因与欧盟的发展前景》，载《新视野》，2017 年第 1 期，第 115—121 页，这里第 115 页。

"欧盟解体几乎不可逆转"①,"欧盟解构的时代已然来临"②。

面对欧洲一体化历史上迄今为止遭遇的最大挫折和普遍存在的"疑欧主义者的政治悲观主义"③,被誉为"在世最伟大的哲学家"和"最后一个欧洲人"的哈贝马斯,却仍然坚持他对欧洲一体化未来前景的捍卫者形象。哈贝马斯如何在理论构建层面消解欧盟一体化的危机？赵光锐先生在《德国研究》2018年第3期发表的《哈贝马斯的欧洲一体化思想：世界公民理论下的欧洲联邦建设》一文提出,哈贝马斯要"最终建成欧洲联邦"④。我们认为这是对哈贝马斯欧洲方案的深度误解,因为这个"立宪方案并不意味着要以单一的'欧洲国家'来替代欧洲各个国家的政治……不是一个超级的欧洲国家"⑤。哈贝马斯在不同场合也多次明确否定过"欧洲联邦"的提法："对欧洲而言,美国或德国这样的联邦制国家是错误的模型"⑥,"不要用欧洲联邦国家这个错误的目标来激起人们不必要的恐惧"⑦。哈贝马斯的理论构想并没有"将欧洲问题的讨论简化为在国家的

---

① 《索罗斯：英国退出欧盟后欧盟解体几乎不可逆转》,环球网,https://world.huanqiu.com/article/9CaKrnJW7Xu（访问日期：2021年6月2日）。

② 王展鹏：《英国脱欧公投与"多速欧洲"的前景》,载《欧洲研究》,2016年第4期,第35—42页,这里第39页。

③ 〔德〕哈贝马斯：《欧盟的危机：关于欧洲宪法的思考》,伍慧萍、朱苗苗译,上海：上海人民出版社2019年版,第47页。

④ 赵光锐：《哈贝马斯的欧洲一体化思想：世界公民理论下的欧洲联邦建设》,载《德国研究》,2018年第3期,第17—29页,这里第22页。

⑤ 刘擎：《2000年以来的西方》,北京：当代世界出版社2021年版,第297页。

⑥ 黎文：《"欧洲公民"仅仅是个迷思吗》,载《文汇报》,2021年11月26日,第00C版。

⑦ Jürgen Habermas, *The Lure of Technocracy*, Ciaran Cronin(trans.), Cambridge, UK: Polity Press, 2015, p.66.

联邦和联邦国家之间二选一的问题"①,而是超越二者之争构建了介于邦联主义和联邦主义之间的"跨国家民主制"。

一、历史逻辑:欧洲一体化思想的两次转向

任何一位理论家关于某一主题的思想认识都是一个逐步形成的过程,其间可能还会出现反向演变或理论断裂的情形。哈贝马斯关于欧洲一体化的理论进路也是一样,我们将其概括为"两次转向",即"疑欧主义转向亲欧主义"和"联邦主义转向跨国家民主制"。

(一) 由疑欧主义转向亲欧主义

"疑欧主义"是一种反对欧洲一体化的社会思潮,虽然作为学术概念的"疑欧主义"直到20世纪90年代后期才出现在研究者的议题之中,但是作为一个处于政治边缘的现象和话题在欧洲公众中却是一直存在的。②与之相对,"亲欧主义"则是相反的立场,赞成并主张加快推进欧洲一体化。哈贝马斯早期关于欧洲一体化的言论并不多,但是依然能够看出他在某种程度上其实是一位疑欧主义者,因为他在1979年的一次访谈中就曾经明确说过,"我从来都不是'统一欧洲'理念的狂热支持者,即便当时它是一个时髦的观念。今天,我依然不是它的拥护者"③。与此类似,在2007年的一次采访中哈贝马斯也说道:"50年前,较之于建立欧洲经济共同体这一话题,我对联邦国防军核扩军这个内政问题兴趣更大。"④ 也有学

---

① 〔德〕哈贝马斯:《欧盟的危机:关于欧洲宪法的思考》,上海:上海人民出版社2019年版,第66页。

② 〔法〕塞西尔·勒孔特:《欧洲怀疑主义:从异常到主流》,载《国外社会科学》,2017年第1期,第113—120页,这里第114页。

③ Peter Dews (ed.), *Autonomy and Solidarity: Interviews with Jürgen Habermas*, London: Verso, 1992, p.88.

④ 〔德〕斯蒂芬·穆勒-多姆:《于尔根·哈贝马斯:知识分子与公共生活》,刘风译,北京:社会科学文献出版社2019年版,第394页。

者指出20世纪60年代的哈贝马斯对欧洲一体化秉持着批判态度。① 哈贝马斯之所以在早期具有这种"疑欧主义"倾向的原因有二：一是他认为在欧洲一体化的过程中也混杂着现代社会的孪生罪恶，即失控的市场经济和自我授权的官僚主义②；二是他对单一的民族国家在当时所起作用的认同，例如他在20世纪80年代中期曾充满感情地指出："迄今为止，源于法国大革命的宪政国家和民族国家是唯一一种在世界历史范围内取得成功的认同形态，它可以不用暴力而把普通因素和特殊因素统一起来。"③

直到20世纪80年代末90年代初，哈贝马斯开始由疑欧主义转向亲欧主义。"出于明显的政治原因，自1989—1990年开始，我致力于研究欧洲一体化的进程和联合国的人权政策。"④ 在2018年的一次访谈中，哈贝马斯也说道："如果说我花了25年的时间在为欧盟的政治整合奋斗的话，那是因为我一直心怀这样的理念，即只有欧盟这个组织才有能力控制住不受约束的资本主义。"⑤ 之所以会出现这样一种根本性的转变，主要原因在于他对单一的民族国家在当今世界所能起到的作用失去了信心，具体表现在"欧洲之内"和"欧洲之外"两个方面。一方面，"欧洲之内"是指20世纪90年代欧洲一体化取得突破性进展的事实，尤其是"欧洲政治联盟"的趋势让哈贝马斯看到了民族国家消解的可能性。"昔日的'欧洲经济共同体'现在成了一个'欧洲共同体'，它传达了建立一个'欧洲政治联

---

① Shivdeep Grewal, *Habermas and European Integration*, Manchester: Manchester University Press, 2012, p.13.

② Volker M. Heins, "Habermas on the European Crisis: Attempting the Impossible", *Thesis Eleven*, Vol.133, No.1, 2016, pp.3-18, here p.5.

③ 〔德〕哈贝马斯：《现代性的哲学话语》，曹卫东等译，上海：译林出版社2008年版，第364—365页。

④ Jürgen Habermas, *The Lure of Technocracy*, Ciaran Cronin (trans.), Cambridge, UK: Polity Press, 2015, p.51.

⑤ 缪济：《哈贝马斯：我仍对世界上正发生的一些事情感到愤怒》，载《文汇学人》，2018年7月6日，第2版。

盟'的政治意愿"①,"随着欧洲共同体向政治联盟的过渡,民族国家这种经典形式今天也处于消解之中"②。另一方面,"欧洲之外"是指单一的民族国家已经无法适应全球化(主要是经济全球化)时代给它带来的种种威胁与挑战。

(二) 由联邦主义转向跨国家民主制

亲欧主义转向之后,哈贝马斯还要回答转向何方的问题。从总体上看,欧洲一体化主要有"超国家主义"和"国家中心主义"两个前进路向,具体说来前者包括联邦主义、功能主义和新功能主义,后者包括邦联主义、政府间主义、自由政府间主义和民族国家选择主义。③ 其中,联邦主义和邦联主义之争贯穿战后欧洲一体化的始终,影响最为深远。哈贝马斯则是双线作战,既批判邦联主义也反驳联邦主义,进而逐渐形成了介于邦联主义和联邦主义之间的独具特色的跨国家民主制。哈贝马斯的联邦主义立场始于20世纪90年代初终于21世纪初期,自此之后则转向了跨国家民主制。

哈贝马斯在亲欧主义转向之初就表达了自己的联邦主义倾向。但需要指出的是,这一时期(20世纪90年代)的哈贝马斯并没有专门针对欧洲联邦化的未来进行系统阐述,只是在论述其他问题的时候表达了自己的联邦主义态度。例如,1990年哈贝马斯明确提到欧盟的未来就是"欧罗巴联

---

① 〔德〕哈贝马斯:《在事实与规范之间:关于法律和民主法治国的商谈理论》(修订译本),童世骏译,北京:生活·读书·新知三联书店2003年版,第664页。

② 〔德〕哈贝马斯:《在事实与规范之间:关于法律和民主法治国的商谈理论》(修订译本),童世骏译,北京:生活·读书·新知三联书店2003年版,第654页。

③ 姜南:《浅析战后欧洲一体化理论》,载《史学理论研究》,2013年第1期,第84—92页,这里第84页。

邦共和国"①；1995年他与欧洲著名宪法学家迪特·格林（Dieter Grimm）就"欧洲是否需要一部宪法"进行争论的时候，不仅批评了迪特·格林的疑欧主义立场，而且也明确提到"把欧洲共同体扩建成为一个民主体制的联邦国家"②。直到20世纪90年代末期，哈贝马斯才开始逐步形成自己的欧洲一体化思想，"从《后民族结构》（1998年）出版开始，我以持续不断的政治介入的方式支持更深层次的欧洲一体化"③。其原因前文已经提到，彼时的经济全球化已经超出了欧洲民族国家的控制范围，并给它们带来了诸多无法解决的威胁与挑战。那么，面对全球化的历史趋势欧洲应该怎么办？哈贝马斯认为，"一种规范性的选择只能是使欧盟实现联邦制"④，"让欧洲民族国家业已取得的伟大成就跨越民族的界限"⑤。也就是说，当今美国和德国等民族联邦国家应该是未来欧盟联邦国家的模仿范例，只不过要采取与以往不同的形式而已。此时哈贝马斯的"民族国家扬弃论"⑥，既批判社会民主主义对民族国家的捍卫，也批评新自由主义和后现代主义对民族国家的抛弃，所以欧盟这个"真正的联邦"与传统的民族联邦国家不完全相同，欧盟成员国之间的协商共识因素仍然存在，

---

① 〔德〕哈贝马斯：《在事实与规范之间：关于法律和民主法治国的商谈理论》（修订译本），童世骏译，北京：生活·读书·新知三联书店2003年版，第662页。

② 〔德〕哈贝马斯：《包容他者》，曹卫东译，上海：上海人民出版社2018年版，第212页。

③ Jürgen Habermas, *The Lure of Technocracy*, Ciaran Cronin(trans.), Cambridge, UK: Polity Press, 2015, p.65.

④ 〔德〕哈贝马斯：《后民族结构》，曹卫东译，上海：上海人民出版社2018年版，第2页。

⑤ 〔德〕哈贝马斯：《后民族结构》，曹卫东译，上海：上海人民出版社2018年版，第155页。

⑥ 张翠：《民主理论的批判与重建——哈贝马斯政治哲学思想研究》，北京：人民出版社2011年版，第145页。

因而不能仿效民族联邦国家的形成过程。① 2008 年的哈贝马斯依然坚持联邦主义，针对当时面临的问题，指出欧洲"唯一的出路是在超国家层面恢复失去的政治调控权"②。哈贝马斯不仅从理论角度建构和论证"欧洲联邦共和国"，而且还从实践角度分析欧洲一体化进程中遇到的困难及其解决之道。例如，为了应对欧盟内部发展的不平衡性以及欧洲一体化的停滞状态，他提出通过"核心欧洲（core Europe）"（2003 年）③ 和"分层一体化（graduated integration）"（2008 年）④ 的方式继续推动欧洲前进的步伐。

2010 年以来，哈贝马斯的立场开始由联邦主义转向跨国家民主制，因为这个时候他已经开始明确批评那些自己也曾经支持过的"欧洲联邦国家"目标。如开篇所言，哈贝马斯提醒人们不要用欧洲联邦国家的目标来激起大家的恐惧，同时明确指出，作为跨国家共同体的欧盟与一般意义上的联邦国家不同，不具有传统意义上的联邦国家的那些政治特征⑤，而且也"不能被看成某种不完全的联邦共和国"⑥。哈贝马斯之所以开始由联邦主义转向跨国家民主制，从而不再强调未来欧盟的国家属性，其原因是欧洲大众普遍害怕垄断了国家管辖权的欧洲联邦巨无霸会严重损害自己的基本权益。"长久以来，纵横交错的众多超国家组织一直引发这样的担心：

---

① Jürgen Habermas, "The European Nation-State and the Pressures of Globalization", *New Left Review*, No.235, 1999, pp.46-59, here p.58.

② Jürgen Habermas, *Europe: the Faltering Project*, Ciaran Cronin(trans.), Cambridge, UK: Polity Press, 2009, p.57.

③ 〔德〕哈贝马斯等：《旧欧洲·新欧洲·核心欧洲》，邓伯宸译，北京：中央编译出版社 2010 年版，第 26 页。

④ Jürgen Habermas, *Europe: the Faltering Project*, Ciaran Cronin(trans.), Cambridge, UK: Polity Press, 2009, p.78.

⑤ Jürgen Habermas, *The Lure of Technocracy*, Ciaran Cronin(trans.), Cambridge, UK: Polity Press, 2015, p.137.

⑥ 〔德〕哈贝马斯：《欧盟的危机：关于欧洲宪法的思考》，伍慧萍、朱苗苗译，上海：上海人民出版社 2019 年版，第 70 页。

在民族国家里获得保障的基本权利与民主之间的相互关联性可能遭到破坏,民主主权会被在世界范围内已独立自主的行政权剥夺。"①

二、动力转换:欧洲一体化的两重新动因

从历史角度来看,欧洲一体化最根本动力是结束战争并在欧洲乃至世界范围内实现永久和平。但是,21世纪以来再谈欧洲一体化的动力,哈贝马斯却认为,"让欧洲不再有发生战争的可能……这个动因已经失去时效"②。那么,现时的动因何在?总结起来,可以将哈贝马斯的理由区分为"直接原因"和"间接原因"两个方面。

一方面,"直接原因"是指欧洲自身面临的问题。这些问题又可以分为"外部问题"和"内部问题"。"外部问题"主要源于全球化引致的"后民族结构"。所谓"后民族结构",是指"全球化不断解构着民族国家,是跨越民族国家边界的交往不断深入的一种形式"③。换言之,全球化时代给欧洲民族国家带来的威胁与挑战,迫使它们不得不通过进一步推动一体化的方式来应对。"在全球化过程中,民族国家将被淹没,并失去权力。"④ 在哈贝马斯看来,全球化是指"贸易和生产、商品和金融市场、时尚、媒体和程序、新闻和交往网络、交通和移民、科技、环境灾害和流

---

① 〔德〕哈贝马斯:《欧盟的危机:关于欧洲宪法的思考》,伍慧萍、朱苗苗译,上海:上海人民出版社2019年版,第46页。

② 〔德〕哈贝马斯:《欧盟的危机:关于欧洲宪法的思考》,伍慧萍、朱苗苗译,上海:上海人民出版社2019年版,第36页。

③ 穆赤·云登嘉措、赵旭东:《民族国家的困境及超越——哈贝马斯后民族结构理论析评》,载《青海社会科学》,2019年第6期,第170—175页,这里第171页。

④ 〔德〕哈贝马斯:《包容他者》,曹卫东译,上海:上海人民出版社2018年版,第173页。

行病、有组织犯罪和恐怖主义在全球范围内的扩展"①。由此可见,他所说的全球化"主要是一个过程,而不是一种终结状态。它表明,交往关系和交换关系超越了国家的界限,变得更加紧密"②。虽然全球化的内容包括很多方面,但"最重要的还是经济全球化"③。经济全球化对民族国家的影响主要体现在四个方面:削弱民族国家的调控能力、国家主权、集体认同和民主合法性④。其中,最重要的是对民族国家调控能力的弱化,"民族国家的干预能力受到限制的问题是这一讨论的焦点"⑤。民族国家的调控能力主要是指民族国家对本国宏观经济进行有效调控和确保其不断增长的权限与能力,这是民族国家在国内政治层面获得自身合法性的核心要素,对民族国家本身来说至关重要。国家调控能力的弱化在一定程度上必然导致本国民众对国家集体认同的弱化,主要表现为一些严重影响社会稳定事件的发生,例如"西班牙和英国的青年骚乱事件就是社会稳定受到威胁的不祥之兆"⑥。民族国家的调控能力之所以会在经济全球化的过程中弱化,根本原因在于民族国家的调控权限受到国土疆域的限制,其调控措施只能在本国范围内有效,但是经济全球化却冲破了疆界的束缚,经济要素在世界范围内动态流动,已经超出了单一国家的管辖范围。经济全球化给欧洲民族国家的最大压力,莫过于2008年以来金融危机的持续肆虐,用哈贝马斯的

---

① 〔德〕哈贝马斯:《分裂的西方》,郁喆隽译,上海:上海译文出版社2019年版,第199页。

② 〔德〕哈贝马斯:《后民族结构》,曹卫东译,上海:上海人民出版社2018年版,第82页。

③ 〔德〕哈贝马斯:《后民族结构》,曹卫东译,上海:上海人民出版社2018年版,第83页。

④ 〔德〕哈贝马斯:《后民族结构》,曹卫东译,上海:上海人民出版社2018年版,第84页。

⑤ Jürgen Habermas, "The European Nation-State and the Pressures of Globalization", pp.46-59, here p.50.

⑥ 〔德〕哈贝马斯:《欧盟的危机:关于欧洲宪法的思考》,伍慧萍、朱苗苗译,上海:上海人民出版社2019年版,第39页。

话说就是"不受国家边界影响而广泛蔓延的系统压力"①,具体表现为欧洲国家的银行危机、财政危机和主权债务危机等方面。因此,要处理这些由经济全球化引致的"经济(非)理性的诡计"②,"唯一出路就是恢复在超国家层次上已经丢失的政治调控权力"③,也就是进一步推进欧洲一体化,尤其是欧洲的政治一体化。

"内部问题"指的是欧盟自身在运行机制方面存在的"民主赤字"。所谓"民主赤字",是指那些可能影响欧洲各国人民日常生活和基本利益的欧盟政策,都是由欧盟机构的各国首脑们通过自我授权的协商方式制定出来的,而可能受到政策影响的欧洲各国人民却没有机会参与政策的制定,欧洲人民的意志并不能对欧盟政策的制定过程产生影响。"欧盟当局的决策过程与分属于不同国家的欧洲公民的政治意愿形成过程之间的距离越来越远,欧洲各国公民的民主意愿对欧盟的影响几乎为零,因为欧洲的'政策'与'政治'是相互分离的。"④ 哈贝马斯将这种执政模式称为"后民主的行政联邦制"⑤。这种官僚行政联邦主义强调的是欧盟机构在行政管理层面的权限与能力,尤其是在制定财政、金融等法律规范的时候要采用共同的政策框架,同时强调欧盟对成员国的监管能力。⑥ 行政联邦主义的根

---

① 〔德〕哈贝马斯:《欧盟的危机:关于欧洲宪法的思考》,伍慧萍、朱苗苗译,上海:上海人民出版社2019年版,第44页。

② 〔德〕哈贝马斯:《欧盟的危机:关于欧洲宪法的思考》,伍慧萍、朱苗苗译,上海:上海人民出版社2019年版,第40页。

③ Jürgen Habermas, *Europe: the Faltering Project*, Ciaran Cronin(trans.), Cambridge, UK: Polity Press, 2009, p.57.

④ Jürgen Habermas, "Democracy in Europe: Why the Development of the EU into a Transnational Democracy Is Necessary and How It Is Possible", *European Law Journal*, Vol.21, No.4, 2015, pp.546-557, here p.547.

⑤ 〔德〕哈贝马斯:《欧盟的危机:关于欧洲宪法的思考》,伍慧萍、朱苗苗译,上海:上海人民出版社2019年版,前言第2页。

⑥ Ben Crum, "Saving the Euro at the Cost of Democracy?", *Journal of Common Market Studies*, Vol.51, No.4, 2013, pp.614-630, here p.621.

本问题在于，欧盟决策的权力来源是各国政府之间相互协调的"自我授权"，而不是来自欧洲各国人民的授权。这种政府间主义的民主空心化的管理模式，必然招致欧洲人民的不满。如何化解欧盟的"民主赤字"？答案依然是超越民族国家边界来扩展民主程序，将欧盟建设成为跨国家的民主共同体。

另一方面，"间接原因"。"哈贝马斯关于欧洲问题的研究必须放在他的全球治理的世界主义模式背景下予以理解。"① 哈贝马斯将欧盟视为通向未来宪政的世界社会的样板，从而建立起没有世界政府的世界内政，最终实现世界大同主义的人类永久和平。"欧盟可以理解为通往宪政的世界社会的关键一步。"② 哈贝马斯《论康德永久和平的观念》一文，已充分表达了他要继续推进康德世界主义政治理想的愿望，只不过他是一种批判性的"扬弃"表达。康德为了永远结束一切战争，实现人类的永久和平，提出要建立一个国家之间的"和平联盟"。"一个强大而开明的民族可以建成一个共和国，那么这就为旁的国家提供一个联盟结合的中心点，使它们可以和它结合……并通过更多的这种方式的结合渐渐地不断扩大。"③ 哈贝马斯批评康德设想的这个"和平联盟"是"一种国家的联盟，而不是世界公民的联盟"④，既没有共同的机构组织也没有法制化的强制权威，只能把希望寄托于政府的道德自律，因而无法确保自身的永久性。他主张建立宪政

---

① Jürgen Habermas, *Europe: the Faltering Project*, Ciaran Cronin(trans.), Cambridge, UK: Polity Press, 2009, p.ix.
② 〔德〕哈贝马斯：《欧盟的危机：关于欧洲宪法的思考》，伍慧萍、朱苗苗译，上海：上海人民出版社2019年版，第37页。
③ 〔德〕康德：《历史理性批判文集》，何兆武译，北京：商务印书馆1990年版，第116—117页。
④ 〔德〕哈贝马斯：《包容他者》，曹卫东译，上海：上海人民出版社2018年版，第238页。

的世界社会,国际社会成为各个国家和世界公民的世界主义共同体①,全球治理从"国际关系"转变为"世界内政",实现世界公民的直接联合,最终达成"没有世界政府的世界内政"的理想状态。而欧盟正是哈贝马斯说明自己这个世界主义理想的现实可能性的关键佐证。如果欧盟能按照他的设想最终发展成为一个跨国家民主制的国际共同体,那么将欧盟的样板向世界范围扩展,最终就可以实现宪政世界社会的伟大构想。"欧盟具有史无前例的组织结构,它有可能完全符合一个宪政世界社会的轮廓。"②

三、理论构想:跨国家民主制

从结果视角来看,欧洲一体化理论要解决的是静态的政治体系结构及其运作模式,而哈贝马斯给出的理论构想是跨国家民主制。

(一)双重主权结构

如前所述,全球化时代的到来给欧洲民族国家带来了新的挑战,公民个人过去依靠单个民族国家而获得和保持的基本权利(平等、自由、医疗、教育等)面临失去的风险。也就说,独立自存的民族国家面对全球化的扩展态势,已经没有能力确保公民在福利国家传统中所拥有的文化传承与生活方式,乌托邦的力量已经消耗殆尽。问题如何解决?只能是超越民族国家而进入超国家主义的历史通道。理论的逻辑是自洽的,按理说应该能够得到欧洲人民的赞成与实践,在原有的基础上继续推进欧洲一体化。但是,现实情况恰恰相反,目前欧洲民众对于欧洲工程普遍持可有可无的冷漠态度。这是为什么?哈贝马斯认为原因有二:一是恐惧,二是不满。

"恐惧"在于害怕自己在民族国家已经拥有的基本权利和生活方式,

---

① 〔德〕哈贝马斯:《欧盟的危机:关于欧洲宪法的思考》,伍慧萍、朱苗苗译,上海:上海人民出版社2019年版,前言第5页。

② 〔德〕哈贝马斯:《欧盟的危机:关于欧洲宪法的思考》,伍慧萍、朱苗苗译,上海:上海人民出版社2019年版,第89页。

在跨国家结构的掌控下可能受到严厉限制甚至清除。这是对未来不确定性的恐惧。更为重要的是，欧盟在处理欧债危机等问题上也或多或少印证着大家的恐惧。说得简单一点，大家认为自己在各自的民族国家中生活得不错，害怕自己进入未来欧盟之后的生活水平会下降，不想因不确定性而丧失既得利益。当然这种所谓的"生活水平"不仅仅指经济方面，也包括政治方面。"在国家层面实现的、受到国家保障的公民自由的程度应该成为一个标准。"① 为什么大家普遍认为跨国家的未来只能是失去而不是更好呢？这就涉及第二个原因"不满"，即大家对欧洲民主赤字的不满。行政联邦主义的自我授权，导致欧洲人民对于关涉自身利益的欧洲决策过程没有任何话语权，欧盟的权力运行已经自成体系，一定程度上已经完全脱离了民主的监督，决策效果的公正与否完全取决于政治精英们的道德自律或政治利益考量，而非民主制度的他者约束。

哈贝马斯以问题为导向，提出了"双重主权结构"的欧洲一体化理论设想。哈贝马斯的跨国家民主制"既不能定义为国家的联邦，也不能定义为联邦制国家"②，而是一个介于联邦主义和邦联主义之间的"双层级体系"，即成员国家层级和欧盟本身层级。在这个双层级结构体中，"超国家法律优先于暴力垄断者的国家法律"③，即欧盟层级的法律优先于成员国家的法律，欧盟有实施立法和司法的权限，有自己相对独立的主权范围，从而具有一定的自上而下的有效管理权限，可以规定成员国家作为执行机构的义务，由此与邦联主义有着本质区别。与此同时，"欧盟并没有制裁成

---

① 〔德〕哈贝马斯：《欧盟的危机：关于欧洲宪法的思考》，伍慧萍、朱苗苗译，上海：上海人民出版社2019年版，第71页。
② 〔德〕哈贝马斯：《欧盟的危机：关于欧洲宪法的思考》，伍慧萍、朱苗苗译，上海：上海人民出版社2019年版，第63页。
③ 〔德〕哈贝马斯：《欧盟的危机：关于欧洲宪法的思考》，伍慧萍、朱苗苗译，上海：上海人民出版社2019年版，第54页。

员国的权限"①，作为欧盟成员的民族国家依然保留自己的暴力垄断权和最终决定权，有义务为自己的人民提供保障，继续充当"法律和自由的保障者"②。由此可见，欧盟对成员国家的管辖权并不完备，所以不能把未来欧盟这个跨国家共同体错误地理解为欧洲传统联邦主义者所主张的"欧洲合众国"，因而与一般意义上的联邦主义区别开来，虽然他有时也将共同体称为"作为跨国家民主制的欧洲联邦"③。这种设计就形成了欧盟和成员国家共同分享主权的"双重主权结构"。

"双重主权结构"的设计要想成立，必须回应一个关键问题：国家主权的让渡会导致民族国家的合法化危机，因为主权的跨国化会严重损害人民主权，由此遭到人民的反对而失败。这个问题源于民主宪政的一般理论：主权是人民主权和国家主权的抽象与具体的辩证统一，二者互为表里、不可分割，抽象的前者是具体的后者的道德支撑和合法性来源，后者是前者的具体的实现和保障。但是，哈贝马斯将这种理解视为"一种集体性的误解"④。他的观点恰恰相反，认为国家主权的跨国化不仅不会损害人民主权，反而会有利于人民主权的享有。他的理由在于对人民主权和国家主权二者关系的重新认识。在哈贝马斯看来，二者之间并非互为表里的不可分割关系，而是有着本质区别，因此，国家主权的分享并不会损害人民主权的保有。"主权让渡到超国家机构而对民族国家主权实施的限制无论

---

① 〔德〕哈贝马斯：《欧盟的危机：关于欧洲宪法的思考》，伍慧萍、朱苗苗译，上海：上海人民出版社2019年版，第58页。

② 〔德〕哈贝马斯：《欧盟的危机：关于欧洲宪法的思考》，伍慧萍、朱苗苗译，上海：上海人民出版社2019年版，第48页。

③ Jürgen Habermas, "Democracy in Europe: Why the Development of the EU into a Transnational Democracy Is Necessary and How It Is Possible", pp.546–557, here p.555.

④ 〔德〕哈贝马斯：《欧盟的危机：关于欧洲宪法的思考》，伍慧萍、朱苗苗译，上海：上海人民出版社2019年版，第51页。

如何也没有必要以剥夺民主国家公民的行为能力为代价。"① 哈贝马斯认为，二者之所以有本质区别，源于国家主权的"意志自由"前提和人民主权的"法律自由"基础之不同。"意志自由"是指人们具有不受外在束缚而完全按照自我意愿独立进行思想和行为的自由状态，说得直白一点就是我想怎样就怎样，这是一种绝对主义的抽象自由。以此为理论前提的国家才被赋予了不受限制的行为自由，包括发动战争的权利。"法律自由"是指人的自由权利需要经过民主法律的确定与授权，只有法律赋予的自由权利才能行使，这是一种建构主义的相对自由。以此为基础的人民主权是在普遍化的民主立法过程中得以确立，法律赋予所有公民同等的自由权利。由此可见，人民主权并非国家主权的镜像，二者因理论基础的不同而处于不同的调控范围，所以成员国家让渡部分国家主权给欧盟并不必然损害民族国家的人民主权。相反，按照哈贝马斯程序主义民主模式的规范理解，由于欧盟层次法律优先于成员国家法律，欧盟法律能够推动和监督成员国家人民主权法律化的程序与过程，更好发挥法律对驯服成员国家的暴力的文明化力量。换言之，人民主权的"法律自由"取决于程序主义的民主法律化过程，"双重主权结构"不仅没有破坏，而且进一步推动了法律化的民主程序。

（二）"欧洲各国人民" VS "欧盟公民"

在哈贝马斯看来，"双重主权结构"很好地解决了欧洲民众的"恐惧"与"不满"。对于前者，分享主权的成员国家可以确保人们的现有文化生活方式不改变，既得利益不丧失；对于后者，之所以出现对民主赤字的"不满"，根本原因在于不存在能够参与欧盟政治运行的行为主体，无法体现主权在民的民主原则。就是说，欧洲根本没有"民"的存在也就没有执行"民主"的主体，大家只是各自成员国家的"民"。为此，哈贝马斯提

---

① 〔德〕哈贝马斯：《欧盟的危机：关于欧洲宪法的思考》，伍慧萍、朱苗苗译，上海：上海人民出版社2019年版，第53页。

出了欧盟双层级结构体系下民主主体的双重身份:"欧洲各国人民"和"欧盟公民"。

"欧洲各国人民"是各自成员国家层级的民主主体,参与本国的政治运行过程,而"欧盟公民"则是欧盟层级的民主主体,全面参与欧盟本身的民主政治决策过程。"每一位公民既作为单独的、自主表决的欧洲人,又作为某个国家的成员参与到欧洲的意见及意志的形成过程中。"① 由此,既可以消除欧盟后民主时代的官僚行政联邦主义,也可以消解欧盟自建立伊始就存在的民主赤字。

这里有三个问题需要说明:第一,欧盟公民和欧洲各国人民之间并没有隶属关系。二者虽然是递阶关系,从层次角度看欧盟公民居于欧洲各国人民之上,但是二者处于同等重要的地位,因而没有隶属关系,且欧盟公民的决定不能损害欧洲各国人民的利益。第二,欧盟公民和欧洲各国人民是同一群人,不是不同的两个特定群体。这就是说,二者是同一群人,只是由于所处的政治地位不同而具有了不同的政治身份。第三,它们二者之间的制宪权或曰根本诉求不仅不会相互冲突,反而应该是一致的,因为欧洲各国人民已经在国家层面实现的公民自由和生活方式,也是欧盟公民进行民主运作的评定标准,凡是没有达到此项标准的决策一律无效。也就是说,衡量二者的标准是一致的,都是确保人们的基本权利获得保障。

(三) 欧洲认同的宪法建构

从哈贝马斯的自身逻辑来看,双重主权结构的政治设计以"欧洲各国人民"和"欧盟公民"的民主主体二重化为前提,尤其是"欧盟公民"的存在与否是哈贝马斯的欧洲设想是否能够成立的关键所在。但是,在赫尔曼·吕布、迪特·格林、伯肯佛尔德等疑欧主义者看来,"一个单一的

---

① 〔德〕哈贝马斯:《欧盟的危机:关于欧洲宪法的思考》,伍慧萍、朱苗苗译,上海:上海人民出版社2019年版,第69页。

欧洲民族在政治上是不存在的"①，因为"还没有一个同一的欧洲人民"②，所以"尚不具备形成欧洲范围内同一的公民意志的现实前提"③。也就是说，欧洲不存在哈贝马斯所言的作为民族集合体的"欧盟公民"。由此推之，"欧洲各国人民"因为没有对于自己作为"欧盟公民"的民族身份认同，自然不会产生对于欧盟这个跨国家民主共同体的集体认同，欧盟的一体化就成了无源之水、无本之木。

哈贝马斯并不同意这种观点。相反，他依据世界著名民族理论家本尼迪克特·安德森（Benedict Anderson）关于"民族是一种想象的政治共同体"④的理论，认为作为集体单称的"欧盟公民"的民族认同，并不是自然演化的结果而是人为建构的产物，而人为建构的中介手段则是宪法法律。也就是说，虽然"欧盟公民"现在并不存在，但是可以通过人为建构的方式使它存在。为此，哈贝马斯根据民族的历史形成过程，区分了建构主义与自然主义两种不同的民族概念，即"由国家公民组成的民族和由人民组成的民族"⑤（以下简称公民民族和人民民族）。公民民族是以抽象的法律为团结中介的政治共同体，人民民族是以共同的籍贯、语言、风俗习惯和历史为聚合力量的命运共同体。从民族起源和罗马人关于"natio"的经典用语可知，民族最早就是一些定居在一定地域内有着相同起源的共同体，文化上表现为共同的血缘、籍贯、语言、风俗习惯和历史等，这时类

---

① 〔德〕哈贝马斯：《包容他者》，曹卫东译，上海：上海人民出版社 2018 年版，第 204 页。

② 〔德〕哈贝马斯：《后民族结构》，曹卫东译，上海：上海人民出版社 2018 年版，第 159 页。

③ 〔德〕哈贝马斯：《包容他者》，曹卫东译，上海：上海人民出版社 2018 年版，第 211 页。

④ 〔美〕本尼迪克特·安德森：《想象的共同体：民族主义的起源与散布》，吴叡人译，上海：上海人民出版社 2016 年版，第一章第 6 页。

⑤ 〔德〕哈贝马斯：《后民族结构》，曹卫东译，上海：上海人民出版社 2018 年版，第 160 页。

似于国家的政治组织形式尚不存在,所以此时的民族还没有达到政治上的一体化,只是一个从消极意义上区分自我与他者的界限。在封建等级国家时期,作为臣民总和的"人民民族"依然被排除在政治生活之外,只有"贵族民族"享有政治权利。进入19世纪的民族国家历史阶段,获得独立自主的民众通过宪法法律获得参与政治统治权力的国家公民身份,这就是"公民民族"。

由此可见,人民民族是人类历史发展过程中自然生成的结果,而公民民族则是民族国家产生之后的民主过程的人为产物。这就是说,民族国家视域下的民族概念完全不同于传统的民族概念,它已经褪去了历史文化的外衣而转变为政治建构的民主法律的产物。由此可知,疑欧主义者的错误在于混淆了两种不同的民族概念,将政治性的建构主义民族概念还原为前政治性的自然主义民族概念。所以,"欧盟公民"是能够通过宪法法律这个中介手段得以确立的,而且从欧盟的多元化现实来看,也只能通过宪法法律的方式予以人为的抽象化建构,而不可能依靠自然生成。

通过法律手段确定了"欧盟公民"的民族身份之后,作为民族的"欧盟公民"就能够存在并承担民主主体的角色了吗?答案显然是否定的,因为公民身份的法律确定只是外在形式,最根本的还在于"欧盟公民"的自我民族认同,也就是通常所说的"民族意识"。如果只有外在法律身份而没有民族认同意识,双重主权结构的政治设计依然无法确立,因为只有民族认同意识和民主的公民身份的辩证统一,"才能带来公民团结的新局面,并进而成为民族社会的黏合剂"①。哈贝马斯认为,在一个政治共同体当中,公民的自我民族认同意识不是历史文化的先在结构而是动态结构,现代民族认同也表现为一种人为特征而非自然天成。那么,我们塑造的集体认同是什么呢?也就是说,究竟是什么让我们对这个集体产生了认同感,认为自己是其中一员并愿意为集体做出牺牲呢?

---

① 〔德〕哈贝马斯:《后民族结构》,曹卫东译,上海:上海人民出版社2018年版,第160页。

哈贝马斯认为主要有两种，第一种是通过共同的血缘、语言、风俗和传统来实现认同，这是一种以种族为核心的前政治性的自然主义认同模式。但是，这种特殊主义的认同模式对多元历史文化并存的欧洲，实现不了跨国家层面的公民团结认同，相反还存在为种族民族主义的泛滥提供辩护的危险，两次大战中的德国就是典型。为了摆脱对种族认同感的依赖，哈贝马斯提出了自己的第二种集体认同塑造模式，即通过宪法法律所确立的政治秩序和基本原则来确立公民对于自己参与制定的民主宪法原则和政治制度的认同，从而实现公民团结和集体认同。"公民民族的认同并不在于种族—文化的共同性，而在于公民积极地运用其民主的参与权利和交往权利的实践。"① 这种以宪法法律为核心的公民自律认同模式，哈贝马斯在早期称之为"宪法爱国主义"，但后期已经较少使用这个术语。它的优势在于，通过抽象的程序性的政治普遍主义克服了诉诸民族特性的文化特殊主义，从而在欧盟层面产生民族认同。"一部宪法会对欧洲民众的认同产生决定性的影响，它所发挥的动员力量和团结力量是血缘、语言和传统等所无法比拟的。"②

哈贝马斯对集体认同模式的这种规范理解如何实现呢？他以交往理论为基础，给出的回答是通过"政治交往"的手段。欧盟层面的政治交往是一种充满限制的交往关系，也就是需要满足如下三个条件：一是必须有一个欧洲公民社会，二是建立欧洲范围内的政治公共领域，三是欧盟公民共同参与的政治文化。可以将三者视为"一体两翼"的关系，其中"政治公共领域"是核心，是主体，欧洲公民社会和共同的政治文化是两翼。在自由的政治文化语境中，欧洲公民社会承载着来自政治公

---

① 〔德〕哈贝马斯：《在事实与规范之间：关于法律和民主法治国的商谈理论》（修订译本），童世骏译，北京：生活·读书·新知三联书店 2003 年版，第 656 页。

② 曹卫东：《交往理性与权力批判》，上海：上海人民出版社 2016 年版，第 107 页。

领域的政治交往实践,通过交往达成政治共识,即形成共同的政治意见和政治意志。这是欧盟跨国家层面实现政治的集体认同的规范过程。但从现实角度来看,欧盟在政治精英主导下形成了后民主的行政联邦制,欧洲政治公共领域的政治交往并不充分,严重影响欧洲民族意识的形成。想要推动政治公共领域的全面的交往共识,前提是欧洲的政治精英们不能在民主门槛前犹豫不决①,而应该将欧洲的公共事务与欧盟公民的民主参与紧密结合起来。在此过程中,作为欧盟公民之间信息交流和政治争论的跨国化大众媒体起到了重要的中介作用,不仅推动欧洲共享生活世界的形成,而且能够让欧盟公民意识到,欧盟层面的决定对他们各自的日常生活有重大影响,那么必然增强他们以欧盟公民身份参与欧洲政治决策过程的兴趣。当然,这种欧洲认同的形成不是短期交往行为,而是一个长久的痛苦学习过程。

简言之,无论是双重主权结构的确立还是欧盟公民的民族身份认同,都要依靠法律特别是宪法的规范力量和建构能力,用哈贝马斯自己的话说就是"国际法的宪政化"。但是,这个建构过程并不是线性的先后因果关系,即民族认同是宪法法律通过之后的建构结果,而是一个交融互通的辩证融合过程。集体认同既不能先于,更不能脱离这一民主过程,在宪法制定过程中的政治沟通本身,也是推动宪法法律建构民族认同与公民身份的同步过程,起到了催化剂的作用。"人民建立宪法,但是宪法也以法律与国家为中介创造人民,或人民在建立宪法的民主过程中建立自己,即公民们在建立宪法的民主过程中自由自愿地组成人民。"② 既然现代民族认同是通过人为的抽象法律建构而来,而不是依靠共同的语言和历史演化而来,那么"欧盟公民"的集体认同就可以超越民族国家的界限,而在欧盟层面

---

① 〔德〕哈贝马斯:《欧盟的危机:关于欧洲宪法的思考》,伍慧萍、朱苗苗译,上海:上海人民出版社2019年版,第76页。
② 陈勋武:《哈贝马斯:当代新思潮的引领者》,北京:九州出版社2014年版,第211—212页。

通过欧盟法律人为建构而成。

四、批判审视

(一) 民族国家并未终结

哈贝马斯提出，进一步推进欧洲一体化的原因在于，经济全球化削弱了民族国家的调控能力，民族国家已然失去了自身的合法性，只能诉诸跨国家民主制。这种"民族国家终结论"并非哈贝马斯的独创，其他学者如美国著名政治学者莱斯利·里普森（Leslie Lipson）的"民族国家的危机"[1]、德国著名社会学家乌尔里希·贝克（Ulrich Beck）的"世界主义国家"[2] 等观点也与此类似。这种结论的核心要件主要有两个：一是全球化的动因，二是民族国家的式微。其中，前者是前提，后者是表现。

但是，我们对此存有异议。

一方面，全球化真的是一种必然历史趋势并将永远持续下去，直到促成所有民族国家的消亡吗？答案显然是否定的，这就涉及如何认识全球化的性质。由历史唯物主义基本原理可知，全球化并不必然具有永恒性，也不一定就是永远向前的单线上升，它一样具有自身的或然性和曲折性。简言之，全球化具有可逆性，"全球化进程既有可逆属性，也有通过变革持续发展的潜质"[3]。对此问题的最好例证当数"逆全球化"。目前，类似于欧盟右翼民粹政党崛起、英国脱欧公投以及欧盟贸易保护主义等典型的"逆全球化"现象，在世界范围内已成燎原之势，这些足以说明全球化的

---

[1] 〔美〕莱斯利·里普森：《政治学的重大问题：政治学导论》，刘晓等译，北京：华夏出版社2001年版，第290页。

[2] 〔德〕乌尔里希·贝克：《全球化时代的权力与反权力》，蒋仁祥、胡颐译，桂林：广西师范大学出版社2004年版，第8页。

[3] 徐坚：《逆全球化风潮与全球化的转型发展》，载《国际问题研究》，2017年第3期，第1—15页，这里第11页。

未来确定性已然坍塌，甚至有人断言，"我们正在目睹全球化的终结"①。虽然我们并不完全赞同"全球化终结论"，但是全球化与民族国家之间没有永恒的因果关系却是肯定的，全球化的永恒神话并不存在。

另一方面，民族国家的调控能力真的已经失去了吗？我们的答案也是否定的。第一，从时间维度上看，由欧洲国家形态的演进历史可知，经由古希腊城邦国家、罗马帝国国家、基督教普世世界国家、王朝国家，直至最后形成民族国家。民族国家创建于17世纪的欧洲，18世纪末19世纪初开始扩展于北美和拉丁美洲，20世纪中叶影响遍及亚洲和非洲，截至21世纪初，全球性的民族国家体系正式确立。② 由此可见，从全球视角来看，绝大多数民族国家建立的时间并不长，自身还很不成熟，远没有达到消亡的时候，特别是亚洲和非洲的民族国家的制度优势尚未得到有效发挥，不仅没有出现削弱的趋势反而正在加强建设，即使作为民族国家起源之地的欧盟，也是政府间的民族国家协商治理模式。正如世界著名社会理论家安东尼·吉登斯（Anthony Giddens）所言，"说民族国家正在消失是不真实的，民族国家正在成为一种更加普遍的形式"③，"欧盟不是民族国家的终结，它意味着在一个更加广泛、更加全球化的框架内国家认同发生了转变"④。英国历史学家艾伦·米尔沃德（Alan Milwrad）、美国政治学家安德鲁·莫劳夫奇克（Andrew Moravcsik）⑤ 和弗朗西斯·福山（Francis Fukuy-

---

① 〔英〕阿兰·鲁格曼：《全球化的终结》，常志霄等译，北京：生活·读书·新知三联书店2001年版，第1页。

② 周平：《民族政治学二十三讲》，北京：中央编译出版社2014年版，第6—14页。

③ 〔英〕安东尼·吉登斯：《全球时代的民族国家：吉登斯讲演录》，郭忠华编，南京：江苏人民出版社2012年版，第196页。

④ 〔英〕安东尼·吉登斯：《全球时代的民族国家：吉登斯讲演录》，郭忠华编，南京：江苏人民出版社2012年版，第19页。

⑤ 〔荷〕吕克·范米德拉尔：《通向欧洲之路》，任轶、郑方磊译，上海：东方出版中心2016年版，第11页。

ama)① 的观点也与此类似。

第二,从权力维度上看,民族国家的权力集中度或曰调控能力,并没有因为全球化的多边协调机制而受到限制或取消,而应该看作民族国家调控能力的空间延伸与方式转换。退一步说,即使承认民族国家失去了许多过去拥有的经济调控功能,但是为了维护民族特性、公民福利和公众安全而获得的新功能,却在补偿和增强民族国家的调控能力时,赋予了它更多的合法性和权威性。例如,在应对 2020 年以来肆虐至今的全球性新冠肺炎疫情的过程中,民族国家在动员、组织和调配抗疫资源等方面起到了关键性作用,而所谓的全球治理和国际合作却表现不佳。所以,即使面对的是典型的全球性危机,最后能够依靠的力量依然只能是民族国家,而且民族国家的调控能力的强弱直接决定了疫情控制的现实效果,中国就是最好的例证。另外,美国民粹主义甚嚣尘上,继续在当代国际政治经济领域推行霸权主义和强权政治,以实力原则无限放大美国的国家主权力量。这些都说明,民族国家权力集中度不仅没有削弱反而呈现上升的趋势,正如英国民族主义跨学科研究的开创者安东尼·史密斯（Anthony D. Smith）所说:"民族的国家不仅远远没有陷入衰落的危险,而且正在变得更为中央集权、更为协调且更为强大。"②

(二) 欧洲认同的内在缺陷

哈贝马斯以后民族主义的视角,将民族的演进区分为自然生成的传统民族和人为建构的现代民族,并且对二者进行了明确的历史阶段划分和具体功能分解。这种旨在超越自由主义的普遍主义与社群主义的特殊主义之争的后民族主义民族认同观,因其存在内在缺陷而无法自我周延。

---

① 〔美〕弗朗西斯·福山:《国家构建:21 世纪的国家治理与世界秩序》,郭华译,上海:上海三联书店 2020 年版,第 128 页。

② 〔英〕安东尼·史密斯:《民族主义:理论、意识形态、历史》(第二版),叶江译,上海:上海人民出版社 2021 年版,第 137 页。

哈贝马斯论证欧洲认同的关键在于如何理解民族的起源与发展。根据马克思主义民族理论，"民族是人们在历史上形成的一个有共同语言、共同地域、共同经济生活以及表现于共同文化之上的共同心理素质的稳定的共同体"①。由此可见，民族是某种内在于人类社会之本质的东西，是人类社会历史发展过程中逐步形成的历史文化共同体，从来都不是人为建构的现代产物。从民族的历史演进角度看，确实可以从传统和现代的二元视角予以观察，但是哈贝马斯却完全割断了传统民族和现代民族的辩证统一关系，将承袭历史而来的现代民族概念抽象化，抽离了它的历史文化的丰富性而仅仅剩余干瘪的政治法律性。这种理解的悖论在于，哈贝马斯为了突出现代集体认同的人为性而否定了它的历史文化性，但他在论证欧洲认同人为性的时候却总是隐含着历史文化的前提。哈贝马斯的问题在于，没有认识到传统民族和现代民族之间并没有发生截然的断裂，二者本质上是同一的，只是民族国家为现代民族在传统民族的基础上增添了进行集体政治行动的新内容而已。"在这个现代世界中，能够被感知和理解的集体历史，仍然主要是族群和民族的历史。"② 简言之，无论怎样解释现代民族的形成过程，都要以传统民族的历史文化共同体内涵为基本前提。"现代的民族国家建立在一系列具有建构性的共同历史、价值和法律规范之上……但它却有着更加深刻的根植性的核心，那就是种族。"③

（三）宪法爱国主义的自我矛盾

虽然宪法爱国主义的概念最早发端于战后分立而治的德国，首创也不是哈贝马斯，而是政治思想家多尔夫·施特恩贝格尔（Dolf Sternberger）④，

---

① 《斯大林全集》（第2卷），北京：人民出版社1953年版，第294页。
② 〔英〕安东尼·史密斯：《民族认同》，王娟译，南京：译林出版社2018年版，第193页。
③ 马珂：《后民族主义的认同建构及其启示：争论中的哈贝马斯国际政治理念》，上海：上海人民出版社2010年版，第180页。
④ 〔德〕扬-维尔纳·米勒：《宪政爱国主义》，邓晓菁译，北京：商务印书馆2012年版，第21页。

但他对于这个概念在 20 世纪 90 年代的广泛流行却起到了关键作用，正如梅洛·庞蒂（Maurice Merleau-Ponty）对"西方马克思主义"概念的贡献一样。以宪法爱国主义为核心的集体认同理论是哈贝马斯欧洲一体化设想的基础和前提，它最大的问题在于思想内部的自我矛盾。虽然哈贝马斯在转向跨国家民主制之后，已经不再使用宪法爱国主义这个概念，但基本观点并没有本质上的不同。

首先，概念内涵的自我冲突。宪法爱国主义对抽象的民主政治原则与价值规范的认可，实质上是一种具有普世主义价值取向的政治认同形式，是一种集体认同的普照的光，只要认同宪政民主的抽象原则就都可以纳入序列，因而不应该用某种特定的政治体去界定它，但哈贝马斯的宪法爱国主义明显暗含着对欧盟这个特定政治体的特殊认可与忠诚。同时，还存在另一种普遍与特殊的内涵冲突。宪法爱国主义起源于也应用于德国特定的历史情境和道德情感，尤其是着眼于二战之后"德国问题"的消解，而且对于解决纳粹德国的历史问题也确实发挥了作用。"宪政爱国主义在其发源之处，也就是西德，也许是适合的，因为西德正是一个因纳粹历史而在公民性上严重折中化的'半个国家'。"① 但是，哈贝马斯却把这个具有德国特定历史内涵的概念应用在了整个欧洲，其结果要么是无效而不起作用，要么就是将欧洲塑造成德国样式。

其次，逻辑论证的自我循环。按照哈贝马斯的逻辑，"一个由国家公民组成的民族是民主过程的产物，它的集体认同既不能先于更不能脱离这一民主过程。民族国家只有在确定了公民资格之后，才建立了一种全新的，即抽象的团结，其中介则是法律"②，所以一部欧洲宪法对于实现欧洲的集体认同具有关键作用，由此，欧洲目前最重要的工作在于制定宪法。

---

① 〔德〕扬-维尔纳·米勒：《宪政爱国主义》，邓晓菁译，北京：商务印书馆 2012 年版，第 5 页。

② 马胜利、邝杨：《欧洲认同研究》，北京：社会科学文献出版社 2008 年版，第 65 页。

但问题是，制定宪法需要的"欧洲公民"共同体，只能通过共同的欧洲层面的宪政民主实践培育出来。这样哈贝马斯就陷入了一个循环论证的怪圈：制定宪法的公民前提包含于欧洲宪政的实践结果之中。

最后，目的手段的自我分裂。宪法爱国主义想要实现预期目的，其前提必须是公民们对欧洲民主政治过程的积极参与，这是一种公民权利的主体自觉行为，但这种积极公民行为在多元文化并存的欧洲不能天然形成，只能通过教育或其他方法采用威权主义的手段灌输给他们，这明显违背了欧洲奉行的自由主义原则。另外，宪法爱国主义仅仅以共享的民主政治原则和法律规范作为实现公民团结的基础，而放弃了在跨国家层面对生活、教育和医疗等权利的维护，必然导致欧洲的团结基础过于抽象薄弱，这种办法或手段的现实有效性非常有限，最后只能回到前政治性的种族认同的老路之上。

（四）二元结构无法并存

哈贝马斯的跨国家民主制包含了众多的二元区分结构，例如国家与非国家，欧洲各国人民和欧洲公民，民族国家主权和跨国家共同体主权。这些二元结构是他的理论得以成立的基石，但是它们各自之间存在着明显的内在紧张，导致这种二元区分并不能必然成立。首先，哈贝马斯多次明确指出欧盟层面的跨国家共同体并不具有国家性质，与目前存在的民族国家完全不同，而是一种后国家治理模式。但问题是，哈贝马斯的这个共同体却具有实施立法和司法的权限，并规定成员国有作为执行机构的义务。这种权力事实上就是国家的隐性强制权，所以未来欧盟的非国家性并不彻底，也很难和国家属性进行清晰的区分。"任何获得发布约束性规则和拥有征税权力的实体都是正在形成的国家，即使它不享有对下属规则制定机构的完全垄断权。"[①] 欧洲各国人民和欧洲公民的二元身份结构，目的在于

---

① Volker M. Heins, "Habermas on the European crisis: Attempting the impossible", here p.9.

二者分工合作、各守其责，为不同层面的民主政治行为确定适合主体，二者虽有分工但重点在于二者之间的协调。但事实上，欧洲各国人民很难从欧盟层面考虑，也没有动力和兴趣，这就涉及民族国家当前依然是最重要的政治单元和治理形式，所以大家就没有必要冒着不确定性的风险去尝试欧盟层面的跨国家民主。民族国家主权和跨国家共同体主权的二元主权结构面对的责难就更加直截了当，二者的权限无法清晰区分也无法稳定行使，只能导致无效的内耗。

五、结语

在英国脱欧和新冠疫情的双重挤压之下，欧盟再一次走到了历史的十字路口。向左还是向右，这是一个问题。回答这个问题，人们必然想起两个人：一个是"欧洲一体化之父"让·莫内（Jean Monnet），他从实践角度告诉我们"危机是最伟大的联合者"①，每次危机都会迎来云开雾散的景象；另一个应该就是哈贝马斯。

2020年10月，91岁高龄的哈贝马斯发表了50页的长文，阐发"默克尔的欧洲政策变化与德国统一进程"②。由此可见，欧洲一体化的未来是哈贝马斯后期学术生涯最关心的主题。从实际情况看，历经多重打击的欧洲已经是一个四分五裂的脆弱大陆，人们对于欧盟已经不再抱有太多幻想，已经不太关心欧洲是否能够继续一体化以及如何一体化。但已过耄耋之年的哈贝马斯，依然如堂吉诃德一般举着自己的理论长矛，与缥缈不定的未来之境搏击，真正兑现了自己作为一名世界公共知识分子的承诺。

精神可嘉，但未必可行。

哈贝马斯的跨国家民主制，用他批评别人的话来形容再适合不过了，

---

① 刘擎：《2000年以来的西方》，北京：当代世界出版社2021年版，第279页。

② Jürgen Habermas, *Year 30: Germany's Second Chance*, David Gow (trans.), Brussels: FEPS, 2020.

它"陷入了位于民族国家和欧洲联邦国家之间的某种毫无前途的其他途径"① 之中，貌似超越了联邦主义和邦联主义的争论而开辟了第三条道路，但是他的理论观点存在诸多尚可商榷之处和自我悖论，导致他的未来构想并不成功，至少在可以预见的未来，既无法回应疑欧主义者的实践质疑，也没有达到亲欧洲主义者的规范要求，理想主义的宏图掺杂现实主义的注脚只因为无可奈何的妥协，最终只是一个理想主义和现实主义相纠缠的政治乌托邦。

虽然哈贝马斯的欧洲叙事受到了诸多质疑，但是他对欧洲"永久和平"之路的探索和对通向宪政的世界社会的憧憬，不仅能给人以思想启迪，还能给人以实践力量。

---

① 〔德〕哈贝马斯：《欧盟的危机：关于欧洲宪法的思考》，伍慧萍、朱苗苗译，上海：上海人民出版社2019年版，前言第3页。

附录二

哈贝马斯语言哲学思想探论

作为20世纪最后一位"黑格尔意义上的体系哲学家"[①]，哈贝马斯的思想深刻影响了当代哲学、社会学、政治学、法学、历史学、解释学等众多学科领域，并在某种程度上改变了人们的思维方式和社会的发展方向。正因为如此，学界普遍以他的社会哲学、政治哲学、法哲学、历史哲学、哲学解释学等思想为研究重点，并取得了丰硕的研究成果。但是，学界的研究也存在明显的不足之处，主要表现就是对哈贝马斯的语言哲学思想没有给予足够的重视，忽视了他在语言哲学领域的重要贡献。有鉴于此，本书旨在从总体上系统发掘和梳理哈贝马斯语言哲学思想的总体框架、内在逻辑和基本内容，并在此基础上对其进行几点批判性分析，以期为国内的哈贝马斯研究增添新的理论资料和研究视角。

一、总体结构与内在逻辑

众所周知，哈贝马斯的批判理论从建构之初，就秉承着一种救赎意识，其根本目的在于通过有效的社会批判重构价值理性与工具理性的平衡，以实现人类追求自由、公平的理性社会的社会理想。但是，哈贝马斯的理性社会是何以可能的？他给出的答案是交往行为理论。换言之，理性

[①] 曹卫东：《哈贝马斯的启示》，载《中华读书报》，2001年6月13日，第17版。

社会得以可能的前提条件是对交往行为理论的构建。进而问之，何者又是构建交往行为理论的前提条件？对于这个问题的答案，学界普遍认为是形式语用学。但笔者认为，这种将单一的形式语用学视为交往行为理论的立论基础的观点是有待商榷的。因为仅仅依靠形式语用学并不能确保交往行为理论的稳固，而应该以整体的哈贝马斯语言哲学思想为前提。从总体框架角度来说，哈贝马斯的语言哲学思想除了包括形式语用学之外，还包括语用意义理论、真理共识论和批判解释学等三个方面。

那么，哈贝马斯语言哲学思想所涵盖的四个方面的内在逻辑结构又是怎样的呢？这就涉及形式语用学的任务。从表面上看，形式语用学的任务是确定并重建关于可能理解的普遍条件或交往的一般假设前提，从而为交往行为理论奠定规范分析的理论基石，哈贝马斯本人也曾这样说过。但问题的关键在于，形式语用学单单依靠自己的力量是无法完成规范分析的理论任务的，而必须依靠其背后的暗藏力量。这种力量就来自哈贝马斯的真理共识论、语用意义理论和批判解释学。形式语用学只有在真理共识论的共识导向、语用意义理论的语用转向和批判解释学的批判反思意识的共同支撑之下，才能真正确立批判理论视域中的交往行为理论。

二、具体内容阐释

如前所述，以总体化视角来看，哈贝马斯语言哲学思想包括四个方面：形式语用学、语用意义理论、真理共识论和批判解释学。

（一）形式语用学

形式语用学又由五个部分组成：作为背景知识的生活世界、具有三重功能的言语行为、居于核心地位的有效性要求、承担行事职能的交往能力、充满理想设计的言说情境。

其一，作为背景知识的生活世界。在哈贝马斯看来，生活世界是有能力的言语者被抛入其中的意义语境，是人们在交往行为中达成相互理解所必需的共同的非主题化的背景知识。"这种主体间共享的生活世界构成了交往行为的背景"①。简言之，没有生活世界的存在就没有达成理解的可能，交往行为也就没有了立足之地。哈贝马斯的生活世界是文化、社会和个性结构的统一体。文化是交往行为主体进行理解的知识储备。"在我看来，文化是储存起来的知识，交往参与者通过相互就某事达成理解，而用这些知识来支持自己的理解。"② 社会是由制度或法律等规范手段所引导的某种秩序性。"社会表现为制度秩序、法律规范及错综复杂而又井然有序的实践和应用。"③ 个性结构是使交往主体获得言语和行动的功能的某种能力和资格，凭借这种能力和资格，交往主体获得了参与相互理解过程的功能。"一切促使主体能够言说并且行动的动机和能力，我都把它们归入个性结构。"④

其二，具有三重功能的言语行为。哈贝马斯认为，用于交往的言语行为具有如下三重功能：一是表达某个言说者的意图（或经验）；二是表现事态（或言说者在世界中所遇到的事物）；三是确定言说者与接受者之间的关系。"交往所使用的表达服务于把言语者的意向（或经验）表达出来，把事态（或言语者在世界中遇到的事情）描述出来，并进入与接受者的关系中去。在这里反映出言语者自己有关某事与某人达成理解的三个方面的关系。"⑤ 哈贝马斯的言语行为理论，从功能角度来看，具有上述论及的三

---

① 〔德〕哈贝马斯：《交往行为理论》（第一卷），《行为合理性与社会合理化》，上海：上海人民出版社2004年版，第81页。
② 〔德〕哈贝马斯：《后形而上学思想》，曹卫东、付德根译，南京：译林出版社2001年版，第82页。
③ 〔德〕哈贝马斯：《后形而上学思想》，曹卫东、付德根译，南京：译林出版社2001年版，第84页。
④ 〔德〕哈贝马斯：《后形而上学思想》，曹卫东、付德根译，南京：译林出版社2001年版，第83页。
⑤ 〔德〕哈贝马斯：《交往行为理论（第一卷）：行为合理性与社会合理化》，曹卫东译，上海：上海人民出版社2004年版，第263页。

重功能。从结构角度来分析，它还具有双重结构，即乔姆斯基意义上的表层结构与深层结构：前者指的是言语行为的标准形式，即言语行为的外在的语法表达形式；后者指的是言语行为的三个结构成分：命题成分、以言行事成分和表现成分，即言语行为的内在的意义表达内容。

其三，居于核心地位的有效性要求。在言语交往互动中，若听者完全认同并接受了言说者的言语行为，言说者和听者之间就实现了相互理解，达成了共识。但问题是听者在什么条件下才会完全认同并接受言说者的言语行为，即言说者的话语在什么条件下才能成为有效的话语。用哈贝马斯的话说就是言语行为的"可接受性条件"是什么。"一个言语行为可以'接受'，也就应当意味着，它满足了必要的条件，从而使得听众会对言语者所提出的要求采取'肯定'的立场。"[①] 这些必要的可接受性条件就是哈贝马斯所提出的有效性要求，它在形式语用学中居于核心地位。所谓有效性要求，是指处于交往行为之中的有能力的言说者，为了使言说者本人所说的话语具有可接受性，即能够得到听者的理解与认可，而通常无意识地作出的若干承诺。[②] 这些若干承诺包括真实性、正确性和真诚性。真实性是从客观立场而言，指的是中立的观察者提供有关客观世界中的存在事态的真实陈述，以便与他者分享知识；正确性是从规范立场而言，指的是交往参与者必须遵守他们被抛入的社会世界中的交往规范，只有按照这些共同认可的社会规范行事，言语行为才能得到听者的认可；真诚性从表现立场而言，指的是自我表现的主体在交互活动中把自己特有的内心世界真诚地表达出来，发自主观世界的真诚的意愿和想法可以使交往参与者彼此信任。

其四，承担行事职能的交往能力。交往能力是指以相互理解为指向的

---

① 〔德〕哈贝马斯：《交往行为理论（第一卷）：行为合理性与社会合理化》，曹卫东译，上海：上海人民出版社2004年版，第91页。

② 刘志丹：《有效性要求：哈贝马斯对语言哲学的重大贡献》，载《外语学刊》，2012年第3期。

言说者把完美构成的语句运用于现实之中,并使二者相吻合的能力。① 这是哈贝马斯对形式语用学视域下的言语者所具有的重建能力的称谓。它包括三个维度:一是"选择陈述性语句的能力",通过这种选择,使听者能够分享言语者的知识,承担言语行为的陈述性功能;二是"表达言说者本人的意向的能力",使听者能够相信言说者,承担言语行为的意向表达功能;三是"实施言语行为的能力",使听者能够在共同的价值取向中认同言说者,承担言语行为的以言行事功能。

其五,充满理想设计的言说情境。理想的言说情境对于交往行为的顺利进行具有以下两个方面的功能:一是为交往行为排除外在阻碍,二是为交往行为排除内在强制。理想的言说情境在排除了所有的交往障碍之后,言语交往行为唯一能够依靠的就是"更好论证的非强制性力量",这种力量保障了交往共识的理性化特征,即所得共识是理性共识或真共识,而不是虚假共识。具体说来,它包括以下四个方面②:第一,所有的对话参与者都有均等的机会运用交往式言语行为,即他们都有均等的机会作出言说和回应言说,或者提出疑问和回答疑问;第二,所有的对话参与者都有均等的机会运用记述式言语行为,即他们都有均等的机会作出阐释、断言、说明和论证,并建立或驳斥有效性要求;第三,作为行为者的言语者们都有均等的机会运用表现式言语行为,即他们都有均等的机会表达他们的好恶、情感和愿望;第四,互动参与者们都有均等的机会运用调解式言语行为,即他们都有均等的机会作出命令和反对命令,作出允许和禁止断言、作出承诺或拒绝承诺,自我辩护或要求别人作出自我辩护。

---

① 〔德〕哈贝马斯:《交往与社会进化》,张博树译,重庆:重庆出版社1989年版,第29页。

② Habermas, *On the Pragmatics of Social Interaction*, Cambridge: Polity Press, 2001, p.97.

(二) 语用意义理论

"意义理论的基本问题是：理解语言表达的意义究竟意味着什么。"① 针对意义理论的这个核心问题，不同的意义理论流派给予了各自不同的回答。意向主义意义理论认为，说话人意图也就等于说话人意义；意义的真值条件理论将语句的意义归结为语句的成真条件；意义的使用理论坚持"意义即为用法"。哈贝马斯在批判吸收意向主义语义学、形式语义学、意义应用理论和言语行为理论等四种意义理论的基础上给出了自己的答案："理解一种表达，也就意味着懂得如何运用这种表达，来与某人就某事达成共识。"② 如何达成这种共识？"可以批判检验的有效性要求为此提供了保证。"③ 所谓批判检验，是指"援引各种理由来证明言语行为的有效性"④。简言之，哈贝马斯语用意义理论认为：理解一个表达就是理解这个表达所提出的有效性要求。⑤

由此可见，哈贝马斯解决意义理论的切入点是语言的语用功能，即关注的重点是语言能做什么，而非语言说了什么。具体说来，语用意义理论认为，任何真诚的言语行为都提出了三个不同的有效性要求：真实性、真诚性和正确性。这三种有效性要求是必须被提出来的，否则人们之间就无法沟通。如果我们不预设我们说的话是真实的、真诚的和正确的，并且把

---

① 〔德〕哈贝马斯：《后形而上学思想》，曹卫东、付德根译，南京：译林出版社 2001 年版，第 64 页。
② 〔德〕哈贝马斯：《后形而上学思想》，曹卫东、付德根译，南京：译林出版社 2001 年版，第 69 页。
③ 〔德〕哈贝马斯：《后形而上学思想》，曹卫东、付德根译，南京：译林出版社 2001 年版，第 69 页。
④ 〔德〕哈贝马斯：《后形而上学思想》，曹卫东、付德根译，南京：译林出版社 2001 年版，第 69 页。
⑤ Maeve Cooke, *Language and Reason*: *A Study of Habermas's Pragmatics*, Massachusetts, Cambridge: The MIT Press, 1994, p.95.

这些信息传递给别人,我们就无法让别人理解我们,也无法说出任何有意义的话语来。

(三) 真理共识论

虽然从《知识与人类兴趣》开始,哈贝马斯就一直致力于形成一种真理理论,但是,与他前期的立场相比,哈贝马斯后期已经不再从兴趣的结构角度说明真理问题,而是从有效性要求的话语兑现层面进行论证。依据哈贝马斯真理共识论的观点,真实是指人际间语言交往中的一种"有效性要求",即与记述式言语行为相联系的真实性要求;真理是指对这一要求的话语兑现,这种话语兑现指的是话语主体通过言语论辩而达成的共识。命题之为真的条件是所有其他人的潜在的同意,真理和真实的检验标准并不是如真理符合论所言的客观性,而是它的主体间性。"当某个命题是真的,它就永远并且对所有人而不仅是对我们是真的。"① 真理建立在对真实性要求的论辩与兑现的基础之上。所以,哈贝马斯写道:"我能够将某一谓词归于某一对象,当且仅当与我进行对话的所有人也都将这个同一谓词归于同一对象。为了区分真命题和假命题,我必须依靠别人的判断,即所有与我进行对话者的判断(包括反事实意义上的所有我有可能遇到的对话伙伴,假如我的生活历史和人类历史一样长的话)。命题的真值条件是所有他者的可能同意。"②

具体说来,真理共识论包括三个基本命题③。命题一:我们所说的真理,是指那种与断定性言语活动相联系的有效性要求。一个陈述在如下情况下是真的:我们使用句子来断定那个陈述的言语活动的有效性主张得到

---

① 〔德〕哈贝马斯:《对话伦理学与真理的问题》,沈清楷译,北京:中国人民大学出版社 2005 年版,第 51 页。

② Habermas, *On the Pragmatics of Social Interaction*, Cambridge: Polity Press, 2001, p.89.

③ 童世骏:《批判与实践:论哈贝马斯的批判理论》,北京:生活·读书·新知三联书店 2007 年版,第 109—110 页。

了辩护。命题二：真理作为一种负担而出现，只是因为在行动情境中被朴素地认可的有效性主张成了问题。因此，在商谈中——那些假设性的有效性主张是在商谈中加以审查的——对陈述的真理性所作的表示并不是冗余的东西。命题三：在行动情境中，命题提供有关经验对象的信息；在商谈中，关于事实的陈述被列入讨论。因此，真理问题之提出，与其说是针对世界之内对应于同行动相关的认知的东西，不如说是针对那些成为与经验相分离、摆脱了行动之负担的商谈之焦点的事实。决定某事实是否确有其事的，不是经验的证据，而是论辩的过程。真理的观念，只有参照对有效性主张的商谈式兑现，才有可能加以说明。

（四）批判解释学

批判解释学的批判反思意识是交往行为理论乃至批判理论得以形成的重要逻辑前提。哈贝马斯的批判解释学并不是对各种解释学的简单复述，而是实现了自己在解释学领域的新突破。这种新突破主要体现在哈贝马斯为解释学注入了批判精神和反思意识。哈贝马斯要还原解释学在意识形态批判和语言批判层面可能具有的方法论效用，从而展示出一个充满了批判精神和反思意识的全新的解释学。

具体说来，批判解释学的基本要义主要包括如下几个方面。第一，批判与反思意识：批判解释学的灵魂。哈贝马斯认为，传统的理解方法现在已经无法满足批判理论的基本需求，批判理论所要采取的解释方法应该是一种带有深刻的批判反思意识的解释学方法。失去批判向度的解释方法，可以成为任何其他社会理论的核心方法，但并不适用于哈贝马斯的批判理论。所以，批判解释学可以独树一帜，很重要的一点就是将自身设定为意识形态批判的方法模式，而非致力于单纯的意义理解，从而实现了解释学历史上的一次重大革新，将解释的解放力量充分释放出来。第二，方法意识：批判解释学的本质。众所周知，伽达默尔对将解释学降低为方法论的做法表示质疑，认为理解作为人类存在的基本方式，不能够从方法角度得到考察。哈贝马斯则认为，无论是对批判理论基础的探寻，还是对现实社会意识形态统治的批判，抑或是对合理社会的建构，都不能离开批判解释的方法意识。批判解释学只能作为方法论原则出现在批判理论之中，而不能以本体论的形式存在。第三，应用意识：批判解释学的目的。虽然哈贝马斯批判解释学的应用意识承袭于伽达默尔的应用传统，但哈贝马斯并不是简单的照抄照搬，而是进行了细致修正。这种修正表现在以下两个方面：一方面，应用必须以反思为背景。哈贝马斯认为，必须为"应用"原则构造一个反思背景，否则这种应用很容易被隐藏在社会深处，甚至被潜藏于个人内心中的意识形态破坏。另一方面，批判解释与因果解释相结合。哈贝马斯认为，一种致力于社会研究与批判的社会理论，必然要同时接纳批判解释与因果分析两种方法模式。批判解释学在解释社会行为的经验性因果规律时，因果分析方法和解释方法是交替使用的。同时，批判解释学的应用意识也体现在它所具有的鲜明的实践取向之上。在哈贝马斯看来，在他之前的诸多哲学巨匠，虽然建构起辉煌华丽的形而上学体系，但独独抛弃了最为关键的实践意向。因此，在批判理论与批判解释学的建构过程中，哈贝马斯将亚里士多德的实践精神发挥到了极致。批判解释学不仅仅是解释的、批判的、反思的，而且是实践的，具有现实的价值目的，它要诊断社会症状，提供诊治方案。融合实践智慧于其中的解释学，不应当仅仅满足于对社会的解释性理解，而且要在批判意识的指引之下直指理想社会的建构。总而言之，批判解释方法是一种集解释性、批判反思性与实践应用性为一体的社会批判方法。

四、不同立场的批判

任何一种理论都不可能是完美的，哈贝马斯语言哲学思想也不例外，也依然招致诸多批判。依照批判立场的不同，可以将其区分为西方哲学和马克思主义哲学两种，前者以梅芙·库克（Maeve Cooke）为主要代表，后者为笔者的观点。

(一) 梅芙·库克的批判

爱尔兰皇家科学院院士、都柏林大学哲学院教授梅芙·库克的杰出贡献在于对哈贝马斯社会批判理论的研究,尤以对哈贝马斯语言哲学思想的批判性研究而享誉学界,其中对哈贝马斯言语行为理论的批判最具有代表性。

第一,关于言语行为的分类。库克认为,哈贝马斯将言语行为僵化地区分为三种类型是有问题的,因为有些言语行为无法归入哈贝马斯所言的三种类型中的任意一种。例如,"警告的言语行为和建议的言语行为既不能归入调解式话语范畴也不能归入记述式话语范畴"①。当然,它们更不能被划入表现式言语行为之列。原因在于,警告的言语行为和建议的言语行为"消解了规范正确性要求与命题真实性要求之间的区别和调解式言语行为与记述式言语行为之间的界限。一方面,警告行为和建议行为在给定语境中,直接而不是间接地通过该言语行为的意义对给定言语行为的规范正确性提出了有效性要求。这将它们与具有范式意义的调解式言语行为联系起来,例如承诺和请求。另一方面,它们并没有如承诺和请求的言语行为那样在主体间构建起一种道德关系"②。也就是说,警告行为和建议行为既具有记述式言语行为的命题内涵,又具有调解式言语行为的协调功能,很难将其划入哈贝马斯三种言语行为类型中的任意一种。

第二,关于记述式言语行为。依据哈贝马斯的观点,记述式言语行为所提出的真理性要求与其他有效性要求具有明显的不同特征。库克认同哈贝马斯的这种观点,但她并不赞成将记述式言语行为限定为仅仅提出真实性要求的记述式话语。这种看法可能会导致两个问题:一是将导致作为规

---

① Maeve Cooke, *Language and Reason: A Study of Habermas's Pragmatics*, Massachusetts, Cambridge: The MIT Press, 1994, p.64.

② Maeve Cooke, *Language and Reason: A Study of Habermas's Pragmatics*, Massachusetts, Cambridge: The MIT Press, 1994, p.70.

范正确性要求的道德有效性要求的特征出现问题；二是忽略了与日常交往行为相联系的其他种类繁多的有效性要求，其中最重要的就是忽略了在日常语言使用中所提出的审美有效性要求。[1]

第三，关于表现式言语行为。库克认为，哈贝马斯以真诚性要求为根据划分出表现式言语行为，其理由是不充分的。"听者可以从言说者的真诚性角度出发质疑话语的事实并不能作为将话语区分为表现式言语行为的充足理由。"[2] 库克通过一个哈贝马斯曾经举过的例子来说明这个问题。"外面正在下雨"，若想将这个言语行为划分为表现式言语行为，依据哈贝马斯的观点，必须从质疑言说者的真诚性角度出发，如"你在撒谎"。很明显，听者的这种反应方式并不能达到将"外面正在下雨"划分为表现式言语行为的效果。因为按照哈贝马斯的言语行为类型学，这个言语行为归属记述式言语行为。哈贝马斯也认识到了这个问题，所以主张每一个言语行为同时提出三个有效性要求。但是，他区分了"直接（direct）"有效性要求和"间接（indirect）"有效性要求，且在决定以言行事模式的时候，只有"直接"有效性要求才能起到决定作用。[3] 事实上，任何特定的言语行为的划分都不能仅仅依靠单一的（直接的）有效性要求。因此，库克说道："将听者的反应作为界定以言行事模式的唯一决定性因素的立场是十分荒谬的。"[4]

第四，关于展露式和表达式言语行为。依照哈贝马斯的观点，展露式和表达式语言使用模式不属于日常语言使用模式的范畴之内，它们归属于

---

[1] Maeve Cooke, *Language and Reason: A Study of Habermas's Pragmatics*, Massachusetts, Cambridge: The MIT Press, 1994, p.60.

[2] Maeve Cooke, *Language and Reason: A Study of Habermas's Pragmatics*, Massachusetts, Cambridge: The MIT Press, 1994, p.61.

[3] Maeve Cooke, *Language and Reason: A Study of Habermas's Pragmatics*, Massachusetts, Cambridge: The MIT Press, 1994, p.60.

[4] Maeve Cooke, *Language and Reason: A Study of Habermas's Pragmatics*, Massachusetts, Cambridge: The MIT Press, 1994, p.79.

文学话语和形式美学话语等神秘领域。而库克认为，日常交往过程仍然离不开展露式和表达式语言使用模式的帮助，日常交往活动中的言语行为以相似的方式提出了与艺术作品的有效性要求相似的要求。① 也就是说，展露式和表达式语言使用模式属于日常语言使用模式的范畴。为此，库克借助三位学者的观点来间接佐证她的这个主张：玛丽·普拉特（Mary Pratt）提出的"言语显示行为"理论；查尔斯·泰勒（Charles Taylor）提出的"规划行为"理论；马丁·西尔（Martin Seel）提出的"隐喻话语"理论。②

（二）马克思主义哲学视域下的批判

由于哲学立场的同质性和哲学追求的同向性，以梅芙·库克为主要代表的西方哲学视角的具体批判具有内部性、表象性和修补性的特征。笔者认为，从马克思主义哲学的视角可以加深对哈贝马斯语言哲学思想的批判性理解。具体表现为如下三个方面：

首先，对生活世界理论的批判。依照哈贝马斯生活世界理论，作为相互理解得以可能的必要要件，"生活世界"是超越三个世界（客观世界、社会世界和主观世界）之上的一个理想性范畴，具有统一性、共同性和神秘性的特征。它是哈贝马斯从理论出发所进行的理想性理论设定，与真实的和世俗的感性生活世界之间没有对应关系，是一个完全先验的场所，一个"言说者和听者相遇的先验场所"③。它在本质上就是康德先验理性、先天综合判断与黑格尔绝对理念、绝对知识的现代翻版。而马克思主义反对任何把生活世界"引向神秘主义的神秘东西"，认为生活世界是现实的

---

① Maeve Cooke, *Language and Reason: A Study of Habermas's Pragmatics*, Massachusetts, Cambridge: The MIT Press, 1994, pp.80-83.

② Maeve Cooke, *Language and Reason: A Study of Habermas's Pragmatics*, Massachusetts, Cambridge: The MIT Press, 1994, pp.80-83.

③ Habermas, *The Theory of Communicative Action* (Vol. II), Boston: Beacon Press, 1987, p.126.

生活世界，是一个感性人的实践世界，即"全部社会生活在本质上是实践的"①。这种"实践"指的就是感性人的感性创造活动，即社会生产。社会生产决定生活世界。如果没有生产，没有人的创造，生活无以存在且无以发展，那么生活世界也就不可能存在。同时，马克思主义所言的社会生产是一种全面的生产，即社会生产包括物的生产、人自身的生产、生产方式的生产、社会关系的生产、观念和精神的生产等方面，正是生产的这种全面性确保了生活世界的广泛性和总体性。所以，依照马克思主义哲学的观点，生活世界是全面的、具体的和属人的感性世界，是感性人的感性实践过程及其结果，具有社会性、现实性、对象性和历史性。而哈贝马斯所揭示的生活世界却具有先验性和抽象性等神秘主义特征，与马克思主义的生活世界的具体性、现实性和实践性存在本质区别。

其次，对语言理论的批判。基于马克思主义的立场，哈贝马斯的语言观主要存在以下几个方面的问题：第一，哈贝马斯没有对语言的起源和本质给予说明。虽然语言对于哈贝马斯的社会批判至关重要，乃至人类社会的进化与继续发展都要依仗人际间的言语交往，但他只是从语言运用角度说明了语言是交往的中介，并没有说明语言的起源及其本质。马克思主义则明确说明了语言的起源和本质。就语言起源来说，马克思主义主张语言的实践起源论；就语言的本质来说，马克思主义认为语言并不是什么抽象的神秘东西，在其本质上是人们实际生活过程的产物。第二，语言被哈贝马斯人为地抽象化、符号化和先验化。在哈贝马斯看来，对任何社会现象的解释与理解都离不开主体间的言语交往，一切皆由以符号形态出现的语言的相互作用模式所决定，从而将语言完全抽象化、符号化和先验化了，割裂了语言与人类实际生活的内在联系。第三，哈贝马斯过分迷信语言的功能。如前所述，哈贝马斯将语言交往作为解释一切社会现象的根本所在，从而奠定语言超越人类本质力量的本体论地位。马克思主义并不否认

---

① 《马克思恩格斯选集》第一卷，北京：人民出版社2012年版，第135页。

语言是人类思维的工具，是人类交往的最重要的手段，但将其作为社会得以存在和进化的根源就有迷信之嫌。实际上，不要说对推动整个社会的进化，就是在实现"交往行为"合理化层面上，语言的作用也是十分有限的。第四，言语行为理论的细节问题。一是策略行为与交往行为的区分。在马克思主义看来，在无限复杂的现实行为语境下，很难区分策略行为与交往行为，许多言语行为都包含了策略蕴含，即使像"学术探讨"这样典型的以达成理解为取向的行为依然难除策略的氤氲。二是命令式言语行为。哈贝马斯没有看到命令式言语行为所承载的权力要求，其实质上就是调节式言语行为所要求的规范正确性要求。所以，命令式言语行为并不能与其他言语行为具有同等地位，它应该被划归到调节式言语行为之中，成为它的一个子系统。

最后，对真理理论和解释学的批判。其一，对真理理论的批判。从马克思主义立场出发，哈贝马斯的真理观具有明显的主观主义色彩，具有哈贝马斯自己所拒斥的形而上学性，抹杀了真理与实践之间的相互联系。具体说来，它主要存在以下三个方面的不足：第一，忽视了真理的实践性。依据马克思主义的实践真理观，任何真理都不能从主观主义角度去理解，而应该从客观主义角度去分析。马克思主义所言的客观主义就是指人的实践，即任何真理都要从人的实践角度去解释，只有实践才能给真理找到理想的家，从人的主体间性角度来分析真理的本质必然跌入神秘主义的窠臼。第二，忽视了真理形态的双重性。在马克思主义哲学视野内，真理同时以两种形态存在，即真理的理论形态和真理的实践形态。真理的理论形态是指通过人们的认识所揭示出来的、以理论形式存在的观念性的真理；真理的实践形态是指在实践中自在自存的客观真理。实践形态的真理自在于人们的实践中，它本身就是客观存在着的事物、事件及其过程的现实状况。哈贝马斯只是看到了真理的一种形态，即真理的理论形态，而忽视了真理的实践形态。第三，忽视了真理标准的实践性。依据哈贝马斯的看法，检验真理的标准在于对真实性要求的论辩与兑现。如果有足够的理由能够说服所有的对话者同意言说者所主张的真理性，真理就得到了检验。反之，则真理被否定。但马克思主义认为，检验真理（无论是真理的实践形态，还是真理的理论形态）的最终标准和唯一标准只能是实践。正如马克思所言："人的思维是否具有客观的真理性，这不是一个理论的问题，而是一个实践的问题。人应该在实践中证明自己思维的真理性，即自己思维的现实性和力量，自己思维的此岸性。"①

其二，对解释学理论的批判。如前所述，哈贝马斯认为解释学的基本要义包括三个方面：（1）批判与反思意识是批判解释学的灵魂；（2）方法意识是批判解释学的本质；（3）应用意识是批判解释学的目的。马克思主义当然也赞成哈贝马斯将解释学的灵魂归结为批判与反思的意识，因为哈贝马斯的这种批判立场就根源于对马克思主义的继承。但是，哈贝马斯的解释学立场偏离了马克思主义实践解释学的立场。一方面，批判解释学偏离了实践立场。马克思主义认为，社会存在决定社会意识，任何对观念进行解释的行为都必须以社会实践作为根本出发点。进而言之，人们在文本中表达出来的原理、原则、思维方式等观念要素都源自人们实际的物质生活创造，即源自社会实践。有什么样的物质生活实践才能生成什么样的逻辑、范畴和观念。社会实践是进行观念解释的根本出发点。但是，哈贝马斯的批判解释学从来都不是从实践观点出发，而是从批判意识的角度界定解释学的本质，它依然只是思辨哲学的遗产。另一方面，批判解释学偏离了批判立场。批判解释学之所以要强调批判反思这个维度，原因是哈贝马斯所言的"工具理性盛行"导致了生活世界的殖民化。马克思主义认为，实践不仅不是使人类陷入危机的罪魁祸首，反而是人之为人的首要条件和人类生存的第一前提。由此，马克思说道："人们为了能够'创造历史'，必须能够生活。但是为了生活，首先就需要吃喝住穿以及其他东西。因此，第一个历史活动就是生产满足这些需要的资料，即生产物质生活本

---

① 《马克思恩格斯选集》第一卷，北京：人民出版社2012年版，第134页。

身。"① 这种物质资料的生产活动是"一切人类生存的第一个前提，也就是一切历史的第一个前提"②。马克思主义认为，解释学的批判意识不应该指向作为人类存在第一前提的实践，而应该指向导致人类社会受压抑受奴役的非人状态，通过意识形态的批判，达到全人类的全面解放。

---

① 《马克思恩格斯选集》第一卷，北京：人民出版社2012年版，第158页。
② 《马克思恩格斯选集》第一卷，北京：人民出版社2012年版，第158页。

参考文献

参考文献说明：

（1）参考文献分为 A、B、C 三个大类。A 为马列主义经典著作，B 为哈贝马斯本人的著作和文章，C 为论文写作中所引用和参考的其他文献；
（2）参考文献包括英文和中文两类，同一类别英文在前，中文在后；
（3）每个类别的序号分别编号。

A. 【马列主义经典著作】

[1]《马克思恩格斯选集》（第 1 卷），北京：人民出版社 2012 年版。

[2]《马克思恩格斯选集》（第 2 卷），北京：人民出版社 2012 年版。

[3]《马克思恩格斯选集》（第 3 卷），北京：人民出版社 2012 年版。

[4]《马克思恩格斯选集》（第 4 卷），北京：人民出版社 2012 年版。

[5]《马克思恩格斯全集》（第 3 卷），北京：人民出版社 1960 年版。

[6]《马克思恩格斯全集》（第 13 卷），北京：人民出版社 1962 年版。

[7]《马克思恩格斯全集》（第 20 卷），北京：人民出版社 1971 年版。

[8]《马克思恩格斯全集》（第 23 卷），北京：人民出版社 1972 年版。

[9]《马克思恩格斯全集》（第 27 卷），北京：人民出版社 1972 年版。

[10]《马克思恩格斯全集》（第 40 卷），北京：人民出版社 1982 年版。

[11]《马克思恩格斯选集》（第 42 卷），北京：人民出版社 1979 年版。

[12]〔德〕马克思：《1844 年经济学哲学手稿》，北京：人民出版社 2000 年版。

[13]《列宁选集》(第2卷),北京:人民出版社1995年版。

[14]《列宁全集》(第38卷),北京:人民出版社1959年版。

[15]《斯大林全集》(第1卷),北京:人民出版社1953年版。

[16]〔苏联〕斯大林:《马克思主义与语言学问题》,北京:人民出版社1957年版。

[17]《毛泽东选集》(第1卷),北京:人民出版社1991年版。

[18]《毛泽东选集》(第2卷),北京:人民出版社1991年版。

[19]《毛泽东选集》(第3卷),北京:人民出版社1991年版。

[20]《毛泽东选集》(第4卷),北京:人民出版社1991年版。

B.【哈贝马斯本人的著作和文章】

[1] Habermas, *The Theory of Communicative Action*(Vol. I), Thomas McCarthy(trans.), Boston:Beacon Press, 1984.

[2] Habermas, *The Theory of Communicative Action*(Vol. II), Thomas McCarthy(trans.), Boston:Beacon Press, 1987.

[3] Habermas, *On the Logic of the Social Sciences*, Shierry Weber Nicholsen, Jerry A.Stark(trans.), Massachusetts, Cambridge:The MIT Press, 1988.

[4] Habermas, *Theory and Practice*, John Viertel(trans.), Bston:Beacon Press, 1988.

[5] Habermas, *Communication and the Evolution of Society*, Thomas McCarthy(trans.), Cambridge:Polity Press, 1995.

[6] Habermas, *Vorstudien und Ergänzungen zur Theorie des kommunikativen Handelns*, Suhrkamp:Frankfurt am Main, 1995.

[7] Habermas, *On the Pragmatics of Communication*, Maeve Cooke(eds.), Massachusetts, Cambridge:The MIT Press, 1998.

[8] Habermas, *Moral Conciousness and Communicative action*, Shierry Weber Nicholsen(trans.), Massachusetts, Cambridge:The MIT Press, 1999.

[9] Habermas, *Justification and Application:Remarks on Discourse Ethics*,

Ciaran Cronin(trans.), Massachusetts, Cambridge: The MIT Press, 2001.

[10] Habermas, *On the Pragmatics of Social Interaction*, Barbara Fultner (trans.), Cambridge: Polity Press, 2001.

[11] Habermas, *Truth and justification*, Barbara Fultner, (trans). Massachusetts, Cambridge: The MIT Press, 2005.

[12] Habermas, "A reply", in Axel Honneth, Hans Joas, *Communicative Action: Essays on Jürgen Habermas's Theory of Communicative Action*. Massachusetts, Cambridge: The MIT Press, 1991: 214-264.

[13] Habermas, "Towards a Theory of Communicative Competence", *Marylouise Welch. Perspectives on philosophy of science in nursing*. Philadelphi, 1999: 360-370.

[14] Habermas, "On Systematically Distorted Communication", in *Inquiry*, 1970, 13(1): 205-218.

[15] Habermas, "Towards a Theory of Communicative Competence", in *Inquiry*, 1970, 13(1): 360-375.

[16] Habermas, "A postscript to Knowledge and Human Interests", in *Philosophy of the Social Sciences*, 1973, 3(1): 157-189.

[17] Habermas, "Some Distinctions in Universal Pragmatics: a Working Paper", in *Theory and Society*, 1976, 3(2): 155-167.

[18] 〔德〕哈贝马斯:《交往与社会进化》,张博树译,重庆:重庆出版社1989年版。

[19] 〔德〕哈贝马斯:《交往行动理论(第一卷):行动的合理性和社会合理性》,洪佩郁、蔺菁译,重庆:重庆出版社1994年版。

[20] 〔德〕哈贝马斯:《交往行动理论(第二卷):论功能主义理论批判》,洪佩郁、蔺菁译,重庆:重庆出版社1994年版。

[21] 〔德〕哈贝马斯:《作为"意识形态"的技术与科学》,李黎、郭官义译,上海:学林出版社1999年版。

[22]〔德〕哈贝马斯:《认识与兴趣》,郭官义、李黎译,上海:学林出版社1999年版。

[23]〔德〕哈贝马斯:《公共领域的结构转型》,曹卫东等译,学林出版社1999年版。

[24]〔德〕哈贝马斯:《重建历史唯物主义》,郭官义译,北京:社会科学文献出版社2000年版。

[25]〔德〕哈贝马斯:《后形而上学思想》,曹卫东、付德根译,南京:译林出版社2001年版。

[26]〔德〕哈贝马斯:《交往行为理论(第一卷):行为合理性与社会合理化》,曹卫东译,南京:译林出版社2001年版。

[27]〔德〕哈贝马斯:《包容他者》,曹卫东译,上海:上海人民出版社2002年版。

[28]〔德〕哈贝马斯:《后民族结构》,曹卫东译,上海:上海人民出版社2002年版。

[29]〔德〕哈贝马斯:《交往行为理论(第一卷):行为合理性与社会合理化》,曹卫东译,南京:译林出版社2001年版。

[30]〔德〕哈贝马斯:《在事实与规范之间:关于法律和民主法治国的商谈理论》,童世骏译,北京:生活·读书·新知三联书店2003年版。

[31]〔德〕哈贝马斯:《理论与实践》,李黎、郭官义译,北京:社会科学文献出版社2010年版。

[32]〔德〕哈贝马斯:《现代性的哲学话语》,曹卫东译,南京:译林出版社2004年版。

[33]〔德〕哈贝马斯:《对话伦理学与真理的问题》,沈清楷译,北京:中国人民大学出版社2005年版。

[34]〔德〕哈贝马斯:《哈贝马斯精粹》,曹卫东译,南京:南京大学出版社2009年版。

[35]〔德〕哈贝马斯:《合法化危机》,刘北成、曹卫东译,上海:上

海人民出版社 2009 年版。

C. 【相关研究文献】

[1] Andrew Edgar, *Habermas: The Key Concepts*, New York: Routledge, 2006.

[2] Andrew Bowie, *Introduction to German Philosophy*, Cambridge: Polity Press, 2003.

[3] Anne Barron, *Acquisitionin Interlanguage Pragmatics*, Amsterdam: John Benjamins, 2003.

[4] Austin, *How to Do Things with Words*, Oxford: Oxford University Press, 1962.

[5] Alfred Schütz, *The Phenomenology of the Social World*, Illinois: Northwestern University Press, 1967.

[6] Alfred Schütz, *The Structures of the Life-World* (Vol. I), Illinois: Northwestern University Press, 1973.

[7] Chomsky, *Aspects of the Theory of Syntax*, Massachusetts, Cambridge: MIT Press, 1965.

[8] Chomsky, *Studies on Semantics in Generative Grammar*, The Hague: Mouton & Co.N.V., Publishers, 1972.

[9] David S.Owen, *Between Reason and History: Habermas and the Idea of Progress*, Albany: State University of New York Press, 2002.

[10] Dummett, *The seas of Language*, Oxford: Clarendon press, 1993.

[11] Gert Rickhei, Hans Strohner, *Handbook of Communication Competence*, Berlin: Walter de gruyter GmbH, 2008.

[12] G. Evans, J. McDowell, *Truth and Meaning*, Oxford: Oxford University Press, 1976.

[13] I. C. Jarvie, *Concepts and Society*, Boston: Routledge & Kegan Paul, 1972.

[14] John B Thompson, *Critical Hermeneutics: a Study in the Thought of Paul Ricoeur and Jürgen Habermas*, Cambridge: Cambridge University Press, 1981.

[15] John. B.Thompson, David Held, *Habermas, Critical Debates*, Massachusetts, Cambridge: MIT Press, 1982.

[16] John F.Sitton, *Habermas and Contemporary Society*, New York: Palgrave Macmillan, 2003.

[17] Joseph Heath. *Communicative Action and Rational Choice*, Massachusetts, Cambridge: MIT Press, 2001.

[18] Karl Buhler. *Theory of Language: The Representational Function of Language*, D. F. Goodwin (trans.), Amsterdam: John Benjamins Publishing Co, 1990.

[19] Keith Johnson, Helen Johnson, *Encyclopedic Dictionary of Applied Linguistics*, Oxford: Blackwell publishing Ltd, 1998.

[20] Michael Pusey, *Jurgen Habermas*, London; Ellis Horwood and Tavistoci Publications, 1987.

[21] Maeve Cooke, *Language and Reason: A Study of Habermas's Pragmatics*, Massachusetts, Cambridge: The MIT Press, 1994.

[22] Nicholas Adams, *Habermas and theology*, Cambridge: Cambridge University Press, 2006.

[23] Pieter Duvenage, *Habermas and Aesthetics: the Limits of Communicative Reason*, Cambridge: Polity Press, 2003.

[24] Searle, *Speech Acts: an Essay in the Philosophy of Language*, Cambridge: Cambridge University Press, 1969.

[25] Searle, *Philosophy of Language*, Cambridge: Cambridge University Press, 1971.

[26] Searle, *Expression and Meaning: Studies in the Theory of Speech Acts*,

Cambridge: Cambridge University Press, 1979.

[27] Stephen K. White, *The Cambridge Companion to Habermas*, Cambridge: Cambridge University Press, 1995.

[28] Steven Davis, *Pragmatics: a Reader*, Oxford: Oxford University Press, 1991.

[29] Thomas McCarthy, *The Critical Theory of Haberams*, Massachusetts, Cambridge: MIT Press, 1978.

[30] Uwe Steinhoff, *The Philosophy of Jurgen Habermas*, Karsten Schollner (trans.), Oxford: Oxford University Press, 2009.

[31] W.T.Jons, Robert J.Fogelin, *A history of Western Philosophy*, Oxford: Oxford University Press, 1962.

[32] Wittgenstein, *Tractatus*, D.F.Pears, B.F.McGuinness(trans.), London: Routledge & Kegan Paul, 1974.

[33] Göran Goldkuhl, *The Validity of Validity Claims: An Inquiry into Communication Rationality. Proceedings of 5th Int Workshop on the Language Action Perspective*, Aachen, 2000.

[34] Mary Hesse, *Habermas' Consensus Theory of Truth: Proceedings of the Biennial Meeting of the Philosophy of Science Association*, Chicago: The University of Chicago Press, 1978.

[35] Dummet, "What is a Theory of Meaning?" (II), in G.Evans, J.McDowell, *Truth and Meaning*. Oxford: Oxford University Press, 1976: 67-137.

[36] Hymes, *On communicative competence*, Alessandro Duranti. Linguistic anthropology: a reader. Oxford: Blackwell Publishers Ltd, 2001: 53-73.

[37] Alessandro Ferrara, "A critique of Habermas's consensus theory of truth", in *Philosophy Social Criticism*, 1987, (13): 39-67.

[38] Axel Seemann, "Lifeworld, Discourse, and Realism", in *Philosophy & Social Criticism*, 2004, 30(4): 503-514.

[39] Blitz Mark, "The Habermas phenomenon", in *Public Interest*, 1983, (71): 117-124.

[40] Chomsky, "A review of B.F.Skinner's 'Verbal Behavior'", in *Language*, 1959, 35(1): 26-58.

[41] David Frisby, "The Popper-Adorno controversy: The methodological dispute in German sociology", in *Philosophy of the Social Sciences*, 1972, (2): 105-119.

[42] Dmitri N.Shalin, "Critical theory and the pragmatist challenge", in *The American Journal of Sociology*, 1992, 98(2): 237-279.

[43] Grice, *Meaning*, "The Philosophical Review", 1957, 66(3): 377-388.

[44] Hymes, "Toward linguistic competence", in *Aila review*, 1985, (2): 9-23.

[45] Melissa Zinkin, "Habermas on intelligibility", in *The Southern Journal of Philosophy*, 1998, 36(3): 453-472.

[46] Maeve Cooke, "Habermas and consensus", in *European Journal of Philosophy*, 1993, 1(3): 247-267.

[47] Maeve Cooke, "Habermas, autonomy, and the identity of the self", in *Philosophy and Social Criticism*, 1993, 18(3): 269-291.

[48] Maeve Cooke, "Authenticity and autonomy: Taylor, Habermas and the politics of recognition", in *Political Theory*, 1997, 25(2): 260-290.

[49] Maeve Cooke, "From Kant to Hegel: Robert Brandom's pragmatic philosophy of language", in *European Journal of Philosophy*, 2000, 8(3): 322-355.

[50] Maeve Cooke, "Meaning and truth in Habermas's pragmatics", in *European Journal of Philosophy*, 2001, 9(3): 1-23.

[51] Maeve Cooke, "Redeeming redemption: The Utopian dimension of

critical social theory", in *Philosophy and Social Criticism*, 2004, 30(4): 413-429.

[52] Maeve Cooke, "Making the case for privacy rights", in *Philosophy and Social Criticism*, 2005, 31(1): 131-143.

[53] Nielsen, Greg Marc, *The norms of answerability: social theory between Bakhtin and Habermas*, Albany: State University of New York Press, 2002.

[54] Peter Wilby, "Habermas and the Language of the Modern State", in *New Society*, 1979, 47(859).

[55]〔英〕罗素：《哲学问题》，何兆武译，北京：商务印书馆2007年版。

[56] 艾四林：《哈贝马斯》，长沙：湖南教育出版社1999年版。

[57] 北京大学哲学系：《16—18世纪西欧各国哲学》，北京：商务印书馆1975年版。

[58]〔美〕博拉朵莉：《恐怖时代的哲学——与哈贝马斯与德里达对话》，王志宏译，北京：华夏出版社2005年版。

[59] 蔡曙山：《言语行为和语用逻辑》，北京：中国社会科学出版社1998年版。

[60] 曹卫东：《交往理性与诗学话语》，天津：天津社会科学院出版社2001年版。

[61] 曹卫东：《曹卫东讲哈贝马斯》，北京：北京大学出版社2005年版。

[62] 陈嘉映：《语言哲学》，北京：北京大学出版社2003年版。

[63] 陈学明：《哈贝马斯的"晚期资本主义"论述评》，重庆：重庆出版社1993年版。

[64] 陈学明：《通向理解之路——哈贝马斯论交往》，昆明：云南人民出版社1998年版。

[65] 陈勋武：《哈贝马斯评传》，广州：中山大学出版社2008年版。

[66]〔英〕达米特:《分析哲学的起源》,王路译,上海:上海译文出版社 2005 年版。

[67]〔美〕戴维森:《真理、意义、行动与事件》,牟博译,北京:商务印书馆 1993 年版。

[68] 郑召利:《哈贝马斯的交往行为理论——兼论与马克思学说的相互关联》,上海:复旦大学出版社 2002 年版。

[69]〔德〕费尔巴哈:《未来哲学原理》,洪谦译,北京:生活·读书·新知三联书店 1955 年版。

[70]〔英〕芬利森:《哈贝马斯》,邵志军译,南京:译林出版社 2010 年版。

[71]〔德〕弗兰克:《理解的界限》,先刚译,北京:华夏出版社 2003 年版。

[72] 傅永军:《批判的意义——马尔库塞、哈贝马斯文化与意识形态批判理论研究》,济南:山东大学出版社 1997 年版。

[73] 傅永军:《法兰克福学派的现代性理论》,北京:中国社会科学出版社 2007 年版。

[74] 龚群:《道德乌托邦的重构:哈贝马斯交往伦理思想研究》,北京:商务印书馆 2003 年版。

[75] 韩红:《交往的合理化与现代性的重建——哈贝马斯交往行动理论的深层解读》,北京:人民出版社 2005 年版。

[76] 洪汉鼎:《理解与解释:诠释学经典文选》,北京:东方出版社 2001 年版。

[77] 洪汉鼎:《语言学转向:分析哲学导论》,北京:商务印书馆 2010 年版。

[78] 贺翠香:《劳动·交往·实践——论哈贝马斯对历史唯物论的重建》,北京:中国社会科学出版社 2005 年版。

[79]〔德〕黑格尔:《哲学史讲演录》(第 1 卷),贺麟、王太庆译,

北京：商务印书馆1959年版。

[80]〔德〕黑格尔：《哲学史讲演录》（第2卷），贺麟、王太庆译，北京：商务印书馆1959年版。

[81]〔德〕黑格尔：《哲学史讲演录》（第3卷），贺麟、王太庆译，北京：商务印书馆1959年版。

[82]〔德〕黑格尔：《哲学史讲演录》（第4卷），贺麟、王太庆译，北京：商务印书馆1959年版。

[83] 洪汉鼎：《解释学——它的历史和当代发展》，北京：人民出版社2001年版。

[84] 洪谦：《逻辑经验主义》（上卷），北京：商务印书馆1982年版。

[85] 洪谦：《逻辑经验主义》（下卷），北京：商务印书馆1982年版。

[86]〔德〕胡塞尔：《欧洲科学危机与超越现象学》，张庆熊译，上海：上海译文出版社1988年版。

[87] 黄敏：《分析哲学导论》，广州：中山大学出版社2009年版。

[88] 黄颂杰：《现代西方哲学词典》，上海：上海辞书出版社2007年版。

[89]〔德〕霍尔斯特：《哈贝马斯传》，章国锋译，上海：东方出版中心2000年版。

[90]〔德〕霍斯特：《哈贝马斯》，鲁路译，北京：中国人民大学出版社2010年版。

[91]〔英〕吉登斯：《社会理论与现代社会学》，文军、赵勇译，北京：社会科学文献出版社2003年版。

[92] 季乃礼：《哈贝马斯政治思想研究》，天津：天津人民出版社2007年版。

[93]〔德〕伽达默尔：《真理与方法》（上卷），洪汉鼎译，上海：上海译文出版社1992年版。

[94]〔德〕伽达默尔：《真理与方法》（下卷），洪汉鼎译，上海：上

海译文出版社1992年版。

[95] 贾中海:《社会价值的分配正义——罗尔斯自由主义政治哲学批判》,北京:中国社会科学出版社2011年版。

[96] 金岳霖:《金岳霖文集》(第三卷),兰州:甘肃人民出版社1995年版。

[97] 〔美〕卡尔纳普:《哲学与逻辑句法》,傅季重译,上海:上海人民出版社1962年版。

[98] 〔英〕卡尔·波普尔:《客观知识:一个进化论的研究》,舒炜光译,上海:上海译文出版社1987年版。

[99] 〔德〕康德:《任何一种能够作为科学出现的未来形而上学导论》,庞景仁译,北京:商务印书馆1978年版。

[100] 〔德〕康德:《纯粹理性批判》,邓晓芒译,北京:人民出版社2004年版。

[101] 〔美〕莱斯利·A.豪:《哈贝马斯》,陈志刚译,北京:中华书局2002年版。

[102] 李淑梅、马俊峰:《哈贝马斯以兴趣为导向的认识论》,北京:中国社会科学出版社2007年版。

[103] 李泽厚:《批判哲学的批判——康德述评》(修订本),北京:人民出版社1984年版。

[104] 李忠尚:《第三条道路?——马尔库塞和哈贝马斯的社会批判理论研究》,北京:学苑出版社1994年版。

[105] 刘少杰:《后现代西方社会学理论》,北京:社会科学文献出版社1999年版。

[106] 刘钢:《真理的话语理论基础:从达米特、布兰顿到哈贝马斯》,北京:人民出版社2015年版。

[107] 〔英〕洛克:《人类理解论》,关文运译,北京:商务印书馆1959年版。

[108] 罗克全：《最小国家的极大值——诺齐克国家观研究》，北京：社会科学文献出版社 2005 年版。

[109]〔美〕A.P.马蒂尼奇：《语言哲学》，牟博等译，北京：商务印书馆 1998 年版。

[110]〔美〕米德：《心灵、自我与社会》，赵月瑟译，上海：上海译文出版社 2005 年版。

[111] 倪梁康：《现象学及其效应》，北京：生活·读书·新知三联书店 1994 年版。

[112]〔英〕尼古拉斯·布宁、徐纪元：《西方哲学英汉对照辞典》，北京：人民出版社 2001 年版。

[113] 欧力同：《哈贝马斯的"批判理论"》，重庆：重庆出版社 1997 年版。

[114] 彭启福：《理解之思——诠释学初论》，合肥：安徽人民出版社 2001 年版。

[115]〔瑞士〕皮亚杰：《发生认识论原理》，王宪钿译，北京：商务印书馆 1981 年版。

[116]〔瑞士〕皮亚杰、〔瑞士〕B. 英海尔德：《儿童心理学》，王福年译，北京：商务印书馆 1981 年版。

[117]〔法〕蒲鲁东：《贫困的哲学》（上卷），余叔通、王雪华译，北京：商务印书馆 2010 年版。

[118]〔法〕蒲鲁东：《贫困的哲学》（下卷），余叔通、王雪华译，北京：商务印书馆 2010 年版。

[119]〔美〕乔姆斯基：《句法理论的若干问题》，黄长著，林书武、沈家煊译，北京：中国社会科学出版社 2000 年版。

[120]〔美〕乔纳森·H. 特纳：《现代西方社会学理论》，范伟达译，天津：天津人民出版社 1988 年版。

[121] 全增嘏：《西方哲学史》（上），上海：上海人民出版社出版

1983年版。

[122] 全增嘏：《西方哲学史》（下），上海：上海人民出版社出版1983年版。

[123] 〔加拿大〕让·格朗丹：《哲学解释学导论》，何卫平译，北京：商务印书馆2009年版。

[124] 阮新邦：《批判诠释与知识重建——哈伯玛斯视野下的社会研究》，北京：社会科学文献出版社1999年版。

[125] 〔美〕塞尔：《表述和意义：语言行为研究（英文版）》，张绍杰导读，北京：外语教学与研究出版社2001年版。

[126] 〔荷兰〕斯宾诺莎：《伦理学》，贺麟译，北京：商务印书馆1958年版。

[127] 沈阳：《语言学常识十五讲》，北京：北京大学出版社2005年版。

[128] 〔瑞士〕索绪尔：《普通语言学教程》，高明凯译，北京：商务印书馆1980年版。

[129] 童世骏：《批判与实践：论哈贝马斯的批判理论》，北京：生活·读书·新知三联书店，2007年版。

[130] 〔法〕涂尔干：《社会分工论》，渠东译，北京：生活·读书·新知三联书店2000年版。

[131] 涂纪亮：《英美语言哲学概论》，北京：人民出版社1988年版。

[132] 涂纪亮：《现代欧洲大陆语言哲学》，北京：中国社会科学出版社1994年版。

[133] 涂纪亮：《当代西方著名哲学家评传》（第一卷：语言哲学），济南：山东人民出版社1996年版。

[134] 〔美〕托马斯·麦卡锡：《哈贝马斯的批判理论》，王江涛译，上海：华东师范大学出版社2010年版。

[135] 〔美〕万德勒：《哲学中的语言学》，陈嘉映译，北京：华夏出

版社 2002 年版。

[136] 汪子嵩：《希腊哲学史》（第一卷），北京：人民出版社 1997 年版。

[137] 汪行福：《走出时代的困境——哈贝马斯对现代性的反思》，上海：上海社会科学院出版社 2000 年版。

[138] 汪行福：《通向话语民主之路——与哈贝马斯对话》，成都：四川人民出版社 2002 年版。

[139] 王路：《走进分析哲学》，北京：生活·读书·新知三联书店 1999 年版。

[140] 王晓升：《哈贝马斯的现代性社会理论》，北京：社会科学文献出版社 2006 年版。

[141] 王岳川：《后现代主义文化研究》，北京：北京大学出版社 1992 年版。

[142] 〔英〕威廉姆·奥斯维特：《哈贝马斯》，沈亚生译，哈尔滨：黑龙江人民出版社 1999 年版。

[143] 〔德〕维特根斯坦：《逻辑哲学论》，韩林合译，北京：商务印书馆 2013 年版。

[144] 徐崇温：《法兰克福学派研究》，重庆：重庆出版社 1988 年版。

[145] 徐友渔：《"哥白尼式"的革命——哲学中的语言转向》，上海：上海三联书店 1994 年版。

[146] 徐友渔：《语言与哲学——当代英美与德法传统比较研究》，北京：生活·读书·新知三联书店 1996 年版。

[147] 薛华：《哈贝马斯的商谈伦理学》，沈阳：辽宁教育出版社 1988 年版。

[148] 〔古希腊〕亚里士多德：《形而上学》，吴寿彭译，北京：商务印书馆 1959 年版。

[149] 杨玉成：《奥斯汀：语言现象学与哲学》，北京：商务印书馆

2002年版。

[150] 杨祖陶、邓晓芒：《康德〈纯粹理性批判〉指要》，北京：人民出版社2001年版。

[151] 余灵灵：《哈贝马斯传》，石家庄：河北教育出版社1998年版。

[152] 于海：《西方社会思想史》，上海：复旦大学出版社2005年版。

[153] 俞宣孟：《希腊哲学史》（第一卷），上海：上海人民出版社2005年版。

[154] 〔英〕约翰·B.汤普森：《意识形态与现代文化》，高铦译，南京：译林出版社2005年版。

[155] 〔美〕詹姆士：《实用主义》，陈羽纶、孙瑞禾译，北京：商务印书馆1979年版。

[156] 张厚粲：《行为主义心理学》，杭州：浙江教育出版社2003年版。

[157] 章启群：《意义的本体论》，上海：上海译文出版社2002年版。

[158] 章国锋：《关于一个公正世界的"乌托邦"构想：解读哈贝马斯〈交往行为理论〉》，济南：山东人民出版社2001年版。

[159] 张一兵：《马克思哲学的历史原像》，北京：人民出版社2009年版。

[160] 张汝伦：《现代西方哲学十五讲》，重庆：北京大学出版社2003年版。

[161] 中国社会科学院哲学研究所：《哈贝马斯在华演讲集》，北京：人民出版社2002年版。

[162] 周礼全：《周礼全集》，北京：中国社会科学出版社2000年版。

[163] 〔日〕中冈成文：《哈贝马斯：交往行为》，王屏译，石家庄：河北教育出版社2001年版。

[164] 曹卫东：《哈贝马斯的启示》，载《中华读书报》，2001年6月13日，第17页。

[165]〔美〕戴维森:《真与意义》,见〔美〕A.P.马蒂尼奇:《语言哲学》,牟博等译,北京:商务印书馆1998年版。

[166]〔德〕弗雷格:《论涵义和所指》,见〔美〕A.P.马蒂尼奇:《语言哲学》,牟博等译,北京:商务印书馆1998年版。

[167]傅永军、姜宁:《哈贝马斯批判诠释学要义简析》,见《中国诠释学·第二辑》,济南:山东人民出版社2004年版。

[168]〔德〕哈贝马斯:《解释学要求普遍适用》,见洪汉鼎主编:《理解与解释:诠释学经典文选》,北京:东方出版社2001年版。

[169]〔德〕哈贝马斯:《解释学要求普遍适用》,见〔德〕《哈贝马斯精粹》,曹卫东译,南京:南京大学出版社2009年版。

[170]〔美〕卡尔纳普:《可检验性和意义》,见洪谦主编:《逻辑经验主义》(上卷),北京:商务印书馆1982年版。

[171]〔美〕理查德·J.伯恩斯坦:《〈哈贝马斯与现代性〉导言》,见邓正来主编:《中国社会科学辑刊》(秋季卷),上海:复旦大学出版社2010年版。

[172]〔美〕乔姆斯基:《生成语法的基本假设和目标》,见〔美〕乔姆斯基:《乔姆斯基语言哲学文选》,徐烈炯、尹大贻、程雨民译,北京:商务印书馆1992年版。

[173]〔美〕塞尔:《对以言行事行为的分类》,见涂纪亮:《语言哲学名著选辑(英美部分)》,北京:生活·读书·新知三联书店1988年版。

[174]南星:《哈贝马斯论真理与证成》,载《世界哲学》,2020年第5期,第89—100页。

[175]黄美笛、王浩斌:《"真理"何以在先验与经验之间?——哈贝马斯"真理共识论"建构的逻辑进路解读》,载《浙江学刊》,2021年第6期,第115—122页。

[176]〔意大利〕A.费拉雷:《另一种普遍主义:范例的力量》,刘文旋译,载《世界哲学》,2010年第4期,第149—160页。

[177] 陈旭光：《论当代诗学理论建设的"语言论转向"》，载《诗探索》，1994年第5期，第44—58页。

[178] 陈忠：《哈贝马斯"生活世界理论"与马克思"全面生活理论"之比较》，载《江苏社会科学》，2005年第2期，第55—59页。

[179]〔英〕达米特：《什么是意义理论?》（Ⅱ），鲁旭东译，载《哲学译丛》，1998年第5期，第54—69页。

[180]〔英〕达米特：《什么是意义理论?》（Ⅱ续），鲁旭东译，载《哲学译丛》，1998年第8期，第57—73页。

[181] 董玉整、董莉：《论真理的实践形态》，载《学术研究》，2000年第8期，第17—21页。

[182] 傅永军：《批判的社会知识何以可能?——伽达默尔和哈贝马斯的诠释学论争与批判理论基础的重建》，载《文史哲》，2006年第1期，第136—144页。

[183] 龚群：《哲学诠释学的方法论问题》，载《哲学动态》，2001年第2期，第42—45页。

[184] 郭贵春：《哈贝马斯的规范语用学》，载《哲学研究》，2001年第5期，第36—43页。

[185] 郭贵春、刘伟伟：《美国当代语义学研究的旨趣与趋向》，载《自然辩证法研究》，2008年第24（7）期，第6—11页。

[186] 顾曰国：《奥斯汀的言语性理论：诠释与批判》，载《外语教学与研究》，1989年第1期，第30—39页。

[187] 何林：《论许茨对胡塞尔生活世界理论的继承与改造》，载《哲学研究》，2010年第10期，第90—96页。

[188] 胡潇：《"从实践出发来解释观念"——马克思解释学思想片论》，载《学术研究》，2000年第8期，第17—21页。

[189] 黄国文：《Chomsky的"能力"与Hymes的"交际能力"》，载《外语教学与研究》，1991年第2期，第35—36页。

[190]〔德〕哈贝马斯：《解释学要求普遍适用》，高地、鲁旭东、孟

庆时译，载《哲学译丛》，1986年第3期，第19—34页。

［191］〔德〕哈贝马斯：《评伽达默尔的〈真理与方法〉一书》，郭官义译，载《哲学译丛》，1968年第3期，第71—74页。

［192］贾中海：《论分配正义与权利》，载《吉林大学学报（社会科学版）》，1999年第5期，第88—91页。

［193］贾中海：《哈贝马斯对罗尔斯事实与价值关系二元论的批判》，载《学习与探索》，2005年第3期，第60—63页。

［194］贾中海：《正当与善——桑德尔对罗尔斯"正当优先于善"的批判》，载《北方论丛》，2006年第2期，第110—114页。

［195］贾中海：《哈耶克进化论理性主义对罗尔斯理性建构主义的批判》，载《学习与探索》，2006年第4期，第60—64页。

［196］贾中海：《民主社会主义的价值体系：原旨、批判与选择》，载《政治学研究》，2011年第4期，第28—34页。

［197］江怡：《世纪之交再话"语言的转向"》，载《国外社会科学》，1998年第5期，第2—7页。

［198］李朝东：《语言论转向与哲学解释学》，载《西北师大学报（社会科学版）》，1996年第33（2）期，第13—17页。

［199］李佃来：《语言哲学的转向和普遍语用学——试析哈贝马斯的语言哲学》，载《武汉大学学报（人文科学版）》，2003年第4期，第435—439页。

［200］刘兴章、彭介忠：《领悟马克思的解释学哲学理论》，载《学习与探索》，2001年第2期，第10—17页。

［201］陆炜：《批判解释学何以是批判的》，载《复旦学报（社会科学版）》，1994年第2期，第41—46页。

［202］罗克全：《马克思实践观：作为社会正义原则的可能》，载《学术研究》，2010年第11期，第42—45页。

［203］罗克全：《作为可能尺度的人的自由——马克思主义实践观的精神实质》，载《社会科学战线》，2010年第7期，第15—18页。

[204] 罗克全：《作为悖论性存在的人的"心态问题"——生态问题的哲学根据》，载《浙江社会科学》，2010 年第 5 期，第 66—69 页。

[205] 聂敏里：《论巴门尼德的"存在"》，载《中国人民大学学报》，2002 年第 1 期，第 45—52 页。

[206] 欧力同：《论哈贝马斯的"批判的解释学"》，载《探索与争鸣》，1993 年第 2 期，第 7—23 页。

[207] 钱冠连：《语言哲学修辞论：一个猜想》，载《福建师范大学学报（哲学社会科学版）》，2003 年第 6 期，第 20—26 页。

[208] 任皕：《哈贝马斯"生活世界"学说管窥》，载《马克思主义研究》，2002 年第 4 期，第 87—95 页。

[209] 盛晓明：《哈贝马斯的重构理论及其方法》，载《哲学研究》，1999 年第 10 期，第 37—43 页。

[210] 孙伟平：《论马克思主义哲学的实践真理观》，载《学术研究》，2005 年第 11 期，第 43—47 页。

[211] 童世骏：《论真理的认可问题》，载《学术月刊》，2000 年第 2 期，第 19—24 页。

[212] 汪子嵩、王太庆：《关于"存在"和"是"》，载《复旦学报（社会科学版）》，2000 年第 1 期，第 21—36 页。

[213] 汪行福：《解释学：意义的理解还是意识形态批判?》，载《复旦学报（社会科学版）》，1995 年第 6 期，第 15—21 页。

[214] 王路：《论"语言转向"的性质和意义》，载《哲学研究》，1996 年第 10 期，第 57—63 页。

[215] 王路：《意义理论》，载《哲学研究》，2006 年第 7 期，第 53—61 页。

[216] 王杰、徐方赋：《"我的文化社会学视角"——约翰·B. 汤普森访谈录》，载《文艺理论与批评》，2009 年第 5 期，第 38—47 页。

[217] 薛孝斌：《康德的客观有效性概念》，载《东南学术》，2000 年第 6 期，第 81—85 页。

[218] 徐盛桓：《语用和规范——哈贝马斯的"规范语用学"论析》，载《解放军外国语学院学报》，2002年第25（3）期，第1—6页。

[219] 徐友渔：《二十世纪哲学中的语言转向》，载《读书》，1996年第12期，第100—106页。

[220] 殷杰、郭贵春：《理性重建的新模式——哈贝马斯规范语用学的实质》（上），载《科学技术与辩证法》，2001年第18（3）期，第30—34页。

[221] 殷杰、郭贵春：《理性重建的新模式——哈贝马斯规范语用学的实质》（下），载《科学技术与辩证法》，2001年第18（4）期，第32—36页。

[222] 殷杰、郭贵春：《论哈贝马斯"语用学转向"的实质》，载《自然辩证法研究》，2002年第18（3）期，第10—13页。

[223] 俞吾金：《"主体间性"是一个似是而非的概念》，载《华东师范大学学报（哲学社会科学版）》，2002年第34（4）期，第3—5页。

[224] 曾志：《真理符合论的历史与理论》，载《北京大学学报（哲学社会科学版）》，2000年第37（6）期，第53—61页。

[225] 曾志：《西方知识论哲学中的真理融贯论》，载《社会科学辑刊》，2005年第1期，第4—9页。

[226] 赵光武：《哲学解释学的解释理论与复杂性探索》，载《北京大学学报（哲学社会科学版）》，2004年第41（4）期，第5—11页。

[227] 张斌峰：《论哈贝马斯的普遍语用学及其方法论意义》，载《社会科学辑刊》，2000年第4期，第9—15页。

[228] 张斌峰：《从事实的世界到规范的世界》，载《自然辩证法通讯》，2002年第24（4）期，第19—25页。